mdw Gender Wissen

Band 10

Eine Reihe der Universität für Musik und darstellende Kunst Wien (mdw)
herausgegeben von
Claudia Walkensteiner-Preschl, Doris Ingrisch und Andrea Ellmeier

Andrea Ellmeier · Doris Ingrisch ·
Claudia Walkensteiner-Preschl (Hg.)

Empowerment

Wissen und Geschlecht in Musik • Theater • Film

BÖHLAU

Gedruckt mit der Unterstützung durch die mdw –
Universität für Musik und darstellende Kunst Wien

Bibliografische Information der Deutschen Nationalbibliothek:
Die Deutsche Nationalbibliothek verzeichnet diese Publikation in der
Deutschen Nationalbibliografie; detaillierte bibliografische Daten sind
im Internet über http://dnb.d-nb.de abrufbar.

© 2025 Böhlau, Zeltgasse 1, A-1080 Wien, ein Imprint der Brill-Gruppe
(Koninklijke Brill BV, Leiden, Niederlande; Brill USA Inc., Boston MA, USA;
Brill Asia Pte Ltd, Singapore; Brill Deutschland GmbH, Paderborn, Deutschland;
Brill Österreich GmbH, Wien, Österreich)
Koninklijke Brill BV umfasst die Imprints Brill, Brill Nijhoff, Brill Schöningh, Brill Fink, Brill
mentis, Brill Wageningen Academic, Vandenhoeck & Ruprecht, Böhlau und V&R unipress.

Alle Rechte vorbehalten. Das Werk und seine Teile sind urheberrechtlich geschützt.
Jede Verwertung in anderen als den gesetzlich zugelassenen Fällen bedarf der vorherigen
schriftlichen Einwilligung des Verlages.

Korrektorat: Lisa Huebener
Einbandgestaltung: Michael Haderer, Wien
Satz: Michael Rauscher, Wien
Druck und Bindung: Prime Rate, Budapest
Gedruckt auf chlor- und säurefrei gebleichtem Papier
Printed in the EU

Vandenhoeck & Ruprecht Verlage | www.vandenhoeck-ruprecht-verlage.com
E-Mail: info@boehlau-verlag.com

ISBN 978-3-205-22214-9

Inhaltsverzeichnis

Andrea Ellmeier · Doris Ingrisch · Doris Walkensteiner-Preschl
Einleitung
7

Faika El-Nagashi
Beyond Empowerment
Strategien solidarischer Bündnisse für politische Veränderung
23

Luki Schmitz
Wie geht eigentlich der Prozess zu anderen Lebensformen?
Ontologische Perspektiven auf Commoning
37

Pia Palme
»Wie Wir Wollen«
Über das Festival e_may als Beispiel für Empowerment und Aktivismus
in der neuen Musik
55

Marlene Feger · Marie-Antonia Schwebe
Unlearn the Canon!
Die Initiative Musica inaudita über Diversität in der klassischen Musik
81

Ulli Mayer
Rebel Grrrls
Empowerment im Kontext des pink noise Camp
95

Mine Pleasure Bouvar Wenzel
Electronic trans*Music
Gedanken zu trans*nichtbinärer Identifikation in technoiden Clubszenen
113

Marko Kölbl
Kulturelle Handlungsmacht im Fluchtkontext
Anmerkungen zu afghanischer Musik in Wien abseits romantisierender Empowermenterzählungen
139

Bernadette Weigel
Essayfilm – Filme zwischen dem ICH und der WELT
159

Bettina Zehetner
Worte für das (noch) nicht Sagbare finden
Schreiben als Methode feministischen Empowerments
171

Autor_innen und Herausgeber_innen
187

Andrea Ellmeier · Doris Ingrisch · Doris Walkensteiner-Preschl

Einleitung

Empowerment – Ermächtigung, sich ermächtigen, Stärkung, Selbstwertsteigerung – ist ein häufig verwendetes Wort, ein Begriff, der in den letzten 20 Jahren aus der politischen Kommunikation nicht mehr wegzudenken ist und der für ganz unterschiedliche politische Anliegen verwendet wird – darunter (identitätspolitische) linke Anliegen wie z.B. Empowerment von gesellschaftlichen minoritären Populationen, aber auch für Mainstream-kapitalismusunkritische Projekte. Politisch rechtsstehende Personen und Gruppen verwenden den Begriff Empowerment deutlich weniger oft, als solche, die sich einem liberalen resp. linken Spektrum zuordnen oder NGOs, die eine spezifisch gesellschaftsverändernde Agenda verfolgen. Warum? Weil rechtsgerichtete und rechtsextreme Gruppen/Netzwerke denglische Begriffe selten bis nie zu einem Leitbegriff ihrer Politik machen, pflegen sie ja – wie sie es von sich selbst behaupten – die deutsche Sprache, die sie wiederum nicht geschlechtergerecht anwenden wollen.

Nicht zu gering zu veranschlagen ist die Indienstnahme des »linken« Begriffs Empowerment in kapitalismusunkritischen[1] Umgebungen wie z.B. Frauen*-Karrieren innerhalb des ganz allgemeinen kapitalistischen Wirtschafts- und Gesellschaftssystems, womit Frauen* für das System Kapitalismus gewonnen sind und aus diesen privilegierten Positionen heraus nicht mehr wirtschaftssystem-verändernd, sondern allein wirtschaftssystem-stabilisierend wirken (können) – wenngleich sie die Gender-Balance damit erhöht haben. Wir sehen, es ist immer eine komplexe Frage, was wer unter Empowerment versteht.

Die alleinige Verwendung des Begriffs Empowerment sagt zunächst wenig bis nichts über die Art und Weise der Interpretation des Begriffs innerhalb der Gruppe, des Kollektivs, der Institution aus, die empowert, die ermächtigt werden soll resp. die sich selbst empowert. Dafür braucht es – das ist eine Grundvoraussetzung – eine kontextuelle Rahmenerzählung, die vor Augen führt, wohin das Empowerment gehen soll, welche Ungleichheitsdimensionen überhaupt mitgedacht und angesprochen sind. Wir sehen deutlich, dass insbesondere das auf allen prestigeträchtigen gesellschaftlichen Ebenen nach wie vor benachteiligte »zweite« Geschlecht – die Frauen* – mit dem Begriff Empowerment angesprochen, ermutigt werden sollen resp. Frauen* in einem emanzipatorischen Sinn vermittelt werden soll/wird resp. sie aufgerufen werden, sich ein Stück des

Kuchens zu holen und nicht mehr – wie historisch dazu gedrängt – dezent im Hintergrund bleiben. Einfacher gesagt als getan.

Trotz all der (zumeist kapitalismusunkritischen) Förderprogramme für Frauen* hat sich ihre sozio-ökonomische Situation lediglich graduell verbessert, der große Durchbruch hin zu einer tatsächlich egalitären geschlechtergerechten wie auch einer ansatzweise verteilungsgerechteren Gesellschaft ist aber bisher nicht gelungen resp. überhaupt ernsthaft daran gearbeitet worden. Die beharrenden politischen Kräfte sind nach wie vor enorm wirksam und solange die unbezahlte Care-Arbeit so klar – wie es die letzte Zeitverwendungsstudie Österreichs leider erneut vor Augen führte, – zu Ungunsten von Frauen* verteilt bleibt, wird sich das auch nicht so bald ändern. (vgl. Zeitverwendungsstudie 2023) Dazu kommt weiters – so Ruth Philipps –, dass der Begriff Empowerment insbesondere im Kontext der globalen sogenannten Entwicklungspolitik geradezu instrumentalisiert wurde, weil er zu einem »magic bullet for poverty alleviation and rapid economic development rather than a multifaceted process of social transformation« (Batilwala 2007, 561, zit. n. Philipps 2016, 26) geworden sei. So wird beispielsweise immer wieder das Empowerment von Frauen durch die Vergabe von Mikrokrediten direkt an sie und nicht an ihre Männer hervorgehoben, ohne dazu zu sagen, dass ohne grundsätzliche gesetzliche und allgemeine Verbesserung der Lebens- und Arbeitsbedingungen für Frauen* in den angesprochenen Ländern des Globalen Südens von keinem nachhaltigen Empowerment gesprochen werden kann.

Empowerment ist – so sehen wir (nun) – ein so weit verbreiteter und viel genützter Begriff geworden, der von vielen gesellschaftlichen Statusgruppen verwendet wird und das auch immer in einem positiven Sinn. Da ja im Deutschen oft von empowern gesprochen wird, möchten wir als Herausgeberinnen dieses Bandes einfach einmal festhalten, dass damit ein englischer Begriff sehr erfolgreich eingedeutscht wurde.

Was ist – so eine andere Ebene der Problematisierung des Begriffs Empowerment – denn überhaupt eine engagierte, feministische Definition von Empowerment? In einer queer-feministischen Lesart bedeutet Empowerment, dass auf die Frage nach bislang vorenthaltenen Rechten und Ansprüchen von Frauen*, gerade auch solche von inter*, trans und nicht-binären Personen aufmerksam gemacht wird, dass Geschlechtsidentitäten außerhalb der hetero-Norm beispielsweise durch eine geschlechtsinklusive Sprache in sämtliches Schreiben und Sprechen mit hinein geholt werden, um gesellschaftlich sichtbar zu werden. Feministisches Empowerment ist andererseits auch dann gegeben, wenn z. B. das Thema »wer ist für die Care-Arbeit zuständig« politisch aufgegriffen, argumentiert wie auch darauf hingearbeitet wird, Pflege- und Sorgeberufe besser zu entlohnen, damit die Leistung der vielen Frauen*, die in dieser Branche tätig sind, mehr anerkannt wird. Nur dann, wenn in dieser Branche höhere Löhne gezahlt werden, werden diese Jobs letztlich auch für Männer* attraktiver. Ohne Aufwertung und höhere Löhne in der Pflegebranche wird es nie zu einer Änderung der ungleichen Geschlechterverteilung kommen.

Strukturell gesehen müssen wir uns weltweit im 21. Jahrhundert – wie es sich ja parallel zur bürgerlichen westeuropäischen Gesellschaft seit dem 19. Jahrhundert immer wieder gezeigt hatte –, angesichts des nach wie vor großen Gender-Pay-Gaps zwischen den Geschlechtern – in Europa insbesondere in den deutschsprachigen Ländern – darauf hinweisen, dass zu allererst die sogenannten frauenspezifischen Erwerbsarbeiten höher entlohnt werden müssten, um in einem kapitalismusunkritischen System zu wirklichen, ja tatsächlichen Veränderungen kommen zu können. Nur wenn die Verringerung des Gender-Pay-Gaps ein politischer Konsens über sämtliche Parteien hinweg – also ein gesellschaftlicher Konsens wäre –, wenn es also eine klare politische Absicht wie auch ein deutlich formuliertes Ziel im Sinne der Gleichstellung aller Geschlechter in der Gesellschaft wäre, könnte sich die große Kluft zwischen den durchschnittlich hoch entlohnten sogenannten typischen Männer-Erwerbsarbeiten und den nach wie vor durchschnittlich deutlich geringer entlohnten sogenannten typischen Frauen-Erwerbsarbeiten verkleinern. Diese Unterschiede in der Entlohnung lassen sich historisch damit erklären und halten sich auch deshalb so hartnäckig, weil es »immer so war«, dass die Textilbranche, in der vor allem Frauen arbeiteten und nach wie vor arbeiten, ein Niedriglohnbereich war und ist, und dass die Metallbranche als typische Männerarbeitsbranche im Verhältnis dazu immer und auch heute noch ein sog. Arbeiter_innen-Hochlohnbereich ist.

Ein Referenzpunkt von einem nach wie vor in einem kapitalistischen Wirtschaftssystem geradezu utopischen Empowerment wäre z. B. eine gesellschaftliche Übereinkunft darüber, dass eine Alleinerzieherin, die in der Textilbranche arbeitet, nicht einem permanenten Armutsrisiko ausgesetzt sein dürfte, sondern mit ihrem eigenen Lohn ihre persönlichen Bedürfnisse und die ihrer Familie gut abdecken könnte. Aber so läuft es nicht, jedenfalls nicht in einem kapitalistischen Gesellschaftssystem. Jegliches Empowerment von nicht-privilegierten Gruppen kennt seine Grenze in dem, dass an den Grundfesten des kapitalistischen Wirtschaftssystems nicht gerüttelt werden darf. Wenn das aber so gesehen wird, kann unter einem solchen Blickwinkel die ungerechte Entlohnung von unterschiedlichen Wirtschaftssektoren gar nicht verhandelt werden, weil sie gar nicht gesehen werden will. So wird die Vereinbarkeit von Beruf und Familie zu einem der zentralen Themen der Erwerbsarbeitswelt, weil es heute so ist, dass sich die junge Generation eine rundherum bessere Vereinbarkeit wünscht, das auch formuliert – dieses Anliegen aber im herkömmlichen kapitalistischen System oft noch als ausgesprochen große Herausforderung gesehen wird und es im täglichen Tun dazu kommt, dass zuerst staatsnahe und etwas später erst große Unternehmen, ganz am Schluss auch die mittleren und kleineren Betriebe dazu übergehen, das Thema Vereinbarkeit immer mehr für beide – prospektiv für alle – Geschlechter in ihre Managementüberlegungen mit einzubeziehen.

In den letzten 10–15 Jahren hat sich die Landschaft der Empowerment-Bewegungen deutlich verändert, und es haben sich zwei sehr starke Sichtbarkeitsbedarfe gezeigt, die wir im Folgenden stellvertretend für die vielen weiteren Empowerment-Bewegungen in den Blick nehmen, um an diesen Beispielen zu zeigen, was solche Bewegungen bewirken und verändern können. Zum einen thematisieren wir den Kampf um Sichtbarkeit für nicht-normative Geschlechteridentitäten und zum anderen die #BlackLivesMatter-Bewegung, um die intersektionale Perspektive, die in allen Empowerment-Bewegungen und -erzählungen zentral gesetzt werden müsste, in der Einleitung zu dieser Sammlung an Beiträgen noch einmal zu unterstreichen.

Geschlechtervielfalt

Im letzten Jahrzehnt fällt auf, dass sich im Globalen Norden die Diskussion über die Beschränktheit einer binären Geschlechterordnung, die sich auf lediglich zwei Geschlechter bezieht, stark empowert hat. Es reicht heute nicht mehr aus, sich auf die Nachgereihtheit von Frauen* zu beziehen, inter*, trans* und nicht-binäre Personen haben intensiv an ihrem Sichtbarwerden gearbeitet und viele unterschiedliche Strategien angewendet, darunter sich auch juristisch empowert, um vorenthaltene Rechte einzufordern und öffentlich zu kommunizieren. Und sie haben von den Obersten Gerichtshöfen in Deutschland 2017 und in Österreich 2018 Recht bekommen.

Was stellte der Oberste Verfassungsgerichtshof Österreichs (VfGH) konkret fest? Im Sinne des Schutzes der »menschlichen Persönlichkeit in ihrer Identität, Individualität und Integrität«, die durch Art. 8 der EMK (Europäischen Menschrechtskonvention) geschützt ist, ist es – so der VfGH in seinem Erkenntnis aus dem Jahr 2018 – nicht zulässig, dass inter*Personen gezwungen werden, sich einem von lediglich zwei zur Auswahl stehenden Geschlechtsoptionen – entweder weiblich oder männlich – zuzuordnen. Ihnen steht – so der österreichische

VfGH in seinem Erkenntnis aus dem Jahr 2018 (sic!) – eine eigene Geschlechtsbezeichnung zu.

Jedes Erkenntnis des VfGH muss von der Politik in bestehendes Recht übergeführt werden. Dafür zuständig war 2018 der damalige Innenminister der Schwarz-Blauen-Koalition, Herbert Kickl (FPÖ), der nur eine dritte Option, nämlich »divers«, als einzige weitere Geschlechteridentität – neben männlich und weiblich – festlegte. Diese restriktive Auslegung des Erkenntnisses des VfGH führte zu einer neuerlichen Klage der zuvor bereits einmal die österreichische Republik klagenden inter*Person, die das positive Erkenntnis des VfGH auf Wahrung ihrer Persönlichkeitsrechte erwirkt hatte – sie sah sich unter dem Label »divers« nicht repräsentiert, forderte die Bezeichnung »inter« ein. Und ja – auch diese zweite Klage war erfolgreich. Unter dem nächsten Innenminister – es war Innenminister Karl Nehammer von der ÖVP, die seit 2019 nicht mehr mit den Freiheitlichen, sondern mit den Grünen in einer Koalition war – wurden dann mehrere, nämlich insgesamt sechs Geschlechtseintragungsoptionen offiziell, d. h. staatlich, anerkannt: weiblich, männlich, divers, inter, offen und kein Eintrag. Das war ein Meilenstein! Aber die Umsetzung dieses Erkenntnisses lässt in allen staatlichen und nachgereihten Administrationen leider sehr auf sich warten: in den Ministerien, den Landesadministrationen wie auch staatlichen Bildungseinrichtungen wie Schule, Fachhochschule und Universitäten, und es zieht sich seither in die Länge. Warum? Der Umstieg von einem binären auf ein nichtbinäres, plurales System stellt sämtliche IT-Ausstattungen vor eine große Herausforderung, all-Gender-Toiletten wiederum erfordern Raum, und Raum ist an Unis und Schulen ein sehr rares Gut. Dazu kommt, dass viele Mitarbeiter_innen solchen Veränderungen abwartend bis ablehnend gegenüberstehen, jedenfalls in den seltensten Fällen aktiv einfordern. Die Taskforce Gender & Diversity der uniko (Universitätenkonferenz Österreichs) erarbeitete 2023 eine »Richtlinie zur Umsetzung von Geschlechtervielfalt an österreichischen Universitäten«[2], um die Universitäten dabei zu unterstützen ihrer Verpflichtung nachzukommen.

#BlackLivesMatter

Der US-Rassismus gegenüber afroamerikanischen Mitbürger_innen hat eine sehr lange, überaus unrühmliche Geschichte, die in vielerlei Weise zu Empowerment-Bewegungen unterschiedlichster Formen geführt hat. Der transatlantische Sklavenhandel, der bereits auf die Zeit vor der Entdeckung Amerikas zurückgeht, sich ab dem 17. Jahrhundert sehr intensivierte, brachte zigtausende

Afrikaner_innen in »die neue Welt«, in der sie nichts als gänzliche Entrechtung und Unfreiheit erwartete. Die *weiße* aus Europa eingewanderte christliche Bevölkerung unterdrückte nicht nur die importierten Schwarzen Sklaven, sondern auch die vorgefundene indigene Bevölkerung, die sich als kollektive Besitzer_innen des Landes verstanden, Privatbesitz nicht kannten. Die ausgewanderten *weißen* Europäer_innen bewohnten als neue »Herren« das amerikanische, sehr dünn besiedelte Land, und bereicherten sich, indem sie die importierten versklavten Menschen für sich arbeiten ließen und ihnen keine Rechte zugestanden. Alle Nicht-*Weißen* waren (und sind?) automatisch als weniger »wert« angesehen worden als *weiße* Menschen, was nie ein Argument, immer eine rassistische Annahme war, nach der ganz generell *weiße* Menschen kulturvierter seien als Nicht-*Weiße* und deshalb höher eingestuft, gerankt werden dürfen, ja müssen. Die unterdrückte und um ihre Menschenwürde und -rechte betrogenen versklavten Menschen wurden als Dinge gesehen und unmenschlich behandelt.

In den Künsten und da vor allem in der Literatur erhielt die Beschreibung und Darstellung der massiv erlittenen Entrechtung und -menschlichung der afroamerikanischen US-Bevölkerung seinen prägnantesten und dichtesten Ausdruck. So erzählt die erste Schwarze Literaturnobelpreisträgerin Tony Morrison in ihrem Buch »Menschenkind« (1993), das in den 1870er Jahren spielt, von der tragischen Geschichte einer Schwarzen Sklavin, Frau und Mutter, die in der Ermordung ihres neugeborenen Kindes die einzige Möglichkeit sah, um ihr Kind vor der grausamen Behandlung durch die *Weißen* zu bewahren. Die Eindringlichkeit der Entmenschlichung verdeutlicht Morrison u. v. a. m. durch eine historisch belegte entindividualisierende Benennungspraxis der Schwarzen versklavten Menschen, wie es mit Paul 1 bis Paul 5 zum Ausdruck kommt.

Bis in die 1950er Jahre war es der Schwarzen Bevölkerung der USA nicht erlaubt gewesen, gemeinsam mit *Weißen* in einem Bus zu fahren, in eine gemeinsame Schule zu gehen, die Schwarze Opernsängerin Marian Anderson durfte z. B. nicht in der Constitutional Hall auftreten, etc. Seit Abschaffung der Sklaverei im Jahr 1865 waren die Schwarzen zwar frei gewesen, aber die gesamte US-amerikanische Gesellschaft war (und ist?) durchdrungen von einem allumfassenden Rassismus und einer permanenten Diskriminierung von Schwarzen Menschen. Und dieses Unrecht war zudem auch noch bis ins Kleinste rechtlich abgesichert! Erst die Bürgerrechtsbewegung der 1960er Jahre brachte die Unmenschlichkeit und Ungerechtigkeit der sog. »Rassentrennung« unübersehbar und unüberhörbar ans Licht und in das politische Tagesgeschehen. Wichtige Protagonist_innen waren der Schwarze Baptistenpastor und Bürgerrechtler Martin Luther King Jr., der sich für einen gewaltfreien Kampf gegen Unterdrückung und für soziale Gerechtigkeit einsetzte. Eine weitere Aktivistin – um eine unter vielen anderen herauszugreifen – war Joan Baez, die für eine neue engagierte Liedermacher_innenbewegung stand, in der *weiße*, PoC und Schwarze Künstler_innen miteinander arbeiteten. Erreicht wurde, dass die sog. Rassentrennung gesetzlich aufgehoben wurde und ein uneingeschränktes Wahlrecht für die Schwarze Bevölkerung eingeführt wurde. Die Jahre gingen ins Land, es änderte sich ein wenig, aber es war nach wie vor nicht viel und der strukturelle Rassismus wirkte weiter und weiter. Erst mit dem Beginn der #BlackLivesMatter-Bewegung ab 2013, die sich nach der Ermordung eines weiteren ganz und gar unschuldigen zur falschen Zeit am falschen Platz gewesenen Schwarzen, von Trayvon Martin, entwickelt hatte, bildete sich eine neue, starke Bürger_innenbewegung gegen Gewalt gegen Schwarze resp. People of Colour (PoC), die sich als immerwährend bereite Achtsamkeitsbewegung gegen die alltägliche und strukturelle Diskriminierung von Schwarzen versteht. Seither wird in den USA von einer nachhaltigeren Sensibilität Schwarzen Mitbürger_innen gegenüber gesprochen.

Eine weitere wichtige Frage ist, wie sich *weiße* und Schwarze Frauen – *weiße* und Schwarze Frauenbewegung, Frauen*empowerment zueinander verhalten? bell hooks hat mit ihrem Buch »where we stand: class matters« (2000) einen wesentlichen Beitrag zur Bedeutung von Klasse, *race* und Politik vorgelegt und damit weitere Diskurse weltweit angeregt. Sie weist darauf hin, dass die fehlende Beachtung von Intersektionalität – wenn Frauen von mehreren Formen der Diskriminierung betroffen sind –, und die fehlende Klassenanalyse zu vielen blinden Flecken im Empowerment von *weißen* – aber auch – von Schwarzen Frauen führt. Wenn nämlich ober- und mittelschichtsprivilegierte Frauen einfach dasselbe haben wollen, wie die Männer ihrer Klasse, wenn sie »haben wollen, was auch er bekommen hat, unterstützen wir (die Frauen) am Ende das System, von dem auch er alles bekommen hat.« (bell hooks 2020, 117). bell hooks argumentiert folgendermaßen: »In reformist circles, however, privileged white women often made it clear to the women who did not share their class status and/or color that this (the women movement, Anm. d. V.) was their movement, that they were in charge, and their needs would determine the agenda« (hooks, 104). Für hooks ist es – anders als für die, wie sie es nennt, reformistische Frauenbewegung – zentral, die Frauen- mit der Klassenfrage zu verknüpfen. Sie betont, dass sich ja auch viele Schwarze aufstiegsorientierte Frauen dem kapitalistischen System anpassen – in bell hooks Worten: »Reformist white women were not alone. Many up wardly mobile women of color had ambivalent attitudes toward feminism jumped on the bandwagon to reap benefits (job promotion, status as leaders, etc.) garnered by struggles for gender justice. Like their white peers they used feminism to enhance their class status and power.« (ebd., 105) hooks kann auch der Akademisierung der Geschlechterforschung, den Gender Studies nicht viel abgewinnen, bezeichnet sie als class-based Akademisierung, was insgesamt eine Deradikalisierung der Frauenbewegung bedeutet hätte und formuliert ein interessantes Paradox: »While many feminist white women slowly became more willing to talk about race and confess racism in the eighties, they did not speak about their classism, their fear, condescension, and outright hatred of the poor and working class.« (ebd.) Was passierte dann in den 1990ern? »By the nineties, white women had managed to incorporate race comfortably into existing gender studies without linking this academic work to any organized feminist movement challenging white supremacist capitalistic patriarchy.« (ebd.) Aber, so bell hooks am Ende des Kapitels »Feminism and Class Power«, sei die Frauenbewegung trotzdem nach wie vor die einzige soziale Bewegung, die Anliegen von Frauen und Kindern in ihrem Fokus hat. Aber nur eine radikale/revolutionäre feministische Politik bringe eine »message of hope as well as strategies to empower women and men of all classes. Feminism is for everybody« (ebd., 110). Mittlerweile – es sind bereits über 20 Jahre seit »where we stand: class matters« vergangen – wird auch im akademischen Bereich unter dem politischen Begriff Klassismus ein dem Kapitalismus inhärentes Problem – Diskriminierungen aufgrund der sozialen Herkunft – intersektional diskutiert. Nach dem Verschwinden des vormaligen marxistisch geprägten Begriffs Klasse werden seit den 2000er Jahren mit dem Begriff Klassismus persönliche Erfahrungen von Diskriminierung als gesellschaftliches und strukturelles Problem erkannt und benannt, damit der Privatsphäre enthoben. (vgl. Kemper/Weinbach 2007)

Empowerment in Musik•Theater•Film

Wie in anderen gesellschaftlichen Bereichen sehen wir in der Kunst Empowerment- und damit Emanzipationsprozesse, d.h. auch in Musik, Theater und Film. Sie zeigen sich je spezifisch und der vorliegende Band stellt ausgewählte Beispiele von Empowerment-Initiativen und -Aktivitäten, vor allem in der Musik, vor. Empowerment – sich selbst als Individuum oder als Gruppe zu ermächtigen – ist ein Diskurs, der die Artikulation von äußerst vielen politischen Anliegen begleitet. Es geht um ein Auf-sich-aufmerksam-machen von Individuen, vor allem von Gruppierungen mit gesellschaftsverändernden Anliegen in Politik, Kunst und Kultur. Im vorliegenden Band versammeln sich Beiträge von unterschiedlichsten Expert_innen, darunter Künstler_innen, Begründer_innen von

Initiativen und Plattformen, wie auch Wissenschafter_innen aus der Ethnomusikologie, Soziologie, Politikwissenschaft, Musikwissenschaft und Philosophie, sowie eine Diversitätsmanagerin, eine Politikerin und eine Frauen*beraterin.

»Beyond Empowerment: Strategien solidarischer Bündnisse für politische Veränderung«, der Beitrag von Faika El-Nagashi, betrachtet Empowerment als oft eingefordertes Tool, um persönliche Handlungsspielräume von durch Disziplinierungen, Repressionen etc. Betroffenen zu erweitern und sie auf der gesellschaftlichen Ebene zu stärken. Soziale Bewegungen, die sich diesem Anliegen widmen, ringen mitunter um einen Fokus, der die Kräfte bündeln kann, um gemeinsam zu agieren und dadurch eine umfassendere Wirkkraft zu entfalten. Die Autorin kennt diese Problemstellung aus der Perspektive einer Politikwissenschafterin wie aus ihrer politischen Arbeit in feministischen, antirassistischen und LGBTIQ Kontexten, ihrem Einsatz für die Rechte von Minderheiten in ihrer Funktion als Abgeordnete des Nationalrats. Sie betrachtet das Konzept Empowerment aus dieser Position heraus in der politischen Arbeit, verortet es im Kontext eines repressiven Integrationsregimes, führt widerständige Strategien und Praktiken vor Augen und diskutiert das Potential für Bündnisse in sozialen Bewegungen. Dementsprechend beleuchtet sie einerseits das Potential für die Selbstermächtigung marginalisierter Positionen und andererseits für soziale Bewegungen minoritärer Allianzen angesichts eines repressiven Integrationsregimes in Österreich. Faika El-Nagashis Überlegungen zur solidarischen Bündnisarbeit ist jedoch für viele weitere Kontexte von hoher Relevanz und Inspiration, geht es doch in Krisenzeiten und Zeiten der Transformation immer wieder um Ein- und Ausschlüsse, Zuschreibungen und Machtverhältnisse sowie darum, Ungerechtigkeiten und Unmenschlichkeiten mit neuen Formaten und einem neuen Selbstverständnis zu begegnen.

»Wie geht eigentlich der Prozess zu anderen Lebensformen?«, fragt Luki Schmitz und bringt uns durch diese Frage mit unserem Ontologieverständnis in Kontakt, das in vielen Kontexten, obwohl für unser Menschsein und unsere Positionierung in dieser Welt von großer Bedeutung, vielfach unhinterfragt bleibt. Der Untertitel »Ontologische Perspektiven auf Commoning« öffnet einen Denkraum zu gesellschaftlichen Beziehungsweisen, Lebensformen und Sachherrschaft und damit zu Ungleichheitsverhältnissen ebenso wie zu deren innewohnenden Konzepten von White Supremacy und Heteronormativität bis zu Vorstellungen vom Natürlichen und deren Ordnung, um nur einige zu nennen, die wiederum zur Rechtfertigung von hegemonialen Machtansprüchen dienen. Diese

Konzepte bilden die Basis multipler Krisen, ja einer »Krise des Lebens selbst« (Schmitz in diesem Band, 39), und damit einer Selbstzerstörung. Commons und Commoning bieten neue Zugänge und Transformationsmöglichkeiten abseits kapitalistischer Marktmechanismen. Sie weisen in Richtung neuer Wirtschafts- wie Sozialbeziehungen mit dem Ziel einer solidarischen Gesellschaft und eines pluralen Sozio-Ökosystems. Auf dem Weg dorthin ist es unablässig, die ontologische Dimension von Einhegung und Wiederaneignung zu betrachten, die es erfordert, in die Geschichte und das hier entstandene ontologische Paradox im Kontext von europäischem Kolonialismus und Sklavenhandel einzugehen, Subjektkritik zu üben und das Augenmerk auf die ontologische Konstante zu richten, der Tatsache, wie abhängig wir immer voneinander und wie verbunden wir miteinander sind.

Die Flötistin, Komponistin und Artistic Researcherin Pia Palme gibt uns einen Erfahrungsbericht über »ein Beispiel für Empowerment und Aktivismus in der neuen Musik«, das Festival e_may. Als eigentliche Initiatorin des Festivals nennt Palme die Stimmperformerin und Schauspielerin Gina Mattiello, mit der sie gemeinsam dieses Festival im Jahr 2006 gegründet hatte und jährlich bis 2012 kuratierte und organisierte. Beide waren in der Wiener Szene der neuen und elektronischen Musik regelmäßig als Künstlerinnen tätig. Ihnen war der sehr geringe Frauenanteil bei den Veranstaltungen aufgefallen, besonders offensichtlich war der Mangel an Komponistinnen und Kuratorinnen. Diskussionen darüber gab es zwar in kleinen, informellen Kreisen, wurden jedoch kaum öffentlich geführt, »denn Feminismus war zu dieser Zeit in der Musikbranche kein Thema – im Unterschied zu anderen Kunstdisziplinen, wie etwa in der bildenden Kunst oder im Film« (in diesem Band, 56), sagt Palme. Das wollten sie ändern, indem sie mit e_may Komponist_innen, Musiker_innen und Kuratorinnen eine Plattform boten, wo sie ihre Arbeit zeigen konnten. Palme betont die eminente Bedeutung der Unterstützung durch die Kulturförderung, die e_may erst möglich gemacht hatte. Konkret bedeutete das, ein aktives Wahrgenommen werden von in der öffentlichen Kulturverwaltung tätigen Personen, deren Förderkriterien u.a. vorsahen, dass sich das Programm wie auch das Publikum der neuen Musik stärker diversifizieren sollte. Aus der Praxis kommend wünschten sie sich eine offene, nicht ausschließende Plattform. Gina Mattiello formuliert es folgendermaßen: »Die Frauen müssen Geschichte schreiben und in der Geschichte sein. Damit dies passiert braucht es Menschen, die sich Zeit nehmen, und zwar alle Zeit, die es braucht, um weibliches Kunstschaffen zu ermöglichen. Als Künstlerin ist man auch ein Katalysator für Andere. Man denkt nach, wartet, führt Gespräche, befeuert einander, ist widerständig, geht über sich hinaus, und wird zur Grenzgängerin in den verschiedenen Disziplinen der Künste«. (Palme in diesem Band, 57)

»Unlearn the Canon!« nennen Marlene Feger und Maria-Antonia Schwebe von der Initiative Musica inaudita ihren Text über Diverstät in der klassischen Musik und damit ist zentral angesprochen, wer empowert werden soll: vor allem die abseits des Kanons stehenden Komponistinnen. In den ersten Jahren lag der Schwerpunkt ganz klar auf der Sichtbarmachung von Komponistinnen, die Autorinnen betonen aber, dass mehr Diversität in der Klassik in einer intersektionalen Perspektive danach verlange, dass verschiedene Diskriminierungsformen wie Geschlecht, *race* oder soziale Herkunft, die ja oft auch ineinandergreifen und so die benachteiligenden Rahmenbedingungen verstärken, in den Blick zu nehmen sind. Fragen wir in intersektionaler Perspektive, sehen wir nämlich viele *weiße* und weltweit deutlich weniger Schwarze und PoC-Musiker_innen in der klassischen Musik – zeigt sich hier ein struktureller Rassismus? Wie kann und wie wird von diesem Ausschluss- resp. dieser spezifischen Hürde erzählt? Obwohl immer schon Schwarze Musiker_innen in der klassischen Musik tätig waren, bleiben bis heute Schwarze Musiker_innen und noch mehr Schwarze/PoC-Komponist_innen großteils unsichtbar, weil wenig bis gar nicht gespielt und weil klassische Musik als Genre als sehr *weiß*, westlich und bürgerlich wahrgenommen wird.

Musica inaudita ist eine an der Universität der Künste Berlin (UdK) entstandene Initiative von Studierenden, die sich aus einer Konzertreihe heraus entwickelt hat und die sich dem »Unlearning, dem Ver_lernen« (vgl. Mayer/Ellmeier/Müller 2025) des Kanons verschrieben hat, um dazu beizutragen, dass sich eine diskriminierungskritische Musikwissenschaft und Musikgeschichtsschreibung entfalte, was seinen Niederschlag auch in den Studienplänen der Musikhochschulen finden sollte. Dadurch sollen die zukünftigen Musiker_innen und Musikpädagog_innen stärker die Hegemonie der *weißen* (männlichen) Komponisten hinterfragen lernen und dabei unterstützt werden, sich ein diverseres Repertoire aufzubauen.

Neben der klassischen und neuen Musik gibt es im vorliegenden Band auch einen Beitrag über queer-feministisches Empowerment in der Popmusik. Ulli Mayer – Politologin, Diversitätsmanagerin der Stabstelle Gleichstellung, Gender und Diversität der mdw – initiierte das Pink Noise Camp in Österreich, das 2010 als Pink Noise Girls Rock Camp gegründet wurde. Die Girls Rock Camps verorten sich in der Tradition der Riot-Grrrl-Bewegung und Ladyfest-Veranstaltungen und sind Teil einer queer-feministischen (sub-)kulturellen Praxis und eine Gegenerzählung zu einer nach wie vor männlich dominierten Jugend-, Popkultur- und Musikszene. Erfahrene Musikerinnen arbeiteten zunächst mit Mädchen und jungen Frauen, dann erfolgte eine sukzessive Öffnung der Teilnahmebedingungen für trans*, inter* und nicht-binäre Personen. Mayer über die Art des Camps und sein Programm: »Pink noise Camp – das ist eine Musik- und Bandprojektwoche für Mädchen, junge Frauen, trans*, inter* und nicht-binäre Jugendliche mit Workshops, Instrumentenkursen und Bandprobe-Einheiten (Bandcoaching), in der die Teilnehmer_innen eine Band gründen, gemeinsam Songs schreiben, lernen sich selbstsicher auf der Bühne zu bewegen und am Ende der Woche im Rahmen eines öffentlichen Abschlusskonzerts auftreten und ihre Songs präsentieren«. (Mayer in diesem Band, 99)

Ziel der Pink Noise Camps war und ist es, Mädchen und junge Frauen sowie nicht-binäre Personen zu empowern, selbst Popmusik zu machen, den aktiven Musikpart nicht – wie sonst oft üblich – Boygroups zu überlassen, sondern durch das Camp ermutigt zu werden, selbst eine Gruppe zu starten, sich einzumischen und damit Teil der Musikszene zu werden. Es ist eine nach wie vor wichtige Initiative, die dabei unterstützt, in der Popmusik in den Hintergrund gedrängte Personen und Gruppen zu empowern.

Mine Pleasure Bouvar Wenzel fragt nach Empowerment-Möglichkeiten für trans* und queere Personen in Techno- und Clubkulturszenen und thematisiert am Beispiel der Berliner Szene, was solche Räume bereitstellen sollten, um Resonanzpunkte für offene Räume anzubieten. Die Autor_in, eine trans*nicht-binäre Person bezieht sich selbst neben Freund_innen aus der Berliner Techno- und Clubkulturszene als Quelle in den Forschungsprozess mitein und eröffnet damit eine Innensicht »als Musiker_in und Konsument_in« auf die untersuchte Szene. Einer der Grundannahmen ist, dass queere Heterotopien Gegenöffentlichkeiten innerhalb bestehender gegenöffentlicher Musikszenen darstellten. Mine Pleasure Bouvar Wenzel erzählt vom Zusammenwirken von »Körper und Leib« im technoiden Erfahrungsraum wie auch vom Sozialraum Club. Dabei entstehe eine spezifische Art der Vergemeinschaftung und Fürsorge, die der Verwirklichung von nicht-heteronormativen Lebensentwürfen entgegenkomme. »Ich denke, Technoclubs können Plattformen und Safe Spaces für queere Repräsentation sein. [...] Für mich persönlich ist es wichtig, die Möglichkeit, die ich mit meinem Coming Out im Club erlebt habe, anderen ebenfalls zu ermöglichen. Und Netzwerke wie female:pressure sind ziemlich hilfreich dabei«. (Wenzel in diesem Band, 133)

Basierend auf acht Jahren Feldforschung mit Afghan_innen in Wien, diskutiert der Beitrag von Marko Kölbl die alltägliche kulturelle Handlungsmacht afghanischer Geflüchteter. Welche Bedeutung erlangen Community-interne Szenarien afghanischer Musik? Wie werden Geschlechterpositionen in Musik und Tanz verhandelt? Wie wird ethnisch markierte Musik im Bereich des Aktivismus und der Kulturarbeit eingesetzt, um kulturelle Pluralität zu demonstrieren, und welche mehrheitsgesellschaftlichen Vorstellungen werden dabei bedient? Ethnisch markierten Musik- und Tanztraditionen wird in der ethnographischen Fluchtforschung oft eine hohe Effektivität in Bezug auf Resilienz und Empowerment zugesprochen, was sich gut in eine dekoloniale und solidarische Selbstsicht der Forschenden einfügen lässt: Musik als Zeugnis eines menschlichen Grundbedürfnisses nach kultureller Selbstgewissheit, als Gegenpol zu den lebensbedrohlichen Effekten des europäischen Migrationsregimes. Auch wenn Musik und Tanz für die kulturelle Identität und diasporische Verortung Geflüchteter wichtig sind – die Kraft der Musik scheint doch oft allzu idealisiert vis-á-vis direkter Auswirkungen von antimuslimischem Rassismus und asylpolitischer Diskriminierung.

Die Regisseurin, Drehbuchautorin und Kamerafrau Bernadette Weigel bezieht den Titel ihres Beitrags »Essayfilm – Filme zwischen dem ICH und der WELT« auf ein Spannungsfeld zwischen dem Persönlichen und dem Politischen und verortet darin den Begriff Empowerment. Speziell die Form des Essayfilms ist oftmals fragmentarisch, experimentell und betont eine subjektive Herangehensweise. Für Weigel ist diese Gattung ein starkes politisches Instrument. Sie setzt im Titel ihres Beitrags das ICH in Großbuchstaben, um hervorzuheben, dass häufig eine ICH-Figur in Essayfilmen agiert, die auf die Filmemacher*in selbst verweist. In Essayfilmen sind es speziell ICH-Figuren als Repräsentant*innen der Filmemacher*innen, die einen Diskurs über die (Macht-)Strukturen zwischen Subjekt und (Macht-)System anzuregen vermögen. Ein Ausgangspunkt für Empowerment ist für Weigel demnach das Erkennen und Sichtbarmachen der eigenen persönlichen Geschichte als Filmemacherin. Eine Geschichte, die auch als Grundlage für Solidarität mit anderen Gruppierungen und »Bandenbildung« dienen sollte. Weigel hebt mehrfach die politische Form des vielschichtigen Essayfilms hervor, um unter anderem auf die Möglichkeiten von Kunst als ein »Übungsfeld« für individuelle und kollektive Selbstermächtigung zu verweisen. Für sie ist Kunst generell ein Feld, indem neue Formen des Ausdrucks sowie der Repräsentation entworfen und erprobt werden können. Darüber hinaus verweist Weigel auf die aktuellen Entwicklungen in der österreichischen Filmbranche und auf den Verein FC Gloria, der seit 2010 zahlreiche genderpolitische Initiativen in Hinblick auf Geschlechtergerechtigkeit in den Förderstrukturen setzte und punktuell bereits einiges bewirkte. Dennoch bedarf es laut Weigel nach wie vor vieler (solidarischer) Anstrengungen, um im Feld Film eine nachhaltige Veränderung der Machtverhältnisse zu erreichen.

Eine nochmals andere Form des Empowerments stellt uns die Philosophin und Frauenberaterin Bettina Zehetner in ihrem Text »Worte für das (noch) nicht Sagbare finden. Schreiben als Methode feministischen Empowerments« vor. An Beispielen aus ihrer Schreiberfahrung mit Klientinnen einer Frauenberatungsstelle und deren schriftlichen Rückmeldungen zeigt sie die vielfältigen Wirkungen des Schreibens als »Quelle der Selbstreflexion und Selbstermächtigung und als Instrument zur Selbstverständigung« (in diesem Band, 171). Das Konzept der feministischen Parteilichkeit sei geradezu eine notwendige Haltung gegenüber Frauen, die Gewalt durch ihren Partner erlebt haben, weil »wir als Gesellschaft das Thema geschlechtsspezifische Gewalt auf eine neue, grundlegendere Weise« diskutieren müssen, »um alle Formen der Gewalt sichtbar zu machen« (in diesem Band, 172), auch jene im sogenannten privaten Bereich, wobei sie betont, dass die Trennlinie zwischen privat und öffentlich, die das jeweilige nationale Recht bereitstelle, bereits selbst politisch ist. Ihr ist es ein Anliegen, dass »ein sogenannter ›neutraler‹ Standpunkt angesichts von Gewalt keine Option ist, da er die Verletzung des Opfers wiederholt und fortsetzt (Re-Viktimisierung) und nur den Angreifer stärkt« (Zehetner in diesem Band, ebd.).

Die Verwendung geschlechtergerechter Sprache war uns als Herausgeberinnen wie auch allen Autor_innen des vorliegenden Sammelbandes außerordentlich wichtig, weil gerade in Zeiten, wo es zu so starken Angriffen auf eine zeitgemäße, die aktuellen gesellschaftlichen Bewegungen und Bedarfe alle Geschlechter miteinbeziehenden Sprache im Schreiben und Sprechen kommt, die Menschen, die dieses Buch gemacht haben, sich klar und deutlich pro geschlechtergerechter Sprache positionieren und es auch selbst leben. Alle Beiträge des Bandes sind gegendert, gleichwohl stand es den Autor_innen frei, welches Genderzeichen sie in ihren Texten verwenden möchten. Das führte dazu, dass – anders als es Korrekturregeln traditionell vorsehen – sämtliche Gender-Zeichen vorkommen: das Gendersternchen (»Asterisk«), der Unterstrich (»Gender Gap«) wie auch der Doppelpunkt.

Unsere Dankesworte gehen zuallererst an die Autor_innen für Ihre anregenden Beiträge und für ihre Geduld, weil es diesmal etwas länger gedauert hat, dass ihre

Texte in die Welt kommen. Korrektorin Lisa Huebener schaute darauf, dass Beistriche gemacht, Sätze verständlich sind und grundsätzliche Groß- und Kleinschreibungsregeln eingehalten werden. Danken möchten wir auch unseren bewährten Ansprechpersonen beim Böhlau-Verlag Wien – Produktionsmanagerin Sarah Stoffaneller für ihre Ruhe und Problemlösungsbereitschaft, dem Grafiker Michael Rauscher für seine ansprechenden Layout-Lösungen wie auch der Verlagsleiterin Waltraud Moritz. Unser Dank geht last but not least an die Leitung der mdw – Universität für Musik und darstellenden Kunst Wien, insbesondere an Vizerektorin Gerda Müller, die die für die Herstellung dieses Bandes notwendigen Ressourcen bewilligte.

Den Leser_innen wünschen wir eine neugierige Erkundung der Empowerment-Beispiele und mögen wir alle – Autor_innen, Herausgeber_innen, Produktionsbeteiligte und Leser_innen – über ein Zitat der Literaturnobelpreisträgerin Toni Morrison nachdenken und danach handeln: »If you have some power, then your job is to empower somebody else.«

Anmerkungen

1 Unter »kapitalismusunkritisch« verstehen wir Projektschienen der Frauen*förderung und des Empowerments, die eine Besserstellung des »zweiten« Geschlechts im Kontext der gegebenen (kapitalistischen) wirtschaftlichen Rahmenbedingungen anstreben, aber kapitalismuskritische Diskurse wenig bis gar nicht beachten (u. v. a. Ivanova/Thaa/Nachtwey 2022). Klar ist, dass eine ›rein‹ kapitalistische Verwertungslogik viele Ansätze, die zu einer Verbesserung der Lebens- und Arbeitsbedingungen führen könnten – wie z. B. Zeit- und Sorgearbeit-Geschenke –, gar nicht in den Blick nimmt, weil es sich dabei um keine kapitalistische Verwertungslogik handelt. Ein Beispiel: Jegliche Arbeit, die nicht entlohnt wird, wie z. B. die unbezahlte Hausarbeit, scheint in einer wirtschaftlichen Leistungsschau nicht auf, ist aber für das Wohlergehen der Menschen überaus wichtig. Der Text von Luki Schmitz über das Commoning im vorliegenden Band spricht z. B. eine nicht-kapitalistische Arbeitsform an, die zum Wohlbefinden von Menschen beitragen kann.
2 Empfehlungen der Task Force Gender and Diversity der Österreichischen Universitätenkonferenz (uniko) zur Umsetzung von Geschlechtervielfalt an österreichischen Universitäten, 27. Juni 2022 https://uniko.ac.at/themen/gender_diversity/geschlechtervielfalt/

Literatur

Srilatha *Batliwala* (2007), Taking the Power out of Empowerment: An Experimental Account, in: Development in Practice 17, 4/5, 557–565 https://www.jstor.org/stable/25548253 [30.9.2024]
bell *hooks* (2000), where we stand: class matters. New York/London

bell *hooks* (2020), Die Bedeutung von Klasse. Warum die Verhältnisse nicht auf Rassismus und Sexismus zu reduzieren sind. Übertragen aus dem amerikanischen Englisch v. Jessica Yawa Agoku. Münster

Mirela *Ivanova*, Helene *Thaa*, Oliver *Nachtwey* (Hg.) (2022), Kapitalismus und Kapitalismuskritik. Frankfurt a. M./New York

Andreas *Kemper*, Heike *Weinbach* (2007), Klassismus. Eine Einführung. Münster

Ulli *Mayer*, Andrea *Ellmeier*, Gerda *Müller* (Hg.) (2025), Ver_üben. Diversität als diskriminierungskritische Praxis in Kunst, Kultur und Bildung. Bielefeld (im Erscheinen)

Toni *Morrison* (2021) [1987], Menschenkind. Deutsch von Helga Pfetsch. Mit einem Vorwort der Autorin, übersetzt von Thomas Piltz, erweiterte Neuausgabe, 10. Aufl. Reinbeck bei Hamburg

Ruth *Philipps* (2016), ›Empowerment‹ as Women's Emancipation? A Global Analysis of the Empowerment Paradigm and the Influence of Feminism in Women's NGOs, in: Christina Schwabenland, Chris Lange, Jenny Onyx, Sachiko Nakagawa (Hg.), Women's Emancipation and Civil Society Organisations. Challenges or Maintaining the Status Quo?. Bristol, 21–46 https://doi.org/10.1332/policypress/9781447324775.003.0002 [30.9.2024]

Statistik Austria, Jana *Trapp*, Franziska *Foissner* (2023), Zeitverwendung 2021/22. Ergebnisse der Zeitverwendungserhebung. Wien https://www.statistik.at/stddoku/subdokumente/b_zve_2021-22_web-barrierefrei.pdf [30.9.2024]

Faika El-Nagashi

Beyond Empowerment
Strategien solidarischer Bündnisse für politische Veränderung

Soziale Bewegungen im Bereich der Menschenrechte, des Antirassismus oder auch des Klimaschutzes beziehen sich zentral auf identitätspolitische Positionen, die mitunter subjektiviert und individualisiert sind. Für eine gesellschaftliche und politische Stärkung aus einer Perspektive der Betroffenheit (von u.a. staatlichen Maßnahmen, Disziplinierung, Repression) ist Empowerment ein oft eingeforderter und vielfach unterstützender Zugang zur Erweiterung des persönlichen Handlungsspielraums. Zum einen birgt dies jedoch das Potential immanenter Interessenskonflikte, sobald sich verschiedene Positionen zu einer Bewegung verbinden, um ihre Anliegen breiter oder wirksamer zu vertreten. Zum anderen brauchen soziale Bewegungen gemeinsame Anknüpfungspunkte, um überhaupt miteinander in (strategische) Bündnisse oder Allianzen treten zu können. Ich gehe der Frage nach, wie sich dafür eine Ebene des politischen Empowerments finden lässt und werde die Rahmenbedingungen und Dynamiken beleuchten, in die eine solche Strategie eingebettet sein kann.

Davor möchte ich meinen Zugang und meine Positionen transparent machen, aus der meine Überlegungen erfolgen. Ich kenne die Strukturen, Bedürfnisse und Entwicklungen der politisch aktiven und kritischen Zivilgesellschaft, ebenso wie diejenigen der institutionalisierten Politik. Erstere erlebte ich seit Beginn meiner politischen Arbeit in verschiedenen feministischen, antirassistischen und LGBTIQ Gruppen, die sich oft primär für die Rechte von Minderheiten einsetzten. Elf Jahre lang war ich in einer Frauen- und Migrantinnenselbstorganisation in Wien tätig, dem Verein LEFÖ, wo ich zu den Themen Sexarbeit und Frauenhandel (sowie der Unterscheidung dieser beiden Bereiche), zu Frauenarbeitsmigration und Integration gearbeitet habe. Seit 2015 – dem Jahr der Flüchtlingskrise oder Solidaritätskrise, je nach Standpunkt – bin ich in der institutionellen Politik tätig, zuerst als Wiener Landtagsabgeordnete und aktuell als Nationalratsabgeordnete der Grünen mit Schwerpunkt Integrationspolitik. Ich verstehe mich nach wie vor auch als politische Aktivistin und engagiere mich in sozialpolitischen Initiativen, unter anderem im Beirat des Black Voices Volksbegehrens, dem ersten antirassistischen Volksbegehren in Österreich, und der Kerngruppe der Plattform für eine menschliche Asylpolitik.

Für meinen (exemplarischen) Blick auf mögliche Dimensionen solidarischer Bündnisarbeit werde ich zunächst einige Aspekte von Empowerment benennen, die für die weitere Analyse relevant sind. Danach werde ich die Eckpfeiler des österreichischen Integrationsregimes skizzieren und die Frage nach der Funktion von Empowerment in diesem Kontext stellen. Anschließend werde ich eine Ebene politischen Empowerments diskutieren, das auf politische Veränderung durch solidarische Bündnispolitik setzt.

Empowerment als Ermächtigung (Stärkung im Sinne einer Selbstermächtigung und des Ermächtigtwerdens) zirkuliert um Machtverhältnisse und Möglichkeiten, Ein- und Ausschlüsse, Bilder und Zuschreibungen, Grenzziehungen und Regulierungen der eigenen Existenz (der Körper, der Sexualität), Widerstand und Veränderung. Seitens der Zivilgesellschaft, die sich für progressive Themen einsetzt bzw. für eine Veränderung der bestehenden politischen Verhältnisse, wird Empowerment in Arbeitsinhalte eingebracht (Forderungen, Schwerpunkte), ebenso aber auch in die Organisationsziele, die Organisationsform und die Arbeitsweise. So beziehen sich zum Beispiel die in Wien ansässigen Migrantinnenselbstorganisationen LEFÖ[1], Peregrina[2] und Orient Express[3] in ihren Leitbildern, Projekten und Publikationen auf das Empowerment von Migrantinnen als wesentliches Konzept. Sie sprechen dabei nicht nur eine persönliche, sondern auch eine organisatorische und vor allem gesellschaftliche Ebene an, um ihren »Zielgruppen« (Migrantinnen) als Individuen, aber auch als (diverse) Gruppe mehr Selbstvertrauen, Handlungsspielraum und Entscheidungsfreiheit zu ermöglichen. Dieser Zugang nimmt gesellschaftspolitische Ausschlüsse und Ungerechtigkeiten sehr bewusst in den Blick und strebt Veränderungen an, mehr Rechte (als Frauen, als Migrantinnen), mehr Autonomie, mehr Partizipation.

Auch auf der Ebene der institutionalisierten Politik ist Empowerment durchaus verbreitet. Zumindest auf dem Papier, in Förderausschreibungen und Presseaussendungen, Webseiten und Veranstaltungsprogrammen, vor allem gerne im Zusammenhang mit Mädchen und Frauen. So stellte die Tagung von Bürgermeisterinnen aus Deutschland, Österreich und der Schweiz im Frühjahr 2022 im österreichischen Parlament fest, »Empowerment, Motivierung und Information sind der Schlüssel für den Erfolg von Frauen in der Kommunalpolitik«.[4] Ebenfalls im Frühjahr 2022 wurde ein eigens gegründeter Fonds der Republik Österreich zur Stärkung von Frauen und Mädchen mit dem Namen »LEA Let's empower Austria« von Frauenministerin Susanne Raab (ÖVP), zugleich Integrationsministerin, eröffnet.[5] Die (deutschsprachige) Webseite von LEA (letsempoweraustria.at) stellt drei (englische) Slogans in den Mittelpunkt, Break stereotypes, develop potentials, live the freedom of choice. Dazu gibt es »LEA Vorbilder«, Role Models[6], die in Kurzportraits vorgestellt werden. Erfolgreiche CEOs, Rektorinnen, Direktorinnen, Unternehmerinnen, Sportlerinnen. Die marginalisierte Position, für die das Empowerment stattfindet bzw. stattfinden soll, sind Frauen und Mädchen – imaginiert als Teil dieser Gesellschaft, als gleichberechtigt, als bereits hier, hier lebend, hier aufhältig, hier legal, hier zugehörig. Geschlecht ist der verbindende, der trennende und der entscheidende Marker für die Ein- und Ausschlüsse, die (fehlenden) Möglichkeiten und die zu erreichenden Freiheitsgrade. Andere Differenz- und Diskriminierungskategorien kommen nicht vor, sind unsichtbar und unbenannt. Dabei liegen die Ausschlüsse für Alleinerzieherinnen, Frauen mit Behinderungen oder Frauen in Altersarmut an anderen Umständen. Und das fehlende Empowerment von afghanischen Asylwerberinnen, Kopftuch tragenden Lehramtsstudentinnen, rumänischen und bulgarischen Pflegerinnen oder sudanesischen Feministinnen in Österreich hängt mit der ideologischen Ausrichtung anderer Politikfelder zusammen und mit strukturellen und institutionellen Hürden. Mit solchen, die durch Tagungen oder einen Fonds der Republik Österreich nicht überwunden werden können. Ein Empowerment für diese »Anderen« braucht zwangsläufig politische Veränderungen und die Erlangung (manchmal, Wiedererlangung/ Aneignung) einer Subjektposition, für die es wenige Vorbilder gibt, kaum Ressourcen oder gleichberechtigte Verhandlungspositionen. Empowerment verändert also in dem Moment den Fokus, in dem die Frauenministerin als Integrationsministerin handelt und das erstrebte Empowerment mit den Interessen des Integrationsregimes kollidiert. In der öffentlich wahrnehmbaren Kritik wurde dieser Aspekt jedoch nicht explizit angesprochen. Die Frauenorganisationen – allen voran der Frauenring als Dachorganisation österreichischer Frauenvereine – formulierten vor allem die Sorge einer »Privatisierung« von Frauenpolitik durch die gewählte Struktur als Fonds der Republik Österreich sowie die Frage nach den Auswirkungen auf Förderungen für die vielen Vereine, die bereits jetzt im Bereich des »Empowerments« mit Mädchen und Frauen tätig sind. Aspekte der Intersektionalität bzw. Fragen nach der Verstärkung bestehender Ausschlüsse vor allem von Migrantinnen wurden öffentlich sowohl von zivilgesellschaftlicher als auch von parteipolitischer Seite nicht angesprochen. (vgl. Der Standard/online)

Es sind aber genau diese Ausschlüsse, die der Logik des Integrationsregimes eingeschrieben sind und Chancen und Perspektiven – letztlich für alle – beeinflussen, in Bezug auf den rechtlichen Status, die Mobilität, die finanzielle Situation, die Aus-/Bildung, den Arbeitsmarkt, das körperliche und seelische

Wohlergehen, die Wohnverhältnisse, die gesellschaftliche Repräsentation, die politische Mitsprache. Dieses Integrationsregime lässt sich nach dem Konzept der Politikwissenschaftlerin María do Mar Castro Varela als »[...] ein Bündel (sozial-)politischer Maßnahmen, welche für die hiervon Regierten ein beständiges Mehr an Ausschluss und Kontrolle bedeuten« (Castro Varela 2008, 79) beschreiben. Forscher:innen aus der postkolonialen Theorie kritisieren bereits seit langem die dominanten Integrationsdiskurse und untersuchen sie auf ihre (ausschließenden) Konstruktionen. (vgl. Castro Varela 2005/2007/2008); Ha et al. 2007; Ha/Schmitz 2006; Hamid 2006; Johnston-Arthur 2002/2004; Steyerl/Gutíerrez Rodríguez 2003) Sie kritisieren die (strukturellen) Auslassungen, die Zuschreibungen und Essentialisierungen und die Kontinuitäten rassistischer und kolonialistischer Diskurse; auch im Bereich der visuellen Kommunikation, vermittelt durch sprachliche Bilder und als Teil der symbolischen Konstruktion, der Inszenierung, von Integration. Neuere Zugänge beschreiben das (auch demokratiepolitische) Auseinanderdriften einer Gesellschaft, in der die Verheißung von Integration politisch vermittelt und über oft unüberwindbare Vorgaben organisiert wird, in der ein tatsächlicher sozialer Aufstieg und die gesellschaftliche Anerkennung jedoch strukturell und diskursiv verunmöglicht werden. (vgl. Bachinger/Schenk 2012; El-Mafaalani 2018; Valchars/Bauböck 2021)

Die Kulturwissenschaftler Kien Nghi Ha und Markus Schmitz haben den nationalpädagogischen Impetus von Integrationszwangsmaßnahmen (Integrationskurse, Integrationsvereinbarungen) beforscht, mit denen Zugehörigkeit bzw. Nicht-Zugehörigkeit über die Konstruktion nationaler Identität hergestellt wird. Sie werden als wiederholter Akt performativ mit Bedeutung aufgeladen und zum Mittel der Aufrechterhaltung von Machtverhältnissen, die sich auch über die zu Integrierenden erstrecken und ihnen hierarchisierte Plätze zuweisen, integrationsunwillig, integrationsunfähig, bedürftig, fleißig usw. (vgl. Ha/Schmitz 2006) Ähnlich kritisiert auch Castro Varela die Formung »integrierter Subjekte« und die Herstellung von »Integrationsfähigkeit« als identitätsbestimmendes Moment durch einen Integrationsdiskurs, der vorwiegend mit Zwangsmaßnahmen operiert. (vgl. Castro Varela 2008)

Dieses Integrationsregime arbeitet mit mehrfachen Ebenen des Ausschlusses und seiner ständigen Aktualisierung. Es zieht Linien zwischen Gruppen von Menschen, diejenigen, die diesen Maßnahmen unterworfen sind (und diejenigen, die das nicht sind); diejenigen, die sich diesen Maßnahmen (gut/richtig/willig) fügen und diejenigen, die das nicht tun (weil sie nicht können oder wollen). Es ist ein dualistisches System, das mit der Versprechung von Belohnung und der Drohung von Bestrafung arbeitet. Teil des Bestrafungssystems ist das Zusammenspiel der restriktiven Regelungen von Aufenthaltsmöglichkeit (Illegalisierung), Zugang zum Arbeitsmarkt (Kriminalisierung), Zugang zu Sozialleistungen (Kürzung) und Zwangsintegrationsmaßnahmen (insbesondere verpflichtende Deutschkurse und andere Maßnahmen wie Wertekurse). Mitunter wird der Diskurs um Integration im wirtschaftlichen Bereich verortet und unterstützt so eine Ökonomisierung der Migration bzw. der Integration (u.a. durch die Betonung von Erfolg, Leistung, Wettbewerb). Integration wird in diesem Zugang zum Bestandteil einer scheinbar gleichberechtigten Sicht von »Geben und Nehmen«, bei der die Ausgangssituationen, Machtverhältnisse und strukturellen Bedingungen nicht thematisiert werden und ein Kompromiss propagiert wird, der als (wirtschaftliche) Win-win-Situation für alle Beteiligten beworben wird.

Dieses Integrationskonzept impliziert einen weiteren ausschließenden Dualismus, die Konstruktion von Migrant:innen als »integrationsbedürftig« und, dem gegenüber, die homogen konstruierte und essentialisierte österreichische Mehrheitsgesellschaft als wohltätige bzw. helfende Gesamtheit gegenüber dem Defizit der Bedürftigkeit sowie das Engagement Einzelner als karitativer Beitrag zur gemeinschaftlichen »Integrationsleistung«. Die konstruierte Bedürftigkeit wird mit Urteilen über die »Integrationsfähigkeit« und den »Integrationswillen« ergänzt und von einer Bevormundung der Migrant:innen begleitet, die ihre Infantilisierung festschreibt und die Definitionsmacht der Mehrheitsgesellschaft verdeutlicht.

Welche Strategien können also diesen Spaltungen entgegengesetzt werden und sind geeignet die Ausschlüsse des Integrationsregimes (viel schwerwiegender noch, des Asyl- und Migrationsregimes) zu überwinden? Welche Entsprechung finden die Übersetzungen von Empowerment in Zugängen, die politische Veränderung (also auch eine Veränderung des Integrations- und Migrationsregimes) über solidarische Bündnisse verfolgen? Als Werkzeug in den Kämpfen minorisierter Positionen wird Empowerment zu einer Methode der Gruppen- und Bewegungsbildung in Kämpfen für die Befreiung aus repressiven Verhältnissen. In diesem Zugang ist Empowerment eingebettet in Forderungen nach Sichtbarkeit und Anerkennung, Selbstvertretung und Selbstbestimmung, Zugehörigkeit und Teilhabe. Ich werde im Folgenden einige dieser Strategien skizzieren – zuerst Überlegungen zu den Kämpfen um Sichtbarkeit und Anerkennung und anschließend solche, die um Aneignung kreisen.

Die Kulturwissenschaftlerin Johanna Schaffer analysiert den Topos der Sichtbarkeit als zentrales Element politischer Kämpfe minorisierter Gruppen um Anerkennung. Sichtbarkeit bezieht sich dabei sowohl auf die konkrete (ästhetische) Umsetzung und Bedeutungsproduktion als auch auf die Verheißung der Sichtbarkeit (im Sinne von Anerkennung). Schaffer erarbeitet die Ebene der Anerkennung im Konditional, sowohl auf einer formalen (juristischen) Ebene, als auch durch die bildliche Repräsentation. (vgl. Schaffer 2008) Unter Bezugnahme auf Kampagnen und Filme benennt sie drei Strategien, durch die auf der Repräsentationsebene eine Einschränkung von Handlungsfähigkeit der repräsentierten Subjektweisen visuell hergestellt wird, (1) die Produktion der absoluten Andersartigkeit als sichtbare Wahrheit (die Erzeugung von essentialisierten Stereotypen), (2) eine regulative Sichtbarkeit (ein Platzverweis als »Spektakel« oder Tokens) und diskursive Auslöschung (kein Platz) und (3) die eingeschränkte Handlungsfähigkeit im nationalen Bildrahmen (vergeschlechtlichte Zuschreibungen von Autonomie). (vgl. Schaffer 2008) Diese drei Ebenen beschreiben das Spannungsfeld, in dem die politischen Forderungen minorisierter (migrantischer) Positionen nach anerkennender Sichtbarkeit auf die gewaltvollen und marginalisierenden Ausschlüsse der restriktiven Migrations- und Integrationsregime treffen.

Angesichts der Enge, die diesem Spannungsfeld innewohnt, beschäftigen sich widerständige Praktiken gegenüber hegemonialen Zuschreibungen und Wahrnehmungen mit dem Potential des Moments der Aneignung, als sprachliche Aneignung (Selbstdefinition), als repräsentative Aneignung (Selbstorganisation) und als diskursive Aneignung (Selbstbestimmtheit).

Araba Evelyn Johnston-Arthur, Aktivistin und Theoretikerin der Schwarzen Bewegung Österreichs, betont den Prozess der (sprachlichen) Selbstdefinition als maßgeblich für eine Befreiung aus Objektivierung und Fremdbestimmtheit. Sie führt dies anhand der Relevanz für die moderne afrikanische Diaspora in Österreich aus und bezieht sich dabei im Besonderen auf das Recht auf selbstbestimmte Namensgebung. (vgl. Johnston-Arthur 2004, 78ff.) Sie beschreibt diese Aneignung als Ausbruch aus (medialen) Zuschreibungen und als »Hierverortung«. (ebd., 78)

> Unter *Hierverortung* verstehe ich, sich selbst nicht nur individuell, sondern darüber hinaus die eigene Existenz als ›Minorität‹ innerhalb dieser Gesellschaft und dieses Landes wahrzunehmen, und aus diesem Bewusstsein heraus die Entscheidung zu treffen, sich *hier* in der Welt, die die deutsche Sprache beschreibt, einen eigenen, selbstbestimmten Platz zu schaffen. (ebd., 78f.; H.i.O.)

In ähnlicher Weise formuliert die Politikwissenschaftlerin und Schriftstellerin Ishraga Mustafa Hamid in ihrer Arbeit zu Empowerment-Prozessen Schwarzer Frauen in Wien die Bedeutung der Bewusstwerdung von Diskriminierung als zentrales Element, um Strategien der Selbstartikulation, Selbstorganisation und Sichtbarmachung zu entwickeln, die sie als wesentliche Grundlagen von Empowerment versteht. (vgl. Hamid 2006, 6) Dabei stellen Selbstdefinition, Selbstartikulation und soziale und politische Vernetzung die Grundlagen kollektiver Identität dar. (vgl. ebd., 6f.)

> [E]mpowerment-Prozesse Schwarzer Frauen [umfassen] komplexe und dynamische Prozesse, wobei die individuellen und kollektiven Fähigkeiten erweitert werden können. Es werden politische Handlungsspielräume geschaffen, wodurch Frauen Strategien für kollektives Agieren entwickeln können. Wenn Frauen sich befähigen und sich selbst organisieren, um ihre Emanzipation und eine soziale und politische Partizipation zu erreichen, dann sind sie ermächtigt, weitere Anliegen durchzusetzen, und es beginnt ein neuer Prozess. (ebd., 166)

In diesen kollektiven Identitäten entstehen Formen der Selbstorganisation als repräsentative Aneignung sowohl der Selbstdarstellung als auch der Selbstvertretung. Selbstorganisationen arbeiten dabei mitunter mit einem strategischen Essentialismus, der sie nach außen als homogene und essentialisierte Gruppen erscheinen lässt, um politische Ziele wirkungsmächtiger vertreten zu können. (vgl. Spivak 1987) Die politische Artikulation, die aus dieser Position heraus möglich wird, ist die einer Wiederaneignung, einer »Bestimmung der eigenen politischen Identität [...] als Gegenentwurf, als Bezeichnung eines oppositionellen Standorts.« (Caixeta/Maiz 2003, 139)

Einen Zugang im Bereich der diskursiven Aneignung stellt die Strategie dar, hegemoniale Erzählungen und Konstruktionen »gegen den Strich« (Spivak zit. n. Castro Varela/Dhawan 205, 59) zu lesen. In diesem Sinn beschreibt Araba Evelyn Johnston-Arthur die Arbeit der Recherchegruppe zu Schwarzer österreichischer Geschichte, die sich unter anderem mit der Herstellung von »Gegengeschichten« (Johnston-Arthur 2007, 433) beschäftigt.

> Mit der Gründung der Recherchegruppe verband sich die Realisierung erträumter Strukturen, die Kreierung eines widerständigen Raumes, von dem aus wir für hiesige Verhältnisse maßgeschneiderte emanzipatorische Praktiken der Dekolonisierung entwickeln; von dem aus wir strukturelle Grundlagen für das Schreiben und

Erzählen einer Schwarzen Gegengeschichtsschreibung schaffen. Das Ziel war, ist und bleibt die Produktion von ermächtigendem Wissen. (ebd., 434)

Die Veränderung der durch Ausschluss geprägten hegemonialen Strukturen konzeptionalisiert die Schwarze Feministin und Literaturwissenschaftlerin bell hooks als Akt der Widerrede – des »talking back«. Der Ausbruch aus dem Schweigen in die – hörbare und gehörte – Rede stellt dabei den Ausdruck der Subjektwerdung dar. (vgl. hooks 1989)

> Moving from silence into speech is for the oppressed, the colonized, the exploited, and those who stand and struggle side by side a gesture of defiance that heals, that makes new life and new growth possible. It is that act of speech, of ›talking back‹, that is no mere gesture of empty words, that is the expression of our movement from object to subject – the liberated voice. (ebd., 9)

Komplementär dazu steht das Konzept des »subversiven Zuhörens« (Castro Varela/Dhawan 2003, 278), das eine Ermächtigung derer darstellt, denen nicht zugehört wird und die dadurch »zum Schweigen gebracht werden« (ebd., 278). Das subversive Zuhören wird in diesem Zusammenhang durch bewusstes Schweigen zu einer machtvollen Kritik, die – statt Vertretungspolitik für die nicht-Redenden zu übernehmen – den Rahmen für die Artikulation dieser (abgewerteten) Positionen schafft und den Blick auf die Ausschlüsse und Praktiken richtet, mit denen diese Disqualifikation legitimiert wird. (vgl. ebd., 279)

Eine dritte Art des Sprechens stellt das in Anlehnung an Michel Foucault formulierte Konzept der Parrhesia, der riskanten Widerrede, dar. Diese verstehen die beiden zu postkolonialen Theorien forschenden Politologinnen María do Mar Castro Varela und Nikita Dhawan als »Stärkung einer kritisch politischen Position in Theorie und Praxis, die ein doppeltes Risiko insoweit eingeht, insofern sie immer selbst- und machtkritisch zugleich in Erscheinung tritt« (ebd., 270). Zentrales Element dieser Überlegungen sind die radikale Selbstkritik der sich artikulierenden Subjekte – also auch derer, die aus marginalisierten Positionen sprechen – und die (riskante) kritische Äußerung gegenüber hegemonialen Machtverhältnissen. Durch solch eine politische Praxis aus »positionierter Verantwortung« (ebd., 287) würde hegemonialen Logiken widerstanden werden, statt sie zu festigen und Ausschlüsse fortzuschreiben.

Rubia Salgado (2002) und Luzenir Caixeta (2003) – Mitbegründerinnen der Migrantinnenselbstorganisation maiz Autonomes Zentrum von & für Migrantinnen in Linz – beschreiben mit ihrem Rückbezug auf das kritische Konzept der Anthropophagie[7] – das Fressen der »Anderen« – im Kontext der widerständigen Praxis feministischer Migrantinnen einen Weg der »Störung, Provokation, Besetzung« (Caixeta 2003, 190), der sich gegen die Vereinnahmung, die Regeln und die Unterdrückung der Dominanzkultur richtet.

> Ich nehme das Wort ›assimilieren‹ und benutze es in meinem Sinn, aus meiner Perspektive, und erinnere euch gleichzeitig an die Perspektive der Angehörigen der Dominanzkultur. Diesmal haben wir jedoch die Rolle der Protagonistinnen übernommen, wir assimilieren euch, wir drohen euch, wir fressen euch.« (Salgado zit. n. Caixeta 2003, 190)

Die Anthropophagie kehrt die hegemonialen Diskurse um und entwickelt aus der marginalisierten Position heraus einen selbstbewussten Protagonismus, der die Logik der hegemonialen Herrschaftsverhältnisse entmachtet. (vgl. ebd., 188 f.)

Selbstorganisation von marginalisierten Gruppen bezieht sich also mitunter auf einen »strategischen Essentialismus«, der politische Allianzen mit anderen Gruppen sowie mit Mehrheitsangehörigen eingehen kann. Strategien der diskursiven Aneignung beziehen sich unter anderem auf die kritische Hinterfragung hegemonialer Konstruktionen und den Entwurf von Gegengeschichten (»gegen den Strich lesen«), auf die widerständige Artikulation als Subjekt (»talking back«), auf Schweigen als machtvolle Kritik (»subversives Zuhören«), auf Selbst- und Machtkritik innerhalb hegemonialer Verhältnisse (»Parrhesia«) sowie auf die radikale Einverleibung und Entmachtung hegemonialer Logiken (»Anthropophagie«). Diese Strategien richten sich insbesondere gegen rassistische und kolonialistische Diskurse – wie sie repressiven Integrationsregimen eingeschrieben sind. Dabei ist der Zusammenschluss mit anderen (sozialen) Bewegungen ein Mittel, um den eigenen Anliegen, aber auch gemeinsamen und überschneidenden Interessensbereichen, politisches Gewicht zu verleihen. Für solche Zusammenschlüsse, Allianzen oder Bündnisse eignen sich besonders solche Momente, die als Ereignis tiefgreifende Einschnitte in die bisherige politische Ordnung darstellen. Das sind unter anderem Krisen, Kriege oder auslösende Momente gesellschaftlicher Umwälzungen.

Das Jahr 2015 und sein »langer Sommer« stellt einen derartigen gravierenden Einschnitt in globale und insbesondere europäische Migrationsregime und die Debatten um Flucht, Asyl und Menschenrechte dar. In Österreich entstehen zahlreiche zivilgesellschaftliche Initiativen – zuallererst, um konkrete Hilfe zu leisten, aber zunehmend als eine Stimme der Menschlichkeit und Solidarität gegenüber den tagespolitischen Diskussionen dazu, die mit rassistischen, antimuslimischen und sexistischen Untertönen geführt werden. In diesem Zusammenhang formiert sich unter anderem die »Plattform für eine menschliche Asylpolitik« als Bündnis von NGOs, Flüchtlingsinitiativen, politischen Organisationen und Einzelpersonen. Am 3. Oktober 2015 organisierte sie in Wien eine Demonstration mit 70.000 Teilnehmenden unter dem Titel »Flüchtlinge willkommen!« Seit damals hat sich viel verändert. »Willkommenskultur« ist zu einem Schimpfwort und »hässliche Bilder« sind zu einer Selbstverständlichkeit geworden. Die Plattform ist nach wie vor tätig und besteht nunmehr aus einer Vielzahl von Organisationen und Initiativen, die sich in ihr vor allem anlässlich Aktionstagen oder für einzelne Proteste zusammenschließen. Dazu zählen Demonstrationen am Internationalen Tag gegen Rassismus oder am Weltflüchtlingstag, offene Briefe gegen die Ungleichbehandlung von Geflüchteten oder Gesprächsreihen mit Aktivist:innen und Wissenschaftler:innen zu aktuellen politischen Debatten im Kontext der Schwerpunkte der Plattform. In ihrem Selbstverständnis geht die Plattform auf die Herausforderungen ein, die strategische politische Bündnisse mit sich bringen, »In einem breiten Bündnis gibt es natürlich viele verschiedene und manchmal auch widersprüchliche Positionen und Erfahrungen. Aber uns ist der respektvolle und solidarische Umgang miteinander wichtig.« (Plattform für eine menschliche Asylpolitik, online) Als Grundhaltung der Plattform werden »Antifaschismus, Antirassismus, Antisexismus und Ablehnung aller Formen von Diskriminierung« (ebd.) genannt. In der Plattform organisiert sind feministische Gruppen, afghanische und syrische Geflüchtete, gesellschaftspolitische Kampagnenplattformen, linksprogressive politische Parteien, Gewerkschaftsgruppen, NGOs aus dem Sozialbereich, außerparlamentarische politische Bewegungen, Flüchtlingsvereine, antirassistische Initiativen und Menschenrechtsaktivist:innen. Einzelne Aktionen werden in Zusammenarbeit mit weiteren Partner:innen organisiert, wie der Klimaschutzbewegung oder den Protesten gegen Sozialabbau (Kürzungen und Restriktionen im Sozialbereich, Verschärfungen der Arbeitszeitregelungen, fehlende Finanzierungen und Unterbezahlung). So fand die Großdemonstration gegen Rassismus im März 2019 in einer breiten Kooperation mit der Zivilgesellschaft statt. Schwerpunkte waren der verstärkte Rechtsruck, zunehmender Rassismus und die Ausgrenzung von Menschen mit Migrationsbiografie. Unter den beteiligten Gruppen fand sich auch das Wiener Volkstheater, das von seinem Balkon aus einen Auszug aus dem Stück »Verteidigung der Demokratie« (Regie, Christine Eder) aufführte. (vgl. OTS0082 2019, online) Die damalige Direktorin des Volkstheaters Anna Badora und die Dramaturgin des Volkstheaters Veronika

Maurer äußerten sich in einer Presseaussendung im Vorfeld der Demonstration: »Demokratie versteht sich nicht von selbst und ist nicht einfach da. Es gilt sie immer wieder neu zu erkämpfen und zu verteidigen. Dieser Verteidigung wollen wir eine Bühne geben.« (ebd.) Die Veranstalter:innen berichteten anschließend von 12.000 Teilnehmenden. (vgl. Plattform für eine menschliche Asylpolitik, online)

Für solch breite Bündnisse ein gemeinsames politisches Fundament zu finden, ist ein Balanceakt, der versucht, über identitätsbezogene kollektive Gruppenbildungen hinausgehend eine solidarische Bewegung entstehen zu lassen. Das bedeutet eine Fokusverschiebung, bei der die unterschiedlichen Standpunkte, Interessen, Bedürfnisse und Forderungen anerkannt werden und als Referenzen weiterhin bestehen bleiben. Damit wird die Politisierung von Empowerment und die Einbettung in solidarische Bewegungen ein Werkzeug gegen die Spaltungen und Ausschlüsse, die Empowerment nach ihren eigenen Interessen vergeben bzw. nehmen möchten. Der Akt der gemeinsamen Performance von Demonstrationen, Protesten, Aktionstagen, Reden und dergleichen im Rahmen des Bündnisses der Plattform ist ein wahrnehmbarer und geteilter Moment des Empowerments für viele der Beteiligten und Teilnehmenden. Die Einbindung in die Vorbereitung und die »Aufführung« ist oftmals ein Erleben von Sichtbarkeit und Anerkennung, Selbstvertretung und Selbstbestimmung, Zugehörigkeit und Teilhabe. Diese Momente zielen nicht auf eine punktuelle Stärkung des eigenen Standpunkts ab, sondern auf die nachhaltige Veränderung der Verhältnisse, die die Benachteiligungen überhaupt erst entstehen lassen.

Im Kontext von repressiven Migrations- und Asylregimen, wie sie Österreich und die EU spätestens seit dem »langen Sommer 2015« als »Normalität« (damals neu, jetzt schon alt) zementiert haben, steht Empowerment einem dynamischen System von Ausschlüssen und Ausgrenzung gegenüber, das wenig Lücken und Möglichkeiten für Durchbrüche gewährt. Wiewohl ich anerkenne, dass Empowerment als individuelle und kollektive Stärkung und Raumnahme Veränderungspotential und Verbündungspotential in sich trägt, verorte ich den Bedarf für strukturelle und institutionelle Veränderung in der Politisierung und politischen Mobilisierung als soziale und solidarische Bewegung bzw. Bewegungen. Der Zugang, den ich in diesem Beitrag umrissen habe, soll Empowerment nicht verwerfen, sondern die Perspektive fokussieren, politische Veränderung. Und einen Weg dorthin skizzieren, solidarische Bündnispolitik.

Anmerkungen

1 Vgl. https://lefoe.at/leitbild/ [11.5.2023]
2 »Verbesserung der Lebensqualität, Gleichstellung und Empowerment sind die wichtigsten Ziele der Beratung.«, in: Peregrina. Bildung und Beratung für Migrantinnen (https://www.peregrina.at/). Peregrina, Code of Conduct, online unter: https://www.peregrina.at/code-of-conduct-2020/ [11.5.2023]
3 Vgl. Projekt »Empowerment: Präventions- und Krisenarbeit im Themenkomplex verwandtschaftsbasierte Geschlechtergewalt«, online unter: https://www.orientexpress-wien.com/empowerment [11.5.2023]
4 vgl. Parlamentskorrespondenz Nr. 337 vom 31.03.2022, online unter: https://www.parlament.gv.at/PAKT/PR/JAHR_2022/PK0337/index.shtml [11.5.2023]
5 vgl. Pressenachricht des Bundeskanzleramts vom 04.03.2022, online unter: https://www.bundeskanzleramt.gv.at/bundeskanzleramt/nachrichten-der-bundesregierung/2022/03/frauenministerin-raab-jedes-maedchen-jede-frau-soll-ihr-potenzial-entfalten-koennen.html [11.5.2023]
6 Obwohl die Role Models/Vorbilder auf der Webseite laufend ergänzt werden, lag der Schwerpunkt anfangs fast ausschließlich auf dem naturwissenschaftlichen und unternehmerischen Bereich. Dies entspricht der Ausrichtung des Fonds, die auf der Webseite des Bundeskanzleramts beschrieben wird: »LEA setzt Maßnahmen, die dazu beitragen, geschlechtsspezifische Rollenbilder von Frauen und Mädchen – insbesondere bei der Bildungs- und Berufswahl – zu hinterfragen und aufzubrechen. Denn trotz eines vielfältigen Bildungs- und Berufsspektrums streben zu wenige Mädchen und Frauen Ausbildungs- beziehungsweise Berufswege in vorwiegend männerdominierten Branchen, insbesondere im MINT-Bereich (Mathematik, Informatik, Naturwissenschaft und Technik), an.« (Bundeskanzleramt, online: https://www.bundeskanzleramt.gv.at/agenda/frauen-und-gleichstellung/gleichstellung-am-arbeitsmarkt/lea.html [11.5.2023]
7 Das Konzept der Anthropophagie geht auf die kritische soziale und kulturelle Bewegung der Anthropophagie nach Oswald de Andrade in Brasilien im 20. Jahrhundert zurück. »Auf die Gegenwart übertragen, handelt es sich um eine Methode, Hierarchien und Abgrenzungen aufzugeben und auf gleichberechtigte Unmittelbarkeiten im Kontakt der Kulturen zu setzen […].« (Schiff zit. n. Caixeta 2003, 187)

Literatur

Eva Maria *Bachinger*, Martin *Schenk* (2012), Die Integrationslüge. Wien
Luzenir *Caixeta* (2003), Anthropophagie als Antwort auf die eurozentrische Kulturhegemonie. Oder, Wie die Mehrheitsgesellschaft feministische Migrantinnen schlucken »muss«, in: die Subalterne deutsch? Migration und postkoloniale Kritik. Münster, 186–194
Luzenir *Caixeta*, maiz (2003), Symmetrische Beziehungen, in: Transversal. Kunst und Globalisierungskritik. Wien, 139–145
María do Mar *Castro Varela* (205), Integrationsregimes und Gouvernementalität. Herausforderungen an interkulturelle/internationale Soziale Arbeit, in: neue praxis Sonderheft. Soziale Arbeit in der Migrationsgesellschaft. Multikulturalismus – Neo-Assimilation – Transnationalität. Lahnstein

María do Mar *Castro Varela* (2007), Unzeitgemäße Utopien. Migrantinnen zwischen Selbsterfindung und gelehrter Hoffnung. Bielefeld

María do Mar *Castro Varela* (2008), »Was heißt hier Integration?«, Integrationsdiskurse und Integrationsregime, in: Alle anders – alle gleich? Was heißt hier Identität? Was heißt hier Integration? Dokumentation 12. Fachtagung Interkulturelle Verständigung. München, 77–87

María do Mar *Castro Varela*, Nikita *Dhawan* (2003), Postkolonialer Feminismus und die Kunst der Selbstkritik, in: Spricht die Subalterne deutsch? Migration und postkoloniale Kritik. Münster, 270–290

María do Mar *Castro Varela*, Nikita *Dhawan* (205), Postkoloniale Theorie. Eine kritische Einführung. Bielefeld

Aladin *El-Mafaalani* (2018), Das Integrationsparadox. Warum gelungene Integration zu mehr Konflikten führt. Köln

Kien Nghi *Ha*, Markus *Schmitz* (2006), Der nationalpädagogische Impetus deutscher Integrations-(dis)kurse im Spiegel post-/kolonialer Kritik, in: Cultural Studies und Pädagogik. Kritische Artikulationen, hg. v. Paul Mecheril, Monika Witsch. Bielefeld, 225–267

Kien Nghi *Ha*, Nicola *Lauré al-Samarai*, Sheila *Mysorekar* (Hg.Innen) (2007), re/visionen. Postkoloniale Perspektiven von People of Color auf Rassismus. Kulturpolitik und Widerstand in Deutschland. Münster

Ishraga Mustafa *Hamid* (2006), Auf dem Weg zur Befreiung? Empowerment-Prozesse Schwarzer Frauen afrikanischer Herkunft in Wien. Wien

bell *hooks* (1989), Talking Back: thinking feminist, thinking black. Boston

Araba Evelyn *Johnston-Arthur* (2004), Über die Konstruktion des ›mören‹ und der ›moerin‹ im Kontext epistemischer Gewalt und dem traumatischen Charakter neokolonialer Erfahrungen in der modernen afrikanischen Diaspora in Österreich. Wien

Araba Evelyn *Johnston-Arthur* (2007), »Es ist Zeit, der Geschichte selbst eine Gestalt zu geben...« Strategien der Entkolonisierung und Ermächtigung im Kontext der modernen afrikanischen Diaspora in Österreich, in: re/visionen. Postkoloniale Perspektiven von People of Color auf Rassismus. Kulturpolitik und Widerstand in Deutschland. Münster, 423–444

Rubia *Salgado* (2002), Fragmente eines anthropophagischen Diskurses, in: Eure Sprache ist nicht meine Sprache. Texte von Migrantinnen in Österreich. Wien, 161–164

Johanna *Schaffer* (2008), Ambivalenzen der Sichtbarkeit. Über die visuellen Strukturen der Anerkennung. Bielefeld

Hajo *Schiff* (1998), Kunst als Verdauungsproblem. Ein Bericht vom Völlegefühl angesichts der XXIV. Biennale in São Paulo, in: nbk Neue Bildende Kunst 6/1998, zit. n. Caixeta 2003, 187–198

Gayatri Chakravorty *Spivak* (1987), In Other Worlds. Essays in Cultural Politics. New York/London

Hito *Steyerl*, Encarnación *Gutiérrez Rodríguez* (Hg.innen) (2003), Spricht die Subalterne deutsch? Migration und postkoloniale Kritik. Münster

Gerd *Valchars*, Rainer *Bauböck* (2021), Migration und Staatsbürgerschaft. Wien

Online

Bundeskanzleramt, Frauen und Gleichstellung https://www.bundeskanzleramt.gv.at/agenda/frauen-und-gleichstellung/gleichstellung-am-arbeitsmarkt/lea.html [11.5.2024]

Bundeskanzleramt, Pressenachricht vom 04.3.2022 https://www.bundeskanzleramt.gv.at/bundeskanzleramt/nachrichten-der-bundesregierung/2022/03/frauenministerin-raab-jedes-maedchen-jede-frau-soll-ihr-potenzial-entfalten-koennen.html [11.5.2024]

Der Standard/online, Kritik und Skepsis wegen Gründung eines Frauenfonds (19.1.2022) https://www.derstandard.at/story/2000132631620/kritik-und-skepsis-wegen-gruendung-eines-frauenfonds [11.5.2024]

Plattform für eine menschliche Asylpolitik/online, Großdemo in Wien, 12.000 standen auf gegen Rassismus https://menschliche-asylpolitik.at/grossdemo-in-wien-12-000-standen-auf-gegen-rassismus/ [11.5.2024]

LEA Let's empower Austria. Österreichischer Fonds zur Stärkung und Förderung von Frauen und Mädchen/online, https://letsempoweraustria.at/ [11.5.2024]

OTS0082 vom 14.03.2019 (Volkshilfe Österreich)/online, Großdemo, #aufstehn gegen Rassismus am Samstag, 16. März, https://www.ots.at/presseaussendung/OTS_20190314_OTS0082/grossdemo-aufstehn-gegen-rassismus-am-samstag-16-maerz [11.5.2024]

Parlamentskorrespondenz Nr. 337 vom 31.3.2022/online, Empowerment, Motivierung und Information sind Schlüssel für Erfolg von Frauen in der Kommunalpolitik, https://www.parlament.gv.at/PAKT/PR/JAHR_2022/PK0337/index.shtml [11.5.2024]

Verein LEFÖ/online, https://lefoe.at/ [11.5.2024]

Verein Orient Express/online, https://www.orientexpress-wien.com/ [11.5.2024]

Verein Peregrina/online, https://www.peregrina.at/ [11.5.2024]

Verein Plattform für eine menschliche Asylpolitik/online, https://menschliche-asylpolitik.at/ [11.5.2024]

Luki Schmitz

Wie geht eigentlich der Prozess zu anderen Lebensformen?

Ontologische Perspektiven auf Commoning

Auftakt

Die Art wie wir uns als Lebewesen zueinander und unseren konkreten und abstrakten Lebenswelten stellen, sagt nicht nur etwas über individuelle Beziehungen, sondern auch über abstraktere Gesellschaftsverhältnisse – und die Beziehungsweisen darin – aus. Folgende Erfahrung verdeutlicht dies: Vor einigen Wochen saß ich mit einem Freund in einem Mietauto, um einen kleinen Schrank von einer Ebay-Kleinanzeigen Verkäuferin abzuholen. Die Parkplatzsuche gestaltete sich schwierig, Hausnähe war erwünscht, damit wir weniger weit tragen müssten. Wir parkten auf einer halben Parklücke und einem ›Beet‹, welches einen Stadtbaum umgab. Nun stand das Auto halb schief im Parklücken-Beet und der Freund sagte: »Ach ist mir jetzt egal, ist ja nicht mein Auto«. Dieser Satz verdeutlicht die hier zugrundeliegende Beziehungsweise in zweifacher Weise: Erstens, das Verhältnis zwischen einer Selbstdefinition als Subjekt (Freund) und einer Zuschreibung als Objekte (Auto, Parklücke, Beet, Baum). Das Subjekt nimmt eine aktive Position ein und definiert über die selbst geschaffene Situation, in der sowohl dem Unbelebten wie Belebten – Beet und Baum – eine passive Rolle zugeschrieben wird. Zweitens zeigt sich in der Aussage eine Unterscheidung zwischen Privateigentum und Commons, also Gütern, auf die alle unter bestimmten Regeln zugreifen können: Scheinbar wäre die Einparkgenauigkeit höher gewesen, wenn das Auto in Privatbesitz wäre und kein Car-Sharing-Wagen[1]. Mögliche negative Folgen durch die automobile Schieflage wurden als nicht weiter relevant markiert. Ärgernisse der Anwohner:innen, Zerstörung des Beets oder ein Kratzer bei dem Mietauto wurden in Kauf genommen.

An dieser Schilderung lässt sich erkennen, wie die auf Privateigentum und »Sachherrschaft« (Redecker 2020, 23) basierende Lebensform, die seit der Idee einer westlichen Moderne fest verankert ist, soziales Handeln und die damit verbundenen normativen Bewertungen, Praktiken und Beziehungsweisen prägt. Das Prinzip des Eigentums, welches in erster Linie mit der monetären Aneignung und dem Besitz unbelebter Gegenstände assoziiert wird, hat eine wesentliche Strukturierungsfunktion für gesellschaftliche Verhältnisse: Durch den Privatbesitz werden Zugangsmöglichkeiten und -beschränkungen juristisch und sozial definiert und unerwünschte Nutzer:innen ausgeschlossen. Ebenso gehen damit Aspekte von Prestige und Verantwortung einher, die – bourdieusch gesprochen – Lebensformen in Lebensstile umwandeln. (vgl. Bourdieu 1987) Und so ist der Neid über Nachbars Pool die sublimierte Form der unterdrückten Kritik an den Ungleichheitsverhältnissen. Zudem ordnet die »Sachherrschaft« (Redecker 2020, 28 ff.) die gesellschaftlichen Beziehungsweisen ontologisch danach, dass Subjekt = »Eigentum-Haben« heißt. Jedoch beschränkt sich das Eigentumsprinzip nicht auf unbelebte Gegenstände, vielmehr umschließt dies die Beziehungsweisen zu allen menschlichen und nicht-menschlichen Lebewesen. Adamczak (2006) spricht von einer Beziehungsweise, in der nicht nur Unternehmen, sondern ebenso Personen in Konkurrenz um verknappte Ressourcen stehen. Machtstrukturen, wie etwa in den Konzepten der hegemonialen Männlichkeit, White Supremacy und Heteronormativität, bedingen zudem, dass ein Großteil – Schwarze-behinderte-weibliche-queere-arme Personen – in dem Zugang strukturell schlechter gestellt sind. Ihnen wird die schlecht und nicht-bezahlte Arbeit überantwortet[2]. Legitimiert wird dies mit Zuschreibungen zu Fantasien des Natürlichen, institutionell abgesichert über Ehe, Bildungszugänge etc. Wird dieses Gefüge kritisiert oder angekratzt, reagieren Konservative bis Rechtsradikale (teilweise auch Linke) mit transfeindlichen, sexistischen, antisemitischen, rassistischen Äußerungen, in denen sie eine in sich verquerte Machtstruktur fantasieren, um den eigenen prekären Zugang zu legitimieren. (vgl. Loick 2022; Bauman 2017) Der Doppelcharakter einer geglaubten ›natürlichen Ordnung‹ wird somit sichtbar: erstens die Dichotomie von Kultur und Natur und die damit einhergehende Zuschreibung von menschlichen und nicht-menschlichen Lebewesen zur Natur und zur abgrenzenden Selbstdefinition als Teil der Kultur. Zweitens die damit einhergehende Scheinlegitimation der Ausbeutung all Jenes und all Jener, die zur ›Natur‹ gerechnet werden. Diese Entfremdung führt zu einer Missachtung der Kosten des Privatbesitzes und der Produktionsweisen. Kosten für Reproduktionsarbeit oder die Zerstörung von Ökosystemen werden nicht berücksichtigt.

Das mit Eigentum und Konsum einhergehende Glück- und Sicherheitsversprechen nach Prestige, sozialem Aufstieg und Sicherheit wird allerdings nur bedingt eingelöst. Vielmehr bringt diese Lebensform fortwährend strukturelle Ungleichheiten und Krisen hervor. Dies geht über ökonomische Krisen hinaus, denn selbst die Finanzkrise ab 2008 wird »als eine Zuspitzung von Widersprüchen der globalen Entwicklung des neoliberalen Kapitalismus« (Bader et al. 2011, 13) benannt. Ökonomische Krisen stehen auf den Schultern anderer – häufig übergangener und abgewerteter Krisen, die »so vielfältig und verwoben sind […]« (Ruppert/Scheiterbauer 2020, 19): globale Ungerechtigkeiten, Verteilungsungleichheiten, Profitkonzentrationen (vgl. Bader et al. 2011, 13), aber auch über Jahrhunderte tradierte Rassismen, antisemitische sowie patriarchale Strukturen und Subjektverständnisse, die auf Vereinzelung, konkurrierender Individualität etc. basieren. (vgl. Adamczak/Kirsten 2013; Redecker 2020) Dieser »Vielfachkrise« (Demirović/Maihofer 2013; Bader et al. 2011), »imperialen Lebensweise« oder »multiplen Krise« (Brand 2009; Biesecker/von Winterfeld 2018) liegt mit der Klimakrise eine Art Metakrise zugrunde, indem durch die Ausbeutung ökologischer Grundlagen das Fundament für jegliche lebewesenorientierte Reproduktion zerstört wird. Wir haben es mit einer Krise des Lebens selbst zu tun, in der wir uns durch kapitalistische Sachherrschaft an Natur, anderen Menschen und Dingen im Kapitalozän schrittweise die Grundlagen des Lebens entziehen und eine Lebensform geschaffen haben, die sich selbst zerstört. (vgl. Hetzel 2020, 137 f.; Redecker 2020, 9 f.) Die sachherrschaftsbasierte Lebensform unterliegt somit einer Doppelwirklichkeit: Sie ist zwingend für die soziale Reproduktion innerhalb der Verhältnisse, also schaffend, und gleichzeitig ist sie zerstörend und krisenhaft. Kurz gesagt: Globale und soziale Ungleichheiten sind keine unbeabsichtigten Folgen dieser Lebensformen, sondern notwendiges Übel, damit diese fortbestehen können. Die Subjektivierung über Konsum Einiger, basiert auf der Ausbeutung Anderer. Aufgrund ihrer Doppelwirklichkeit bleibt diese Lebensform jedoch nicht unhinterfragt. Die Lebensformen bringen in ihrer Alltäglichkeit Dissonanzen hervor. Diese fallen situiert unterschiedlich aus. Es gibt daher weder eine Universalisierung des Leids noch der Kritik. Daher ist erstens jene Perspektive einer intersektionalen Verbindung von Krisenformationen wichtig. (vgl. Ruppert/Scheiterbauer 2020, 19) Zweitens gilt es die unterschiedlichen Krisenverständnisse und Artikulationen in den Blick zu nehmen. Und drittens, dass das Eingeständnis von Krisen überhaupt erst möglich ist, wenn es die Idee gibt, dass es auch anders sein könnte. (vgl. Levitas 2013, 5) Die Krisen, Leidenserfahrungen und Enttäuschungen lassen erkennen, was gewünscht, begehrt und gefordert ist. Es kann somit an andere Lebensformen gedacht werden, die auf den Erfahrungen in den gegenwärtigen Lebensformen basieren. Jaeggi formuliert dazu:

> Eine gelingende Lebensform wäre dann eine, die sich dadurch auszeichnet, dass sie gelingende kollektive Lernprozesse – Lernprozesse, die zum Teil ausgelöst sein

mögen durch Krisen funktionaler Art – nicht behindert, sondern ermöglicht. Ob der Kapitalismus dies tut, ist mehr als fraglich. (Jaeggi 2013, 20)

Commons und Commoning

Die Skepsis von Jaeggi (2013) ist berechtigt, zugleich zeigen sich jedoch eine Vielzahl von Ansätzen und Praktiken, die nach anderen Möglichkeiten suchen, wie Postwachstum oder Commons. Unter dem konzeptionellen Begriff Commons und Commoning werden sowohl eine soziale Bewegung als auch ein Theoriekonzept und eine Lebenspraxis beschrieben. In der Praxis geht es um die Deklarierung und Transformation von Gütern aus Privateigentum in Gemeinschaftsgüter einerseits (vgl. Helfrich/Bollier 2014; Kostakis/Stavroulakis 2013), sowie der Verteidigung von Gemeinschaftsgütern vor kapitalistischer Einhegung andererseits. (vgl. Arvantakis 2006/2012; Bollier 2007; Helfrich/Bollier 2014; Lessig 2004) Proteste gegen die Privatisierung und Einhegung von Wasserquellen und Wasser-Commons, die kollektive Finanzierung und Verantwortung für den Anbau von Lebensmittel in Solidarischen Landwirtschaften (vgl. Boddenberg et al. 2017) oder die Open Source-Bewegung, die Software kostenlos und frei zugänglich zur Verfügung stellt, sind nur drei Beispiele. Es handelt sich somit nicht nur um ein Konzept der Bewahrung vom Bestehenden, sondern der Idee einer Produktion und Verteilung, die nicht auf kapitalistischen Marktmechanismen basiert. Diese anderen Wirtschafts- und Sozialbeziehungen sollen im Hier-und-Jetzt beginnen, indem Güter sowie unterschiedliche Formen von Arbeit geteilt und zu Commons gemacht werden, auf die jede:r Zugriff hat, die aber niemandem exklusiv gehören.[3] Dies geht über Konzepte der Sharing-Economy hinaus (vgl. Dobusch 2019), indem es nicht nur um die geteilte Nutzung, sondern auch Verwaltung und Herstellung von Commons geht. Daher werden Commons häufig als Trias konzeptualisiert:

> Pooled resources, composed of non-commodified means of fulfilling human needs; community, understood as the human collective that shares these resources and defines the rules according to which they are accessed and used; and the process of ›commoning‹ which creates and reproduces the commons. (Esteves 2017, 360)

Insbesondere der Begriff Commoning rückt in den letzten Jahren stärker in den Debattenfokus und bietet einen breiten Interpretationsrahmen. (vgl. Euler 2018) Euler schreibt, dass Commoning »[is] supposed to be the core of what makes commons what they are« (Euler 2018, 10). Damit verschiebt sich sowohl der konzeptionelle als auch der empirische Fokus von Commons. Lag er lange auf einer meist natürlichen Ressource, welche, wie eine Art Boundary Object, Menschen um sich herum gruppierte, so wird Commons mit der Erweiterung um Commoning nicht mehr nur als Wirtschaftsform, sondern als Sozialform diskutiert. Dies ermöglicht eine Auseinandersetzung mit den Phänomenen auf einer sozialen, normativen und ethischen Ebene. Der Begriff geht über das Teilen von gemeinsamen Ressourcen hinaus, vielmehr geht es »um aktive Zusammenarbeit mit anderen. Es geht darum, gemeinsame Ziele zu verfolgen und Probleme zu lösen« (Helfrich/Bollier 2015, 21). Euler definiert vier Kerncharakteristika von Commoning: Commoning trägt sowohl zur Produktion als auch Reproduktion von Lebensbedingungen bei (1), das Ziel ist die Bedürfnisbefriedung durch die freiwillige Teilnahme (2), es ist selbstorganisiert durch die Commoners/Community (3) und es definiert sich durch Inklusivität und mediierende Prozesse (4). (vgl. Euler 2018, 12–14) Commoning bekommt dadurch einen prozesshaften Charakter, der die Aushandlung des Sozialen und Normativen ebenso beinhaltet, wie praktische Umsetzungsideen. Commons und Commoning haben den Selbstanspruch ein Vehikel zu diesen anderen Lebensformen zu sein und bieten damit möglicherweise das, was Jaeggi (2013) für eine gelingende Lebensform beschreibt, indem es um Möglichkeitsräume der anderen Beziehungsweisen und somit eine Grundlage für andere Lebensformen gibt.

Bei Euler (2018) wird bereits deutlich, dass das Soziale und die Interaktionsprozesse untereinander wesentlich sind für die Definition von Commoning einerseits und für das Verständnis der Funktionsweisen von Commons andererseits. Mit dem Verweis der mediierenden Prozesse, lässt sich die These aufstellen, dass die Perspektive des Commoning wie ein Fragezeichen wirkt, welches durch die Debatten und die Praktiken wandert und aus ihnen selbst heraus Fragen stellt. So liegen die Reflexions- und Kritikpunkte an bestimmten Commons-Praktiken oder Verständnissen nicht außerhalb von Commons, sondern darin. Es sind die unterschiedlichen, aus den jeweilig situierten Lebensrealitäten abgeleiteten Zugangsweisen und Verständnisse, die Fragen aufwerfen, wenn sie zusammentreffen. Es sind immanente Erkenntnisse. Durch die unterschiedlichen Standpunkte, die in den Beziehungsweisen des Commoning sichtbar werden, entsteht ein Speicher an Perspektiven, an Wissen, an Erkenntnissen. Ich möchte insbesondere die ontologischen Aspekte und Diskussionen rund um Commons und Commoning stärker in den Blick nehmen. Welche Vorstellungen und Formen des Seins zeigen sich? Inwiefern können die unterschiedlichen Verständnisse und ontologischen Zugänge eine

Perspektive auf die Möglichkeiten für die Etablierung anderer Lebensformen bieten?

Ontologische Perspektiven von Commoning

Obgleich die Definition von Commons als Trias ein erweitertes Verständnis und die Bedeutung von Commoning die sozialen Aspekte deutlich macht, ist in ihr zugleich eine Trennung zwischen Subjekt (Commoners/Community) und Objekt (Commons) angelegt. Dieses Verhältnis und die Reichweite dieser Trennung bzw. der Nicht-Trennung ist jedoch in der Aushandlung und den Definitionen von Commoning nicht homogen, vielmehr finden sich deutliche Unterschiede in den Konzeptionen von Ontologie. Die Darstellungen und Adressierungen reichen von einem souveränen Subjektverständnis bis hin zu post-souveränen Beziehungsweisen, in denen nicht zwischen menschlichen und nicht-menschlichen Entitäten unterschieden wird. Dies zieht jeweils unterschiedliche Folgen für die Frage nach Lebensformen und Transformation nach sich.

Ontologie der individuellen Entfaltung im Commoning

Im ersten Ontologieverständnis wird die argumentative Unterteilung in Subjekte, die Menschen und Objekte, stoffliche oder immaterielle Commons – wie sie auch in der Triasdefinition zu finden ist – fortgeführt. Die Subjekte greifen für ihren Nutzen auf die Objekte zurück. Zugleich kommt den Commoners und der Community eine pflegende, schützende und produzierende Funktion zu. So beispielsweise in den Ausführungen zur Commons-based Peer Production, einer kollaborativen Produktionsform von Commons:

> Ebenso wie die digitale Peer-Produktion Wissen und Software als Gemeingüter betrachtet, muss die materielle Peer-Produktion die verwendeten Ressourcen und Produktionsmittel als Commons pflegen und gestalten, sie also nachhaltig nutzen und in ihrem Zustand erhalten oder verbessern. (Siefkes 2012, 353)

Diese normative Anforderung, Commons nicht nur zu nutzen, sondern ihre langfristige Existenz zu sichern, sie zu reproduzieren, fällt in den Aufgabenbereich der Subjekte, indem Verantwortungs- und Erhaltungsbeziehungen etabliert werden. Der Trennung in aktive Subjekte und passive Commons liegt die Idee eines souveränen Subjekts zugrunde, welches sich freiwillig und selbstbestimmt in die Mitarbeit von Commonsprojekten oder Commonsnetzwerken einbringt: »people voluntarily and cooperatively construct a commons according to the communist principle: ›from each according to his abilities, to each according of his needs‹« (Bauwens 2006, 38). Das Argument der Freiwilligkeit entwickelt sich aus der Abgrenzung zu Arbeitsformen unter kapitalistischen Prämissen, sodass ein »Perspektivenwechsel« möglich wird (vgl. Acksel et al. 2015, 144), indem sie »entfremdeter Planung und Organisation der Produktionsprozesse« und »extrinsic positives« (Bauwens 2009, 127) wie Lohn etwas entgegensetzen. In der Praxis der Herstellung von Commons bedeutet dies für die Community-Members: »[to] offer their skills, in the form of labor« (Esteves 2017, 364). Die Möglichkeit kreative Ideen und eigene Fähigkeiten einzubringen, wird zum zentralen Grundstein des Schaffens von Commons. Die Betonungen von Unterschiedlichkeit und Individualität nimmt daher einen zentralen Stellenwert ein:

> Individualität ist nicht nur unabdingbar für erfolgreiches Commoning [...], sondern Bedingung dafür, »gemeinschaftsfähig« zu sein. Umgekehrt trägt Commoning zur Stabilisierung des Selbst bei. Ein jeweils starkes Selbst und starke Commons sind also nicht nur miteinander vereinbar, sondern bedingen einander und bringen sich gegenseitig hervor. (Helfrich/Bollier 2015, 14, Hvh. i. Orig.)

Sichtbar wird eine Konstellation, die das Subjekt als Individuelles und Kreatives ins Zentrum stellt. Die Pluralität wird zu einer Ressource für gelingendes Commoning. Es scheint sich das Subjektverständnis der individuellen Moderne in neuer Form fortzuführen: nicht mehr der materielle Besitz, jedoch der Besitz von Kreativität und Individualität wird hier zum Tauschmittel für erfolgreiches Commoning.

Relationale Ontologien des Commoning

In Abgrenzung dazu gibt es weitere ontologische Perspektiven auf Commoning, die erstens weniger in Freiwilligkeit, sondern mehr in Abhängigkeit, und zweitens in einer nicht vorhandenen oder brüchig werdenden Trennung von Subjekt und Objekt und somit jenseits eines souveränen Subjektverständnisses angelegt sind. In ihrer Auseinandersetzung um Commoning drehen Caffentzis und Federici (2014) die Logik des »Offering-Skills« als Grundlage für die Teilhabe an Commoning und Community um, wenn sie schreiben:

> Commons require a community. This community should not be selected on the basis of any privileged identity but on the basis of the care-work done to reproduce the commons and regenerate what is taken from them. (Caffentzis/Federici 2014, 1102)

Deutlich zeigt sich in der Aussage ein Abhängigkeitsverhältnis, in dem Commons von einer Community und deren Pflege und Reproduktion abhängig sind. Dies erweitert die Perspektive von »freiwilligem Beitragen« hin zu »notwendigem Beitragen«, wenn Commons dauerhaft aufrechterhalten werden sollen, und stellt einen deutlichen Kontrast zum Narrativ des ›Offering Skills and Creativity‹ dar. Sie rückt die Frage nach den »notwendigen Bedingungen« für sozial-ökologische Reproduktionsprozesse in den Vordergrund. Dies wird ebenso deutlich in der Kritik an einer verengten Fokussierung auf Commons-based Peer Production. Die Vision der Ermöglichung sozialer Reproduktion Aller durch die Commons-based Peer Production greift dabei nicht nur rein sprachlich zu kurz. Für eine solidarische Gesellschaft bedarf es »eines Zusammenspiels heterogener Bedingungen« (Adamczak/Kirsten 2013, 19). Es geht um die Frage, wie sozial-reproduktive Prozesse möglich werden, die die bestehenden Ungleichheiten sowie Aneignungs- und Ausbeutungsformen überwinden und das Verdrängen, Unsichtbar-Machen und Abwerten durchbrechen. Hierbei steht der Aspekt der Reproduktion im Zentrum, also die fortwährende Wiederherstellung von Lebensbedingungen. Dies impliziert weitaus mehr als die Vergemeinschaftung materieller Gegenstände. Diese Bedingungen umfassen den Einbezug aller für soziale Reproduktion notwendigen Tätigkeiten. Die in den bestehenden Lebensformen feminisierte und abgewertete Arbeit des Sorgens, des Kümmerns, des Austausches sind notwendige Teile jeglicher Wirtschafts- und Sozialbeziehungen. Als Ausweg wird der Vorschlag, der Commons-based Peer Production eine Commons-based Queer Reproduction zur Seite zu stellen, aufgeworfen:

> »Peer« durch »queer« zu ersetzen, will darauf hinweisen, dass eine gesellschaftliche Organisation von Tätigkeiten sich nicht auf solche Arbeiten beschränken darf, die der sogenannten »Produktionssphäre« zugeordnet sind, sondern auch den Bereich umschließen muss, der als »Reproduktionssphäre« gefasst wird. Schließlich arbeiten wir nicht nur in Fabriken oder Büros, sondern auch in der Küche und im Bett. Wir stellen nicht nur Lebensmittel her, sondern bereiten sie auch zu, wir basteln nicht nur Windeln, sondern wickeln sie auch. (Bärmann 2011)

Bärmann (2011) beschreibt zudem, dass diese Tätigkeiten nicht für sich stehen, sondern mit spezifisch subjektivierenden Zuweisungspraktiken und Verleiblichungen verbunden sind. So wurde mit der Kategorie Frau, und insbesondere der Schwarzen Frau, eine Gruppe konstruiert, »die den Anschein erweckt, als fände sie in diesen Tätigkeiten die Entsprechung ihres natürlichen Charakters (– und ›arbeite‹ also dabei gar nicht)« (Bärmann 2011). Die queere Dimension liegt sodann erstens in der Auflösung der vergeschlechtlichten Zuschreibung von Tätigkeiten aufgrund von ›natürlichen‹ Merkmalen und zweitens in der Möglichkeit in vernetzten Beziehungsweisen zu denken.

Die Relationalität zeigt sich in folgender Beschreibung: »Commoning überwindet viele der üblicherweise angenommenen Dichotomien oder löst sie auf. So erfahren sich Menschen, die an einem gemeinschaftlichen Unterfangen teilnehmen [...] als Ich-in-Bezogenheit« (Helfrich/Bollier 2020, 66). Damit geht einher, »dass Beziehungen zwischen Einheiten grundlegender sind als die Einheiten selbst. [...] Die Welt wird als Ort dichter zwischenmenschlicher Verbindungen und gegenseitiger Abhängigkeiten wahrgenommen« (Helfrich/Bollier 2020, 43). Es geht nicht darum ein homogenes Kollektiv zu schmieden, in dem es keine Individualität mehr gibt, sondern um plurale Sozialitäten und Sozio-Ökosysteme, die von der Erkenntnis getragen sind, dass wir voneinander abhängig sind. Demnach entsteht darin ein Mehrwert, der sich grundlegend anders definiert als ein kapitalistisches Mehrwertverständnis.[4] Commoning in seinem queeren Ontologieverständnis stellt nicht die Skills, sondern die Abhängigkeiten und Relationen in den Fokus, und versucht zugleich die negative Konnotation zu überwinden, indem Abhängigkeiten als Möglichkeitsräume gesehen werden.

Die Idee nicht von einer festen Gruppe von Individuen – einer Peer-Group – auszugehen, sondern fluidere und relationalere Konzepte, wie queer oder Ich-in-Bezogenheit, zu fokussieren, lässt eine radikale Ontologiekritik zu, indem Binaritäten zugunsten queerer Dazwischens und Außerhalbs hinterfragt werden.[5] Zudem bindet uns diese Perspektiven rück an die oben erwähnte Aufforderung von Caffentzis und Federici: »This community should not be selected on the basis of any privileged identity« (Caffentzis/Federici 2014, 1102). Sie weisen dezidiert eine »privileged identity« als Voraussetzung für das Einbringen zurück. Zugleich lassen sie offen, wen oder was sie damit genau meinen. Jedoch ergibt sich aus der Konstellation von »privileged identity« und »offering skills« eine Erklärung: Privilegien schaffen Zugänge zu Ressourcen – materieller wie immaterieller Art (Wissen, Bildung). Expliziter formuliert wird dies von Gottschlich (2014), indem sie explizit Fragen an das Narrativ des produktiven Subjekts richtet:

> Was sind die biographischen Voraussetzungen von Menschen, um Commoner zu werden? Muss man [...] jung und kinderlos sein und darf keine Verwandten oder FreundInnen haben, die auf Sorge angewiesen sind? Auf welches kulturelle und finanzielle Kapital muss man zurückgreifen können? (Gottschlich 2014)

Die Möglichkeit der freiwilligen Teilnahme ist strukturell nicht allen gewährt. Diesen Umstand innerhalb der Praktiken und Auseinandersetzungen, um Commons und Commoning zu reflektieren, ist relevant, um nicht Gefahr zu laufen, bestehende Ungleichheitsverhältnisse unintendiert zu reproduzieren. Wie der Begriff ›Offering-Skills‹ bereits deutlich macht, geht damit ein gewisser Stolz, Sichtbarkeit und Anerkennung einher. Gedanklich wird dies nachvollziehbar: Ein neuer Computercode, der Probleme effizienter löst, erfährt gesellschaftlich eine andere Wertschätzung als das Abendessen, welches jeden Tag gekocht wird und damit zur scheinbaren Routine wird. ›Offering-Skills‹ geht mit einer ontologisch-vergeschlechtlichten Assoziation einher. Ein Ansatz von »Doing-Care as Commoning« kann dazu ein Gegenentwurf sein. Individualität und Kreativität wird nicht als eine Art vorhandenes Ausgangsplateau für Commoning gesehen, gespeist durch privilegierte Zugänge in kapitalistischen Verhältnissen, vielmehr konzipiert sich Commoning durch repetitiven und reproduktiven Prozess. Dieser Prozess des »permanenten Werdens« (Helfrich/Bollier 2015, 262) entzieht sich einer statischen Individualitätslogik, die davon ausgeht, dass Personen vorab dazu heranreifen und sich erst danach produktiv einbringen (können). Vielmehr gilt: »Here, the commune, or perhaps more precisely, communing, is a process of coming-together, and not instantiated as arrival or absolute being« (Stanley 2018, 503).

Letztlich birgt das Einbeziehen der heterogenen Bedingungen die Möglichkeit nicht nur das Verhältnis zwischen Ware und Subjekt zu verändern, sondern auch jene Trennungen von Produktion und Reproduktion, von Zweigeschlechtlichkeit, von Privat und Öffentlich und bürgerlich holistischer Subjektverständnisse aufzulösen. Es bietet die Möglichkeit der Transformation von einem Sein, welches auf dem Haben basiert, hin zu seinem Sein, welches sich mehr durch Austausch, durch Unterstützung, einem In-Beziehungen-Sein konstituiert. (vgl. Klapeer/Schönpflug 2015, 163)

Mit dieser Kritik an Individualitätskonzeptionen der westlichen Moderne geht zudem einher, dass die Kontinuität dieses Denkens bis in die gegenwärtigen neoliberalen Verhältnisse zu finden ist:

> [...] how »practices of the common« can be used as a counter strategy to regimes of individualization and neoliberalisation. Practising a politics of the common in-

volves working out how to nurture these collective ways of being, in order to produce a sense of the »we« that is keenly felt. In doing so, shared practices and spaces can be claimed as common, and can produce a recognition of our shared stakes. The recognition and production of collective stakes can move us to do things that extend beyond our immediate mode of concern, that move away from the family/state dichotomy which neoliberal individualism and big state policies produce. This draws attention to our participation in making worlds beyond our immediate desires and needs, and contributes to our sense of commonality, our feeling of being in common. (Dawney 2013, 35)

Die Kritik verdeutlicht, dass neoliberale Verhältnisse in besonderer Weise auf die Idee von Individualität als Idee von Freiheit zur Entfaltung, Unabhängigkeit, Stärke und Selbstverwirklichung fußen, zugleich damit aber alle in Konkurrenz zueinander setzen bzw. vereinzeln/spalten.

Zudem wird die Idee eines souveränen Individuums situiert als Grundlage einer westlichen Moderne, die trotz ihres expansiven Charakters dennoch nicht alle anderen Ontologien verdrängt hat. Damit verliert die Idee den scheinbar ahistorisch-metaphysischen Glanz: »Wer auf Commoning besteht, widersetzt sich dieser Zivilisation (kapitalistisch, säkular, liberal, patriarchisch, *weiß*), die für sich selbst das Recht beansprucht« (Escobar 2015, 334). Während bei Helfrich und Bollier (2014) diese Beziehungsweisen zwischen Menschen in den Blick genommen werden, verweisen Dwinell und Olivera darauf, dass ebenso ontologische Vorstellungen des Commoning existieren, in denen nichtmenschliche Formen als Lebendiges verstanden werden. (vgl. Dwinell/Olivera 2014, 149) So wird beispielsweise Wasser als »living being« (ebd.) verstanden, welches eine stofflich-prozessuale Verwobenheit verdeutlicht. In dieser Perspektive verschieben sich die Trennlinien von Subjekt und Objekt, die Trias wird analytisch brüchig. Diese »ontologische Multiplizität« (Leinius 2020, 749) verschiebt Commoning vom Kümmern und Verwalten hin zu Interaktionen, gegenseitiger Verantwortung und Pflege. Auch der prozesshafte und reproduzierende Charakter wird in Form des Wassers stark deutlich, indem es nicht um das einmalige Herstellen geht, sondern um das dauerhafte Ermöglichen. Das In-Beziehung-Sein ist nicht als in sich gänzlich harmonisch zu begreifen, denn fortwährend besteht die Möglichkeit, trotz oder wegen der Überwindung kapitalistischer Ökonomiestrukturen, dass negative Momente und erneutes Scheitern auftreten. Im folgenden Abschnitt wird deutlich, dass dabei auch historische Perspektiven wichtige Bezugspunkte darstellen.

Ontologische Dimension von Einhegung und Wiederaneignung

»The notion of the commons is neither devoid of history nor is it separated from its social expressions at any given time« (Doulos 2019, 242).

Die Frage nach dem Subjekt und der Beziehung und Stellung zu Commons im Prozess von Commoning umfasst, nebst den Auseinandersetzungen in der Gegenwart, auch historische Bezugspunkte, denn die Einhegung der Commons ging geschichtlich mit der Herausbildung neuer ontologischer Konzepte und Zuschreibungen einher. Wie bereits argumentiert, ging die Einhegung von Commons und die Durchsetzung einer bürgerlichen Eigentumslogik einerseits mit einem bürgerlichen Subjekt einher, andererseits hingegen mit einer Entsubjektivierung von Frauen*, PoC-Personen, Queers etc. (vgl. Barbagallo 2019) Sie wurden in die Nähe der Natur gestellt und auf ihre Körper und Tätigkeiten wurde frei zugegriffen. Es kam zu Trennlinien anhand von Natur/Kultur, race, class und gender. Diese Beziehungsweisen, die auf Spaltung und Binaritäten basieren, möchte eine Perspektive des Ich-in-Bezogenheit überwinden. Jedoch ist der Startpunkt dafür nicht unbelastet. Vielmehr sind historische Ereignisse entscheidend, um die Frage danach, wie und ob eine Ich-in-Bezogenheit überhaupt möglich sein kann und soll.

»The British enclosure movement was inextricable from global processes of racialization, colonization, and female subjugation«. (Eidelman/Safransky 2020, 3; siehe auch Dwinell/Olivera 2014, 145) Demnach sind die Orte der Commons, ihrer Einhegung und der ursprünglichen Akkumulation nicht auf England begrenzt, sondern global verteilt entlang der Routen der europäischen Kolonialgeschichte und des Sklavenhandels: »Enclosure of the commons as the mechanism through which all forms of predatory colonialism have been practiced to create the industrial society«. (Esteva 2014, 1146) Auch in den Kolonien wurden Commons eingehegt und Commonsstrukturen zerstört. Wir haben es also mit einer Gleichzeitigkeit des Verschwindens von Commons zu tun. Letztlich wurde damit ein ontologisches Paradox geschaffen, indem die einen zu bürgerlichen Subjekten und die anderen selbst zu einer Art Commons wurden.

Dieses Paradox zieht sich weiter, denn im Zuge der Auswanderungswellen insbesondere der ländlichen, europäischen Bevölkerung, deren Commons eingehegt worden waren, nach Nordamerika, wurden sie selbst zu Zerstörern von Commons-Strukturen: »Unemployed peasants displaced from the English commons migrated to North America as settlers«. (Eidelman/Safransky 2020, 9) Diese Perspektiven implizieren, dass eine Ich-in-Bezogenheit jene Paradoxien eingedenken muss. Wenn Commons-Strukturen aufgebaut werden, dann ist die Frage wer baut hier, was war hier, wer war hier? Dies macht Praktiken der Aneignung, wie etwa des Platz-Nehmens während der Occupy Bewegung, ambivalent. Diese sich als transformativ verstehende Bewegung forderte im Nachgang der Wirtschafts- und Finanzkrise ab 2008 die Besetzung und letztlich die Überwindung des globalen Finanzmarktkapitalismus. Der Punkt, auf den Eric A. Stanley (2018) aus einer queeren Perspektive auf Commoning hinweist, ist jedoch die Frage, wer welchen Platz besetzt. Konkret greift Stanley die Kritik auf, dass bei den Occupy-Protesten mehrheitlich Nachfahr:innen von europäischen Siedler:innen die Plätze besetzen und ihre politischen Forderungen artikulieren. Obgleich eine explizit postkoloniale und antirassistische Politik formuliert wurde, wurde darauf verwiesen, dass aus dem Blick geraten war, wer vor den Siedler:innen dort lebte. (ebd., 489 f.) Geschaffen wurde damit ein Commons, welches jedoch die Ambiguitäten in der Geschichte derer, die diese Commons fordern, nicht eingedenken. Für Commoning als Reflexionsraum bedeutet dies weniger eindeutig zu klären, wer wo zuerst war, vielmehr geht es darum zu kritisieren, dass der Bezug auf die Vergangenheit – das Eingedenken – nicht vollzogen wird, und somit kein adäquater Rahmen für die Forderungen und Praktiken der Kritik und Transformation artikuliert und performativ umgesetzt wird.

Fazit

Gezeigt werden konnte, dass die ontologischen Zugänge zu Commoning keineswegs einheitlich sind. Zwei unterschiedliche Logiken lassen sich feststellen: Die erste basiert auf der individuellen Kreativität Einzelner, die sich freiwillig in Commons einbringen. Das souveräne Subjekt bleibt dabei weitestgehend unmarkiert und ist produktiv. Die letztere hingegen irritiert an der Vorstellung von souveränen Subjekten selbst und führt daher die Perspektive auf ein anderes Werden, welches sich von westlichen Modernitätsvorstellungen und ihren fortwährenden Aktualisierungen verabschiedet. Die Anerkennung gegenseitiger Abhängigkeiten ist dabei Voraussetzung für den Werdens-Prozess. Dieses Werden ist verbunden mit spezifischen, normativen Orientierungspunkten und somit nicht beliebig: Beziehungsformen der gegenseitigen Verantwortung, bis hin zu Ideen und Praktiken des Vernetzt-Seins. Die Abhängigkeit, die Verbundenheit als ontologische Konstante. Und zugleich das Gewahr-Sein darüber, dass dies ein paradoxer Zustand ist: Er ist und zugleich ist er noch-nicht. Die Abhängigkeiten werden in meist westlich-neoliberalen Ontologien als unselbstständig, als ablehnenswert oder auf den Zeitraum der Kindheit und des hohen Alters beschränkt. Der Natur ist man überlegen und Verantwortung für sich selbst tragen, heißt Bürger:in/Subjekt sein. Dies radikal anders zu denken und zu leben und somit niemals unabhängig, nie modern gewesen zu sein (vgl. Latour 2008), ist eine Perspektive, die den derzeitigen Prinzipien entgegensteht.

Deutlich wurde, dass die gemeinsame Verwaltung und das Teilen von Commons unzureichend für die Herausbildung anderer Lebensformen sind. Vielmehr bedarf es dem Verständnis der Verknüpfung von Eigentumskritik, Subjektkritik und der Frage nach Möglichkeiten der sozial-ökologisch lebendigen Reproduktion. Die ontologischen Auseinandersetzungen zeigen Perspektiven von Commoning für andere Lebensformen auf. Esteva schreibt: »Commoning, the commons movement, is not an alternative economy, but an alternative to the economy.« (Esteva 2014, 1149) Für die Frage nach der Möglichkeit anderer Lebensformen bedeutet dies, dass erstens eine relationale Perspektive wichtig ist, die die situierten Perspektiven der anderen anerkennt, und zweitens nicht nur Aspekte von Eigentum oder Zugang wesentlich sind, sondern die damit historischen, ontologischen und normativen Assoziationen, Wissensformen und Strukturen reflektiert werden müssen, um daraus Orientierungspunkte ableiten zu können.

Anmerkungen

1 Konsequenterweise entsprechen die meisten Car-Sharing-Angebote im engeren Sinne nicht Commons, denn die Verwaltung und der Besitz der Autos liegt nicht in der Hand einer Community, sondern meist bei privatwirtschaftlichen Unternehmen.
2 Diese Formen von Besitzansprüchen gegenüber anderen Menschen und der zur Natur gemachten Umwelt sind historisch gewachsen. Rassistische Strukturen und die Folgen sind Teil des Akkumulationsdrangs des europäischen Kolonialismus. (vgl. Robinson 2020) Geschlechterverhältnisse im Sinne vergeschlechtlichter Arbeitsteilung und patriarchaler Ehe wurden zwingend aufgrund des aufkommenden Lohnarbeitsprinzips. (vgl. Federici 2017)
3 Verwechselt werden darf das Konzept nicht mit einem völlig ungeregelten Zugriff. Vielmehr werden Regeln definiert, um ein nachhaltiges Bestehen der Commons zu ermöglichen.
4 Dennoch ist damit noch nicht ausgemacht, ob dieser Mehrwert nicht ebenfalls vom Kapital abgeschöpft werden kann. Beispielsweise, wenn sozialstaatliche Leistungen zunehmend in Communities ausgelagert werden, wie wir es u. a. in der Coronapandemie gesehen haben. Es bleibt somit ambivalent.
5 Dies lässt auch erkennen, warum etwa die Ansätze und Ideen von TERFS (trans excluding radical feminists) kein emanzipatorisches Versprechen in sich tragen, sondern letztlich eine patriarchale Struktur weiterführen, wie beispielsweise die Ideen von zwei natürlichen Geschlechtern.

Literatur

Britta *Acksel*, Johannes *Euler*, Leslie *Gauditz*, Silke *Helfrich*, Brigitte *Kratzwald*, Stefan *Meretz*, Flavio *Stein*, Stefan *Tuschen* (2015), Commoning. Zur Konstruktion einer konvivialen Gesellschaft, in: Konvivialismus. Eine Debatte, hg. v. Frank Adloff, Volker M. Heins. Bielefeld, 133–146

Bini *Adamczak* (2006), Theorie der polysexuellen Ökonomie (Grundrisse), in: diskus. Frankfurter Student_innenzeitschrift 1.06 copyriot. https://www.copyriot.com/diskus/06-1/theorie_der_polysexuellen_oekonomie.htm [5.3.2024]

Bini *Adamczak*, Guido *Kirsten* (2013), If…then…else. Historische Potenziale, konkrete Utopien, mögliche Transformationen, in: »etwas fehlt«. Utopie, Kritik und Glücksversprechen. Münster, 13–30

James *Arvanitakis* (2006), The commons: Opening and Enclosing of Non-commodified Space, in: Journal of Multidisciplinary International Studies, 3/1, 1–21

James *Arvanitakis* (2012), The Cultural Commons of Hope: The Attempt of Commodify the Final Frontier of Human Experience. Saarbrücken

Pauline *Bader*, Florian *Becker*, Alex *Demirović*, Julia *Dück* (2011), Die multiple Krise. Krisendynamiken im neoliberalen Kapitalismus, in: dies. und wissenschaftlicher Beirat von Attac (Hg.), VielfachKrise. Im finanzmarktdominierten Kapitalismus. Hamburg, 11–28

Camille *Barbagallo* (2019), Another Way Home. Slavery, Motherhood and Resistance, in: Camille Barbagallo, Nicholas Beuret, David Harvie (Hg.): Commoning with George Caffentzis and Silvia Federici. London, 176–191

Camille *Barbagallo*, Nicholas *Beuret*, David *Harvie* (2019), Introduction: Always Struggle, in: Commoning with George Caffentzis and Silvia Federici. London, 1–8

Benni *Bärmann* (2011), Commons Based queer Production https://keimform.de/2011/commons-based-queer-production/ [18.4.2023]

Zygmunt *Bauman* (2017), Retrotopia. Berlin

Michel *Bauwens* (2006), The Political Economy of Peer Production, in: Post-Autistic Economics Review, 37, 33–44 http://www.paecon.net/PAEReview/issue37/Bauwens37.htm [13.3.2024]

Michel *Bauwens* (2009), Class and Capital in Peer Production, in: Capital and Class, 33/1, 121–141

Adelheid *Biesecker*, Uta *von Winterfeld* (2018), Notion of Multiple Crisis and Feminist Perspectives on Social Contract, in: Gender, Work and Organization, 25/3, 279–293 https://doi.org/10.1111/gwao.12206 [12.04.2024]

Moritz *Boddenberg*, Lenard *Gunkel*, Luki *Schmitz*, Franziska *Vaessen*, Birgit *Blättel-Mink* (2017), Jenseits des Marktes – Neue Praktiken der Versorgung jenseits der Krise. Das Beispiel Solidarische Landwirtschaft, in: Patrick Sachweh, Sascha Münnich (Hg.), Kapitalismus als Lebensform? Deutungsmuster, Legitimation und Kritik der Marktgesellschaft. Wiesbaden, 245–272

David *Bollier* (2007), The Growth of the Commons Paradigm, in: Charlotte Hess, Elinor Ostrom (Hg.), Understanding Knowledge as a Commons. From Theory to Practice. Cambridge, 27–40

Pierre *Bourdieu* (1987 [frz. Orig. 1979, erste dte Aufl. 1983]), Die feinen Unterschiede. Kritik der gesellschaftlichen Urteilskraft. Frankfurt a.M.

Ulrich *Brand* (2009), Die multiple Krise. Dynamik und Zusammenhang der Krisendimensionen, Anforderungen an politische Institutionen und Chance progressiver Politik. Berlin

Georgio *Caffentzis*, Silvia *Federici* (2014), Commons against and beyond capitalism. Community Development Journal, 49/1, 92–105 https://doi.org/10.1093/cdj/bsu006 [12.4.2024]

Leila *Dawney* (2013), Commoning: The Production of Common Worlds, in: Lo Squaderno. Explorations in Space and Society, No. 30: Commons – Practices, Boundaries and Thresholds, 33–35

Alex *Demirović*, Andrea *Maihofer* (2013), Vielfachkrise und die Krise der Geschlechterverhältnisse, in: Hildegard M. Nickel, Andreas Heilmann (Hg.), Krise, Kritik, Allianzen: Arbeits- und geschlechtersoziologische Perspektiven. Weinheim, 30–48

Leonhard *Dobusch* (2019), Dynamics of the Sharing Economy between Commons and Commodification, in: Momentum Quarterly. Zeitschrift für Sozialen Fortschritt, 8/2, 109–115

Panagiotis *Doulos* (2019), Common Paradox, in: Camille Barbagallo, Nicolas Beuret, David Harvie (Hg.), Commoning with George Caffentzis and Silvia Federici. London, 242–246

Alexander *Dwinell*, Marcela *Olivera* (2014), The Water is Ours Damn It! Water Commoning in Bolivia, in: Community Development Journal 49/1, 44–52 https://doi.org/10.1093/cdj/bsu014 [12.4.2024]

Tessa A. *Eidelman*, Sara *Sadransky* (2020), The Urban Commons: A keyword Essay, in: Urban Geography 42/6, 792–811 https://doi.org/10.1080/02723638.2020.1742466 [12.04.2024]

Arturo *Escobar* (2015), Commons im Pluriversum, in: Silke Helfrich, Heinrich-Böll-Stiftung (Hg.), Die Welt der Commons. Muster gemeinsamen Handelns. Bielefeld, 334–345

Gustavo *Esteva* (2014), Commoning in the New Society, in: Community Development Journal, 49/1, i44–i59 https://doi.org/10.1093/cdj/bsu016 [12.04.2024]

Ana Margarida *Esteves* (2017), Radical Environmentalism and »Commoning«. Synergies Between Ecosystem Regeneration and Social Governance at Tamera, in: Ecovillage, 49/2, 357–376 https://doi.org/10.1111/anti.12278 [12.04.2024]

Johannes *Euler* (2018), Conceptualizing the Commons. Moving Beyond the Goods-based Definition by Introducing the Social Practices of Commoning as Vital Determinant, in: Ecological Economics, 143, 10–16

Federici, Silvia (2017), Caliban und die Hexe. Frauen, der Körper und die ursprüngliche Akkumulation. Wien

Daniela *Gottschlich* (2014), Commons und Care. Anmerkungen zu Commons-Debatten aus feministischer Perspektive, in: Prager Frühling. Magazin für Freiheit und Sozialismus, 19, 34–40 https://www.prager-fruehling-magazin.de/de/article/1143.commons-und-care.html [12.4.2024]

Silke *Helfrich*, David *Bollier* (2014), Commons als transformative Kraft. Zur Einführung, in: Silke Helfrich, Heinrich-Böll-Stiftung (Hg.), Commons. Für eine neue Politik jenseits von Markt und Staat. 2. Aufl. Bielefeld, 15–23

Silke *Helfrich*, David *Bollier* (2015), Intermezzo II. Die Innenwelt der Außenwelt. Über Commons und Commoning, in: Silke Helfrich, Heinrich-Böll-Stiftung (Hg.), Die Welt der Commons. Muster gemeinsamen Handelns. Bielefeld, 63–70

Silke *Helfrich*, David *Bollier* (2015), Ouvertüre, in: Silke Helfrich, Heinrich-Böll-Stiftung (Hg.), Die Welt der Commons. Muster gemeinsamen Handelns. Bielefeld, 13–23

Silke *Helfrich*, David *Bollier* (2020), Frei, fair und lebendig, in: Silke Helfrich, Heinrich-Böll-Stiftung (Hg.), Die Welt der Commons. Muster gemeinsamen Handelns, 2. Aufl. Bielefeld

Andreas *Hetzel* (2020), Widerstand und ziviler Ungehorsam im Anthropozän. Ein Vorwort zum Schwerpunkt, in: Allgemeine Zeitschrift für Philosophie, 45/2, 137–149

Rahel *Jaeggi* (2013), Kritik von Lebensformen. Frankfurt a.M.

Christine M. *Klapeer*, Karin *Schönpflug* (2015), Queer needs commons! Transgressing the fiction of self-ownership, challenging westocentric proprietism, in: Nikita Dhawan, Antke Engel, Christoph Holzer, Volker Woltersdorff (Hg.), Global Justice and Desire. Queering Economy. London/York, 163–179

Vasilis *Kostakis*, Stelios *Stavroulakis* (2013), The Paraody of the Commons, in: Triple C Communication, Capitalism & Critique. Journal for a Global Sustainable Information Society, 11/2, 412–424 https://doi.org/10.31269/triplec.v11i2.484

Bruno *Latour* (2008), Wir sind nie modern gewesen. Versuch einer symmetrischen Anthropologie. Frankfurt a. M.

Johanna *Leinius* (2020), Sozialökologische Bewegungen in Lateinamerika: Bedeutungen von »Natur« in Wasserkonflikten in Peru, in: FJSB (Forschungsjournal Soziale Bewegungen), 33/4, 740–753

Lawrence *Lessig* (2001), The Future of Ideas. The Fate of the Commons in a Connected World. New York

Ruth *Levitas* (2013), Utopia as Method. The Imaginary Reconstitution of Society. London

Daniel *Loick* (2022), Angst vor einer mächtigen Utopie, in: Deutschlandfunk Kultur. https://www.deutschlandfunkkultur.de/transfeindlichkeit-100.html [29.3.23]

Eva *von Redecker* (2020), Revolution für das Leben. Frankfurt a. M.

Cedric J. *Robinson* (2020 [1983]), Racial Capitalism: The Nonobjective Character of Capitalist Development, in: Cedric J. Robinson, Damien Sojoyner, Tiffany Willoughby-Herard (Hg.), Black Marxism. The Making of the Black Radical Tradition, revised and updated third edition. Chapel Hill, 9–18

Uta *Ruppert*, Tanja *Scheiterbauer* (2020), Transformationen entstehen im Prozess: Transnationale Feminismen zwischen Dekolonisierung, imperialen Verwobenheiten und der Suche nach neuen Solidaritäten. Uta Ruppert und Tanja Scheiterbauer im Gespräch mit Nikita Dhawan, Esther Franke, Radwa Khaled und Christa Wichterich, in: feministische studien, 38/1, 21–38 https://doi.org/10.1515/fs-2020-0002 [12.4.2024]

Christian *Siefkes* (2012), Peer Produktion – der unerwartete Aufstieg einer commonsbasierten Produktionsweise, in: Silke Helfrich, Heinrich-Böll-Stiftung (Hg.), Commons. Für eine neue Politik jenseits von Markt und Staat. Bielefeld, 348–353

Erik *Stanley* (2018), The Affective Commons. Gay Shame, Queer Hate, and Other Collective Feelings, in: GLQ: A Journal of Lesbian and Gay Studies, 24/4, 489–508

Pia Palme

»Wie Wir Wollen«[1]
Über das Festival e_may als Beispiel für Empowerment und Aktivismus in der neuen Musik

Ein Erfahrungsbericht

Kunst und Forschung entfalten sich im Tun und in Bewegung, selbst scheinbar statische Vorgänge, wie Denken, Planen oder Fantasieren, sind körperliche Tätigkeiten. Ohne unsere Körper könnten wir Menschen nicht träumen, wir könnten nicht einmal aufwachen. Wir könnten sagen: als Komponist:innen, Künstler:innen und Forscher:innen ermächtigen wir uns immer wieder selbst aufs Neue, indem wir arbeiten. Hier erfolgt Empowerment mit und in der künstlerischen und körperlichen Aktivität.

Mein Werdegang kam allerdings erst ab 2006 durch feministischen Aktivismus richtig in Schwung, als ich auf Anregung der Stimmperformerin und Schauspielerin Gina Mattiello mit ihr gemeinsam das Experiment wagte, ein mehrtägiges Festival für neue und elektronische Musik in Wien zu erfinden und zu realisieren: das Festival e_may, das 2007–2012 jährlich stattfand. Unser Ziel war es, Frauen als Komponistinnen zu fördern. Warum und wie wir das taten und welche Auswirkungen dieser Aktivismus als Ermächtigung auf uns persönlich und auf die österreichische Musikszene hatte, darüber schreibe ich hier. Die Einladung, zu diesem Buch etwas zum Thema Empowerment beizutragen, motivierte mich dazu, die Geschichte von e_may aus heutiger Sicht, mehr als fünfzehn Jahre später, zu untersuchen. Die Musikszene hat sich mittlerweile weiter verändert, dasselbe gilt für mich und meine Arbeit; das erlaubt mir, längerfristige Entwicklungen einzubeziehen. Allerdings bin ich keine Musikwissenschaftlerin, die aus der Distanz ein kleines selbstorganisiertes Festival analysiert, vielmehr betrachte ich als interessierte künstlerische Forscherin und Künstlerin meine eigene Geschichte mit der Absicht, Aspekte von (Selbst-)Ermächtigung sichtbar zu machen und zu systematisieren. Die innere und höchst persönliche Perspektive der forschenden Aktivistin trägt wesentlich zur Wissensproduktion bei, wenn es darum geht, Erfahrungen und praktische Anregungen direkt weiterzugeben. Insgesamt werde ich dabei Strukturen und übergeordnete Muster im Zusammenhang mit feministischem Empowerment herausarbeiten und in einen theoretischen Überbau einordnen, für den ich aktuelle posthumanistische und ökologische Überlegungen heranziehen möchte.

In den letzten Jahren begann ich mich aus mehreren Gründen für Systemforschung zu interessieren. Einerseits besteht meine kompositorische Arbeit darin, zusammenhängende Strukturen und musikalische Systeme zu entwerfen. Andererseits erlebe ich aktuell die Zerstörung unseres Planeten und muss diese Entwicklung ebenso wie kulturelle Überlegungen in meine Praxis einbeziehen. Die Ökologie als integrative und nicht-anthropozentrisch ausgerichtete Wissenschaft kommt sowohl meinem Verständnis von Musik entgegen als auch meinem Engagement für die Erde. Ich möchte daher die Musik als Ökosystem denken und dieses mit posthumanistischen und feministischen Ansätzen ergänzen. (vgl. dazu umfassender Palme 2022)

Im Folgenden beziehe ich mich vor allem auf die österreichische und Wiener Szene der neuen und elektronischen Musik ab 2006, in der Gina Mattiello und ich regelmäßig als Künstlerinnen tätig waren. Uns fiel der viel zu geringe Frauenanteil bei Veranstaltungen in Österreich auf; besonders offensichtlich war der Mangel an Komponistinnen und Kuratorinnen. Diskussionen darüber wurden im kleinen, informellen Kreis ausgetragen, jedoch kaum öffentlich geführt, denn Feminismus war zu dieser Zeit in der Musikbranche kein Thema – im Unterschied zu anderen Kunstdisziplinen, wie etwa in der bildenden Kunst oder im Film. Alljährlich beim Erscheinen des Programms von »Wien Modern«, dem österreichweit größten Festival für neue Musik, kam die Enttäuschung: Warum sind diesmal wieder so wenige Frauen dabei? Konkrete Zahlen zur weiblichen Autorenschaft bei »Wien Modern« bekamen wir von der Musikwissenschaftlerin Sylvia Wendrock, die den Frauenanteil unter Komponisten und Solisten erfasste. Ihre Ergebnisse bestätigten unsere Vermutung, wobei die Jahre 2005 und 2006 Tiefpunkte waren:[2] Jeweils eine einzige bzw. zwei Komponistinnen waren im Festivalprogramm präsent, für das in dieser Periode Thomas Schäfer und Berno Odo Polzer zuständig zeichneten. Gina Mattiello und ich suchten den Dialog mit den beiden Leitern, um eine Erhöhung des Frauenanteils zu diskutieren, fanden jedoch kein Gehör. (vgl. Wendrock 2012)

Ab diesem Zeitpunkt beschlossen wir, einen kleiner dimensionierten und punktgenau konzipierten Gegenentwurf zu wagen. Wir führten intensive Gespräche mit Gleichgesinnten und Fördergeber:innen, sammelten Ideen und entwarfen eine Utopie – aus heutiger Sicht möchte ich sagen: Wir planten ein visionäres, feministisch-posthumanistisches Ökosystem der Konzert- und Musikkultur. Solche Überlegungen stellten wir damals allerdings nicht an, dazu fehlte uns das theoretische Fachwissen und Rüstzeug. Aus der Praxis kommend, wünschten wir uns eine offene, nicht ausschließende Plattform, um genau dort anzusetzen, wo andere versagt hatten. Gina Mattiello denkt aus aktueller Sicht darüber:

> Mein Ansinnen hat sich bis heute in einem Punkt nicht geändert: Die Frauen müssen Geschichte schreiben und in der Geschichte sein. Damit dies passiert, braucht es Menschen, die sich Zeit nehmen, und zwar alle Zeit, die es braucht, um weibliches Kunstschaffen zu ermöglichen. Als Künstlerin ist man auch ein Katalysator für andere. Man denkt nach, wartet, führt Gespräche, befeuert einander, ist widerständig, geht über sich hinaus, und wird zur Grenzgängerin in den verschiedenen Disziplinen der Künste. (Mattiello 2023)

Wir wollten aktiv Verantwortung übernehmen, um gesellschaftlich etwas zu bewegen. Wir verfügten über keine Erfahrung im Kulturmanagement, waren als betroffene Künstlerinnen überzeugt von der Dringlichkeit unserer Ideen, handelten motiviert und entschlossen, geleitet von künstlerischer Imagination – und wir lernten fortlaufend dazu.

Die erste Ausgabe des Festivals gab es im Mai 2007; der Name e_may sollte als Abkürzung für »elektronischer Mai« stehen, gefiel uns und blieb. Sechs Jahre lang wurde e_may von uns kollaborativ produziert, kuratiert und kontinuierlich ausgebaut. Aus dem Versuchsballon wurde ein wichtiger Beitrag zur Festivalszene. Gleichzeitig entwickelten Gina Mattiello und ich uns als Künstlerinnen weiter und waren als solche selbstverständlich bei e_may präsent. Von Anfang an waren wir auf der Suche nach Verbündeten. Interessanterweise fanden wir diese zu Beginn bei den Fördergeber:innen – allen voran waren das die Kulturabteilung der Stadt Wien und die Kunstsektion der Österreichischen Bundesregierung. Die zuständigen Ansprechpersonen und Resortleiterinnen waren damals allesamt Frauen, wir wurden aufmerksam angehört und erhielten schnell Zusagen für eine Erstförderung. Da wir uns zum Ziel gesetzt hatten, als Festival zu wachsen, mussten wir jedes Jahr neu verhandeln, ausführliche Gespräche und gute Argumente waren wichtig.[3] Schwierig wurde es, als wir forderten, die Finanzen auf gesunde Beine zu stellen, weg von der beständigen Selbstausbeutung, weil wir damit in finanzielle Konkurrenz mit bestehenden, größeren Festivals gerieten.

Als geeigneten Ort entdeckten wir das Kosmos Theater in Wien, ein Haus, das eine flexible Anordnung des Publikums ermöglichte und akustisch bestens geeignet war. Bereits 2009 kooperierten wir mit dem Wiener Konzerthaus und wurden organisatorisch von Caroline Hofer unterstützt. 2010 hatten sich unsere Aktivitäten und unser Budget ausgeweitet und Margit Fischer, damals First Lady und selbst ausgebildete Künstlerin, übernahm einen Ehrenschutz für unser Festival. Die Theater- und Medienwissenschaftlerin Ruth Ranacher verstärkte unser Team; ursprünglich war sie als Sprecherin im Stück »Weisses Rauschen«[4] von Sophie Reyer zu e_may gestoßen. Ranacher meint dazu rückblickend:

> Die konzentrierte Arbeit, eine gewisse Offenheit der Form und die Aufgeschlossenheit seitens des Publikums gefielen mir. Weil die Szene bei einem Festival für Komponistinnen so klein war, lernte ich auf einen Schlag die meisten zeitgenössischen Komponistinnen in Österreich kennen. Wir kamen ins Gespräch. (Ranacher 2023)

2011 gab es außer der jährlichen Ausgabe im Kosmos Theater zusätzliche Kooperationen mit den Klangspuren in Innsbruck und dem MOOZAK Festival in Wien, sowie die Diskursveranstaltung »Verwandlungen von Raum und Zeit. Komponistinnen im Brennpunkt« mit dem mica – music information center austria. 2012 erschien unsere erste und zugleich einzige Kooperation mit Wien Modern, inzwischen unter der Intendanz von Matthias Lošek. Unter dem Titel »Wie Wir Wollen«[5] bespielten wir alle Säle des (damaligen) Theater Kabelwerk in Wien Meidling mit neuer Musik von Komponist:innen. Die Musikwissenschaftlerin und Journalistin Marie-Therese Rudolph bemerkte dazu in einer Festivalankündigung:

> Erschreckend wenige Komponistinnen weist die Analyse der Wien-Modern-Festivals der letzten 24 Jahre aus. Matthias Lošek wollte das heuer anders. Mit der langen Nacht »WIE WIR WOLLEN – all night long« fällt die Statistik in diesem Jahr um einiges erfreulicher aus: 14 Komponistinnen putzen die Bilanz auf, von Vertreterinnen der jüngeren Generation wie Tamara Wilhelm und Caroline Profanter bis hin zur »Grande Dame der österreichischen Komponistinnenszene« Luna Alcalay, deren Werke viel zu selten zu hören sind. (Rudolph 2012, 21, Hvh. i. Orig.)

Luna Alcalay lernte ich im Jahr vorher als nahezu in Vergessenheit geratene Künstlerin durch einen ungeplanten Besuch in ihrer Wohnung kennen, die sie schon nicht mehr verließ. Vorgestellt wurde ich ihr von einer befreundeten Künstlerin, die zufällig im selben Haus wie Alcalay lebte und mich ermutigte, doch einfach an deren Tür zu läuten. In Folge durfte ich die betagte Komponistin mehrmals besuchen und konnte sie dafür gewinnen, ein neues Werk für e_ may zu schreiben; sie wünschte sich dafür die Besetzung Streichquintett. Für die schwer lesbare, zittrige Handschrift ihrer Partitur »Verlorene Wege, verborgene Pfade« entschuldigte sich die Künstlerin vielmals und meinte, sie könne »nicht mehr normal den Bleistift führen, genau wie die Noten... Eigentlich sollte ich schon ex sein.«[6] Für e_may organisierten wir eine provisorische Übertragung der Handschrift, denn der bestehende Verlag Alcalays, die Edition HH in London,[7] wollte kein neues Stück der Komponistin mehr verlegen – es gäbe schon zu viele nie aufgeführte im Programm, wurde mir am Telefon mitgeteilt. Wieder kommt Marie-Therese Rudolph zu Wort:

> Mit einer Uraufführung von Luna Alcalay, der 1928 in Zagreb geborenen Komponistin, Pianistin und Malerin, die seit Anfang der 1950er-Jahre in Wien lebt, wird einer zutiefst humanistischen, in der europäischen Avantgarde verwurzelten Künstlerin Tribut gezollt. Sie nahm als eine von wenigen Frauen Anfang der 1960er-Jahre an den Darmstädter Ferienkursen teil und verdankt Bruno Maderna zahlreiche Anregungen. Ihr Werkkatalog umfasst beinahe alle Gattungen bis hin zur Oper. Sie selbst bezeichnet ihren Stil als »nonkonform«. Im Auftrag von e_may komponierte sie ein Streichquintett, »Verlorene Wege, verborgene Pfade«. Die Veranstaltung bietet eine der seltenen Gelegenheiten, ein Werk der mittlerweile völlig zurückgezogen lebenden Künstlerin zu hören. (Rudolph 2012, 22)

Wir hatten uns sehr auf die Anwesenheit der Künstlerin beim Festival gefreut und alles dafür vorbereitet. Luna Alcalay starb jedoch wenige Tage vor der Uraufführung friedlich in ihrer Wohnung. Ihr letztes Stück wurde von den Streichern von Ensemble PHACE brillant gespielt und erhielt großen Beifall. Ich schildere diese Begebenheit hier, weil die kurze und intensive Bekanntschaft mit Luna Alcalay mich sehr berührte und inspirierte. Man konnte sich herrlich mit ihr unterhalten, sie war bis zuletzt eine geistreiche, humorvolle Frau. Sie war die einzige Komponistin aus der älteren Generation in Österreich, der ich persönlich begegnen konnte, eine einzige Frau inmitten einer Generation von Männern. In einem Interview mit Sylvia Wendrock erzählt sie darüber; ihre Werke wurden bisweilen einfach mit der Begründung abgelehnt, dass sie von einer Frau stammen.[8] Diese Geschichte zeigt auf, dass die Marginalisierung von Frauen mehrere Generationen von Komponistinnen betrifft, dass diese Marginalisierung jedoch in keiner Relation zur Qualität der Kunst steht – entgegen den üblichen Behauptungen vieler Verantwortlicher – und nicht nur für die Musik an sich einen schweren Verlust erzeugt, sondern auch persönliches Leid verursacht. Erst 2022, an Luna Alcalays 10. Todestag, wurden mehrere Gedenkkonzerte mit Werken der Komponistin veranstaltet, unter anderem eine Uraufführung (!) ihres Orchesterwerks »identifications« mit dem ORF Radio-Symphonieorchester beim Festival musikprotokoll in Graz.[9] Viel zu spät, wie ich meine.

»Wie Wir Wollen« war die letzte Ausgabe von e_may. Für Wien Modern erhöhte sich damit der Frauenanteil nicht nur schlagartig, sondern vor allem dauerhaft, wie sich im Nachhinein herausstellte. Ruth Ranacher, die damals die Kommunikation nach außen betreute, erinnert sich, dass unser umfangreiches Programmheft samt Werkbeschreibungen, Biografien und Interviews den geplanten Umfang des Kataloges von »Wien Modern« sprengte – der Katalog wurde letztlich um einige Seiten stärker als geplant gedruckt. (vgl. Ranacher 2023) Die Präsenz von Künstlerinnen stieg bei Wien Modern seither kontinuierlich an, erst recht unter dem nächsten Leiter Bernhard Günther. Ein Zurück gab es nicht mehr.

Dasselbe galt allerdings auch für uns als Aktivistinnen, denn mit diesem Marathon beendeten wir unsere kollaborative organisatorische Tätigkeit. Einerseits wollten Gina Mattiello und ich Zeit für unsere eigenen Projekte gewinnen, andererseits waren wir erschöpft von der zeitraubenden Kulturarbeit, die zweifellos unterbezahlt und selbstausbeuterisch war. Es war zunehmend aufwändiger geworden, Organisatorisches und Künstlerisches im Gleichgewicht zu halten. Gina Mattiello ging im selben Jahr an die Hochschule der Künste Bern, wo sie das Masterstudium »Théâtre Musical – Composition and Theory« sowie »Literarisches Schreiben« vollendete. Seither ist sie erfolgreich als Autorin, Stimmperformerin und im Bereich Musiktheater tätig. Ich hatte bereits 2011 begonnen, in England bei Liza Lim und Monty Adkins am CeReNeM Institut der University of Huddersfield komponierend zu forschen und erhielt 2017 für mein umfangreiches Portfolio »The Noise of Mind. A Feminist Practice in Composition« das Doktorat. Mein weiterer Weg führte in die künstlerische Forschung und Kompositionstätigkeit.

Selbstempowerment als Komponistin

Meine Entwicklung profitierte von der Arbeit für e_may ganz wesentlich. Vor allem gewann ich professionelle Erfahrung und Selbstvertrauen als Künstlerin. In der Öffentlichkeit bezeichnete ich mich nun erstmals selbst als Komponistin und wurde im Gegenzug als solche anerkannt. Mein Verständnis von heutiger Musik vertiefte sich durch den intensiven Austausch mit Kolleginnen, meine kompositorischen Konzepte veränderten sich, ich begann zu schreiben und verfasste zunehmend mehr poetische Texte für meine Vokalwerke. Mir war stets wichtig, dass ich zwar feministisch komponiere, also auf eine feministische Art und Weise arbeite, dass dabei jedoch keine ›feministische‹ oder ›weibliche‹ Musik entsteht. Anders ausgedrückt: Mein Tun als Künstlerin ist feministisch inspiriert, ich ziele jedoch nicht auf explizit feministische Produkte oder Wirkungen. Was sollte das überhaupt sein? Meine Werke stehen musikalisch für sich.

Ermutigt durch den Erfolg der Arbeit wagte ich mich an größere und interdisziplinäre Formate. So zum Beispiel gelang es, das umfangreiche Werk »BARE BRANCHES – ein weltliches Requiem, um die Sehnsucht nach den fehlenden Millionen zu stillen« für zwei gemischte Chöre, zwei Solistinnen, eine Sprecherin und Schlagwerk bei e_may 2012 mit Wien Modern zu produzieren und aufzuführen. Die Chöre, ein professioneller Chor und ein Chor aus Jugendlichen, erhielten über Kopfhörer Singanweisungen, nach Stimmen getrennt, in Form von vorab produzierten Audiopartituren. Dieses durchwegs experimentelle und risikoreiche Stück, nach einem Libretto von Anne Waldman und Texten von mir, wurde in Folge mit dem »Outstanding Artist Award« für Musik der Republik Österreich ausgezeichnet.[10] Die unterstützende Umgebung, die bei e_may entstanden war, hatte für mich den Raum geöffnet, der solche Arbeiten ermöglichte. Ähnliches galt für viele beteiligte Komponist:innen (siehe die Komponist:innenliste am Ende des Artikels), es wurden experimentelle, riskante oder größer dimensionierte Ideen bei e_may umgesetzt.

Durch die Arbeit bei e_may gewann ich umfassende Kenntnisse über die komplexen und oft politischen Zusammenhänge in der Musikwelt. Das Praxiswissen in einer nach wie vor von Männern dominierten Branche kam mir in meinem künstlerischen Alltag zugute und ebnete den Weg in die Forschung. Nicht zuletzt hatte ich in vielen Gesprächen und Diskussionen relevantes Wissen über den aktuellen Diskurs zum Feminismus im Zusammenhang mit der heutigen Musik erworben.

Der systemische Blick ist mir seither geblieben. Komponist:innen denken meist in größeren Zusammenhängen, das gehört zu unserem Beruf. Deshalb habe ich mich in den letzten Jahren mit Ökologie befasst. Das griechische Wort »oikos« bedeutet ›Haus‹ oder ›Platz zum Leben‹. Ökosysteme setzen sich zusammen aus allen organischen und nicht-organischen Elementen, die sich innerhalb einer bestimmten Zeitspanne an einem bestimmten Ort befinden. Die Elemente stehen in ständiger Wechselwirkung miteinander. Die Ökologie untersucht diese Beziehungen, deren Muster und deren Auswirkungen auf das System. Umgekehrt bestimmen die Interaktionen und Wechselwirkungen der

Bestandteile das System als solches. Menschen als eine Spezies unter vielen stehen dabei nicht im Zentrum. (vgl. Keller/Golley 2000)

Ökologisches Denken lässt sich mit unterschiedlichen Disziplinen verbinden, z. B. mit Politik, Soziologie, Philosophie, Feminismus, Wirtschaft – oder mit Musik und Komposition. Der Konzertbetrieb ist ein systemischer Modellfall für Interaktionen von Menschen mit leblosen Elementen und Materialien. Die Ökologie bietet sich hier geradezu als Werkzeug an, um das komplexe System Musik als Ganzes aus einer nicht-anthropozentrischen Position zu untersuchen. Bereits 1962 entwarf der Musikwissenschaftler Kay Archer eine »Ökologie der Musik«, um den Bereich der Musik zusammen mit der jeweiligen Kultur und Gesellschaft in seiner Gesamtheit zu erfassen. (vgl. Archer 1964) In diesem interagieren Menschen, Instrumente, Räume, Komposition und Klänge, technische Geräte, Programme, Aufnahmen oder Lautsprecher gleichwertig. In der elektronischen Musik spricht man tatsächlich schon länger von Ökologien, mit Bezug auf den technischen Aufbau und die beteiligten Performer:innen bei einer Aufführung: »As an alternative, an ecology of musical creation accounts for both a diversity of aesthetic goals and the complex interrelation of human and non-human agents« (Gurevich/Treviño 2007, 106). Dieser Gedanke ist auch ein Paradigmenwechsel gegenüber der Vorstellung, dass ein Mensch – ein Komponist zum Beispiel – eine singuläre, autarke Einheit oder gar ein Genie wäre. Als Komponistin ziehe ich es vor, mir Musik als ein System vorzustellen, das lebendig und integrativ ist und Grenzen zwischen Natur und Mensch, zwischen Kunst als Produkt oder Prozess, zwischen Künstler:innen und Publikum auflöst – diese Liste ließe sich fortsetzen, und das ist es, was ich heute dringend brauche und woran ich arbeite.

Im Besonderen kann ökologisches Denken zu einer Erweiterung des Feminismus hin zum Ökofeminismus führen. (vgl. Plumwood 1993; Braidotti/Dolphijn 2017; Braidotti 2019; Braidotti 2022) Als Feministin ist mir gleiche Wertschätzung allen Menschen gegenüber wichtig. Dieses Verständnis dehnt sich im Ökofeminismus weiter aus zu allen Lebewesen, und noch weiter zu anorganischen Bestandteilen. Ich verstehe das als die maximale Erweiterung des feministischen Gedankens auf den gesamten Planeten. Zugleich kommt die Ökologie meinem posthumanen Denken als Künstlerin entgegen. Ich befinde mich auf der Erde in einem hochkomplexen System, in dem alles miteinander in Wechselwirkung steht, inklusive mir selbst. (vgl. Braidotti 2019; Odum 1971; Plumwood 1993) Das affirmativ zu respektieren ist mir wichtig. In diesem Sinne verwende ich in Folge den Begriff »Ökosystem Musik«.

Systemisches (Selbst-)Empowerment

Empowerment ist ein Prozess, der es Menschen ermöglicht, selbstbestimmt(er) zu handeln. Grundvoraussetzung ist eine affirmative Haltung der Umgebung gegenüber: Wir stehen alle mittendrin, wir sind alle in der jeweiligen Situation verbunden und können (mit-)gestalten. (vgl. Braidotti 2022) Die wechselseitigen Veränderungen betreffen aktive Einzelpersonen oder Interessensgruppen ebenso wie das umgebende System – denn zugleich mit dem neuen Verständnis des politischen Selbst wird die Wahrnehmung der Umgebung neu definiert. Die Beziehung der jeweiligen Person zur Kultur und Gesellschaft formt sich neu, sodass politisch wirksame Interaktionen möglich werden. Was unser Experiment letztlich wirksam und erfolgreich machte, war unser intuitiv systemisches Denken. Wir fällten bei unserer Planung für e_may Entscheidungen, die das gesamte umgebende System mit betrafen. Diese Art zu planen, kam einerseits durch unsere feministische Bildung und Haltung zustande, ebenso war aber auch unsere Erfahrung mit szenischen und theatralen Aufführungen beteiligt. Diese Aspekte möchte ich genauer betrachten.

Im Kontext meiner Untersuchung ist die Stärkung der Selbstkompetenz von einer kritischen und ökofeministischen Haltung motiviert und in Referenz zu Rosi Braidotti als Empowerment im Sinne des kritischen Posthumanismus zu definieren. (vgl. Braidotti/Dolphijn 2017) Die Förderung zur Handlungsfähigkeit ging bei e_may grundsätzlich von einer affirmativen Haltung und Annahme einer Situation aus: Gina Mattiello und ich haben die Lage der Komponistinnen als solche akzeptiert, analysiert und von hier ausgehend Möglichkeiten für eine andere Entwicklung ausprobiert. Dass sich durch unser Engagement die österreichische Szene der zeitgenössischen Musik tatsächlich mit veränderte, konnten wir allmählich beobachten, spätestens dann, als das Festival Klangspuren auf uns zukam und für 2012 das Angebot für die Kooperation mit Wien Modern verhandelt werden konnte. Richtig greifbar wurde es erst im Nachhinein.

Das Finden und Erfinden von Potenzialen und Möglichkeiten ist stets ein wesentlicher Teil meiner künstlerischen Arbeit. Besonders als Komponistin neuer Musikformen bin ich es gewohnt, andere Künstler:innen in diesen Prozess mit einzubeziehen und Kooperationen einzugehen. Die meisten meiner Werke kann ich nicht ohne musikalische Experimente und Zusammenarbeit mit Musiker:innen verwirklichen. Diese teilweise sehr enge Zusammenarbeit geschieht respektvoll und unter Anerkennung der Fähigkeiten und Kompetenzen der Beteiligten, auf die ich angewiesen bin. Kollaborativ beschreiten wir dabei Neuland in der Musik, Komposition und Performance und weiten unsere jeweiligen Fähigkeiten aus. Ähnlich verhält es sich im Bereich der künstlerischen Forschung und ganz besonders in dem der Kulturorganisation der Freien Szene. Gemeinsame Arbeit, Diskussion und Austausch sind essenziell, für die eigene Entwicklung ebenso wie für größer dimensionierte Projekte. In diesem Sinn findet im Alltag der neuen und experimentellen Musik häufig gegenseitiges Empowerment statt. Selbstempowerment und Empowerment durch andere gehen in der Praxis der Musik und Kulturarbeit Hand in Hand, interagieren und sind nicht voneinander zu trennen.

Kooperatives Arbeiten ist mir seit e_may ein wichtiges Anliegen. Mit der Komponistin Electric Indigo aka Susanne Kirchmayr, der Tänzerin Paola Bianchi und der Dichterin Anne Waldman etwa ko-komponierte und ko-produzierte ich 2013 ein erstes Musiktheaterstück »ABSTRIAL«. Auch das von mir initiierte Musiktheater »Wechselwirkung« (2020) ist ein kollaboratives Werk, zu dem ich Musik und Texte beitrug. Heute bin ich bei meiner Arbeit in einem lebendigen, weltweiten Netzwerk verankert, das aus Künstler:innen, Aktivist:innen, Produzent:innen, Wissenschaftler:innen neben Gleichgesinnten und an der neuen Musik interessierten Menschen besteht. Durch beständige Selbstermächtigung kann ich mich immer weiter entfalten. Bei dieser Form des feministischen Empowerments ist meine individuelle Weiterentwicklung als Künstlerin stets verschränkt mit einer Vertiefung der Arbeit im und für das Netzwerk. Der regelmäßige Austausch mit Kolleg:innen befeuert mein Denken und Handeln und inspiriert kompositorische Vorhaben; zugleich finden meine Ideen, Aktivitäten und Werke Resonanz, Unterstützung und Verbreitung über das Netzwerk. Die Entwicklung geschieht wechselseitig: Was mich ermutigt, stärkt zugleich die Gemeinschaft. Beide Seiten stärken und fördern einander.

Gina Mattiello und ich argumentierten stets, dass es nicht genügt auf der Bühne oder unter den Komponisten ein paar Männer gegen Frauen auszutauschen. Wenn der gesamte Betrieb rundherum unverändert bleibt, ändert sich nichts, denn es geht um ein komplexes System als Ganzes, das durch viele interaktive Parameter bestimmt wird. Ein feministisches Festival braucht eine grundsätzlich offenere, andere Atmosphäre und Kultur, auch unter den Zuhörer:innen. Folglich begann ich mit Gina Mattiello an mehreren Knotenpunkten zugleich zu arbeiten.

Komponistinnen gezielt fördern

In den Mittelpunkt stellten wir bei e_may die Förderung von Komponistinnen durch Arbeitsgelegenheiten. Wenn Komponistinnen keine Aufträge bekommen, können sie keine Erfahrungen sammeln und in Folge werden sie hinter ihren männlichen Kollegen zurückbleiben. Oft wird Qualität verwechselt mit Erfahrung im Umgang mit spezifischen Situationen – Stichwort: Kompositionen für Orchester. Unsere Strategie war daher, Kompositionsaufträge an Frauen zu vergeben, ihren künstlerischen Prozess zu unterstützen und die Stücke professionell und in hoher Qualität aufzuführen. Dazu Gina Mattiello:

> Ein heute geschriebenes Stück aufzuführen bzw. ihm zur Aufführung zu verhelfen, heißt einen Abschnitt, einen Augenblick bewusst zu machen: Musik als Destillat kultureller und politisch-sozialer Stimmung. (Wendrock 2012, 34)

Und umgekehrt, wie Rosi Braidotti argumentiert: »Kritische, inklusive Aufführungsformen helfen, das kulturelle Kollektiv lebendig und funktional zu erhalten« (Braidotti/Dolphin 2017, 6). Für Werkaufträge suchten wir sorgfältig und aktiv nach interessanten Künstlerinnen, zunächst vor allem in der Freien Szene, vorwiegend im Bereich der zeitgenössischen und elektronischen Musik inklusive experimenteller Jazz. Aufträge konnten auf Grund der Förderstruktur ausschließlich an in Österreich lebende Komponistinnen vergeben werden. Wir planten die Künstlerinnen mehrmals zu beauftragen, um eine Kontinuität im Arbeitsprozess zu ermöglichen. Für die Werke machten wir keine Vorgaben und ließen den Komponistinnen freie Hand, soweit finanzierbar und in einem gewissen Rahmen. Dies betraf auch die Wahl der Besetzung, ebenso die Länge des Werkes; es gab keine thematischen Vorgaben. Dazu meint Gina Mattiello:

> Wenn ich kuratiere, versuche ich mich an den Platz des anderen, der anderen zu versetzen. Ich möchte verstehen, was den schöpferischen Geist antreibt, um einen Raum zu schaffen, wo sich das Denken, das schöpferische Tun materialisieren kann. In den Jahren von e_may (2006–2012) habe ich gerade diesen Prozess als besonders wertvoll und auch beglückend empfunden, denn er ist immer neu, immer anders, einzigartig. Es ist der besondere Moment, der sich ereignen kann, wenn alle Parameter gleichberechtigt ineinander greifen. Der gemeinsame Raum verbindet. Die Annäherung existiert, sobald der:die andere diesen Raum betritt. Indem wir als Kuratorinnen und Künstlerinnen des Festivals eigentlich nichts vorgeschrieben haben, entstand ein Raum, den die anderen mitgeschrieben haben.

Beispielsweise weigerten wir uns, dem Festival ein Motto oder Thema voranzustellen. Entscheidend war vielmehr zu erfahren, woran die Komponistin gerade arbeitete, was sie antrieb und mit welchen Künstler:innen sie eine Zusammenarbeit suchte. (Mattiello 2023)

Elektronik in jeder Form wurde als selbstverständliches Instrumentarium angesehen und war höchst willkommen. Zur Kuratierung meinte ich 2009 im mica-Interview:

Die Beiträge sind dementsprechend stilistisch unterschiedlich ausgefallen, was wir aber sehr interessant fanden. Wir möchten Aufbauarbeit leisten, nachhaltig Komponistinnen fördern. Ich möchte darauf hinweisen, dass wir auch Kompositionen von Männern aufführen, dass wir uns nicht ausschließlich nur Komponistinnen widmen. Ich mag Abgrenzungen nicht wirklich. Es ist viel notwendiger, für Komponistinnen etwas zu machen, als für ihre männlichen Kollegen, aber nicht ausschließlich.[11]

Einen Schwerpunkt legten wir auf die Präsentation von Frauen, die als Composer/Performer arbeiteten. Wir bemerkten, dass diese Form des Musikschaffens in unserer Szene damals vor allem von Frauen und quer über unterschiedliche Genres ausgeübt wurde, wie zum Beispiel von Elisabeth Harnik, Manon Liu Winter, Electric Indigo, Claudia Cervenka, Clementine Gasser oder Judith Unterpertinger. Sehr oft wurde von Composer/Performerinnen Elektronik zusätzlich mit herkömmlichen Instrumenten eingesetzt, so etwa von Katharina Klement, Eva Reiter, Maja Osojnik, Angélica Castelló, Mia Zabelka oder Elisabeth Schimana. Ich habe diese Szene bereits 2009 als »Schillernde Zwischenwelten« bezeichnet, als ein Ferment, das sich im »luxuriös reichhaltigen Kompost unserer Musiktradition« gebildet hat:

Zahlreiche Impulse entspringen eben dort, denn im Ferment der Zwischenwelten wird Neues gewagt, werden verkrustete Strukturen gesprengt (Kompost und Komposition haben dieselbe lateinische Wurzel). Dass sich neue Formen der Musik genau in diesen Zwischenbereichen entwickeln, zeigt die Musikgeschichte. (Palme 2009, 40)

Aufträge an komponierende Kollektive gingen zum Beispiel 2008 an das Quartett subshrubs[12] und an die von der Cellistin und Komponistin Clementine Gasser geleitete Band Secret Love[13]. Auch hier waren wir Pionierinnen, denn Kompositionsförderungen für Gruppen, statt für Einzelpersonen, waren damals in Wien nicht vorgesehen, wir konnten dies in Gesprächen mit den Fördergeber:innen der Stadt jedoch erreichen. Generell hatte eine gute Bezahlung der Künstler:innen für uns höchsten Stellenwert, schon aus eigener Erfahrung heraus. Die Kompositions- oder Projektarbeit und die Mitwirkung bei der Aufführung sollten beide getrennt voneinander und passend finanziert werden – das war in der Freien Szene für Composer/Performer damals noch eine Seltenheit. Anfangs waren die Honorare bescheiden. Nachdem wir Statistiken verglichen und entdeckten, dass Männer im Allgemeinen mehr Geld für Kompositionsaufträge erhielten als Frauen[14], erhöhten wir unsere Honorare. Insgesamt konnten wir an die 50 Kompositionsaufträge an Frauen, Composer/Performer oder an (von Frauen geleitete) Kollektive von Musiker:innen vergeben. Wir führten grundsätzlich einzelne bestehende Kompositionen von Männern auf, wenn diese Bezug zum Programm hatten – das war uns wichtig, so gab es 2009 Musik von Emmanuel Holterbach, 2012 von Jorge Sánchez-Chiong aka JSX und Martin Siewert. Wie die Programmierung des Festivals zeigte, so berichtet Marie-Therese Rudolph,

> […] haben sich die e_may-Leiterinnen Pia Palme und Gina Mattiello zwar primär der Förderung von Komponistinnen verschrieben, sind aber dennoch nicht daran interessiert, Musiker aus ihren Konzepten auszuschließen. Schließlich geht es beim gemeinsamen Musikmachen nicht um Konkurrenz, sondern darum, einen kreativen Prozess zu ermöglichen und Neues entstehen zu lassen. (Rudolph 2012, 22)

Umsetzung und Produktion wurden von uns entsprechend den Vorgaben organisiert. Wichtig war uns, dass die Stücke von professionellen und engagierten Musiker:innen aufgeführt wurden. Wir luden dazu zunächst das Ensemble Platypus ein, ab 2010 stand uns das Ensemble PHACE[15] als fixer Partner zur Seite. Die Werke wurden live in hoher Qualität aufgenommen, fertiggestellte Aufnahmen konnten den Komponist:innen zur Verfügung gestellt und wenn möglich im Radio gesendet werden.

Der Konzertraum als politischer Ort

Den Konzertraum als solches verstanden wir als einen gesellschaftlichen Ort mit politischer Bedeutung. Raumgestaltung ist mir seit meinen ersten Auftritten

2003 als experimentelle Künstlerin wichtig. Für mich gehörten Raum und Klang stets zusammen, für Gina Mattiello, die vom Theater kam, war Raumdesign fester Bestandteil einer Performance. Das Kosmos Theater war zu dieser Zeit einer der wenigen Räume in Wien, der eine offene Anordnung für das Publikum zuließ und Platz für rund 100 Personen bot.[16] Diese feministische orientierte Mittelbühne stand damals unter der Intendanz von Barbara Klein, einer erfahrenen Regisseurin, Kulturarbeiterin und Streiterin für Frauen in der Theaterwelt. Sie wurde für uns zu einer Mentorin in Sachen Kultur und lokale Frauenanliegen, sie war mit den Mechanismen der Kulturpolitik in Wien vertraut und bestens vernetzt. Sie konnte uns bei Budgetentwürfen und Konzepten coachen und sparte dabei nicht mit Kritik, wenn ihr unsere Planungen unrealistisch oder unterfinanziert erschienen. Auf der anderen Seite setzte sie sich mit Nachdruck bei unseren Fördergeber:innen für unsere Anliegen ein, wenn diese wieder einmal weniger Mittel zur Verfügung stellen wollten als erforderlich. Barbara Klein steht hier als Beispiel für eine Frau, die andere dazu ermutigen konnte, eigene Wege zu gehen.

Wir gestalteten den Raum den jeweiligen Kompositionen entsprechend jedes Jahr ein wenig anders und engagierten dazu Künstler:innen. So gab es zum Beispiel 2010 Lichtskulpturen von Elisabeth Kousal, 2009 gestalteten die bildenden Künstler:innen Armin Anders und Velli Vandulaki den Berio Saal im Wiener Konzerthaus, Videos der Filmemacherinnen Michaela Grill oder Jade aka Michaela Schwentner wurden projiziert. Tontechnik wollten wir im Raumdesign integrieren und akustisch bestmöglich platzieren. Elektronische Musik war ein wesentlicher Bestandteil unseres Festivals, Klangqualität stand an erster Stelle. Wir entschieden uns bald für e_may gezielt mit Tontechnikerinnen zu arbeiten, allen voran sind hier Christina Bauer, Helen Farnik und Ingeborg Doblander zu nennen. Für unser Festival gingen wir mit der Firma GEA eine Sponsoring-Partnerschaft ein und wurden mit mehreren bunten GEA Liegeplätzen beliefert, die wir ganz nah beim Bühnenraum aufstellten, um zum Zuhören einzuladen. Diese Liegen wurden vom Publikum gern angenommen und wurden eine Art Markenzeichen für die entspannte und doch hochkonzentrierte Konzertatmosphäre bei e_may. Unser Publikum erlebte ich durchwegs als sehr aufmerksam. Um die Verbindung mit dem Publikum zu fördern und zu pflegen, engagierten wir Moderatorinnen, die durch das Festival führten. Dazu luden wir Musikologinnen und Philosophinnen ein, wie etwa Nina Polaschegg, Alexandra Gruver und Susanne Kogler.

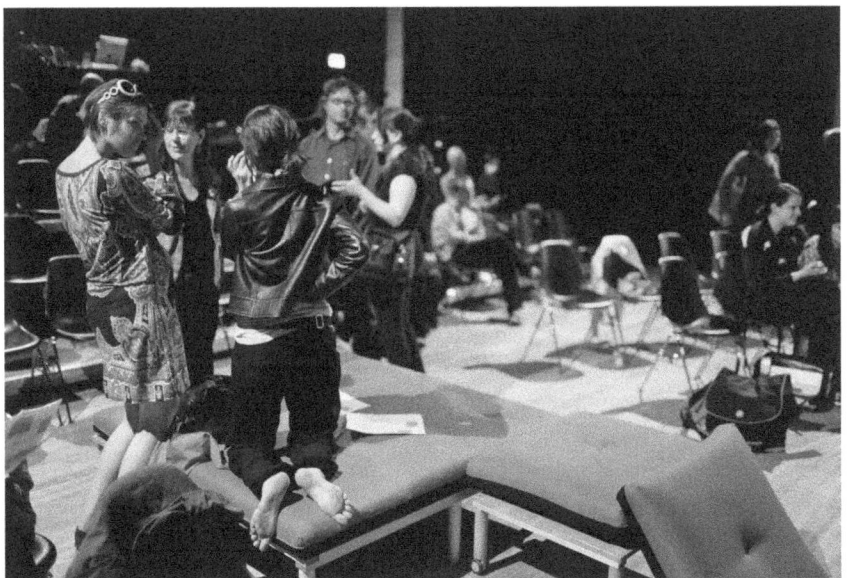

Abb. 1: Pausenstimmung bei e_may 2010 im Kosmos Theater Wien

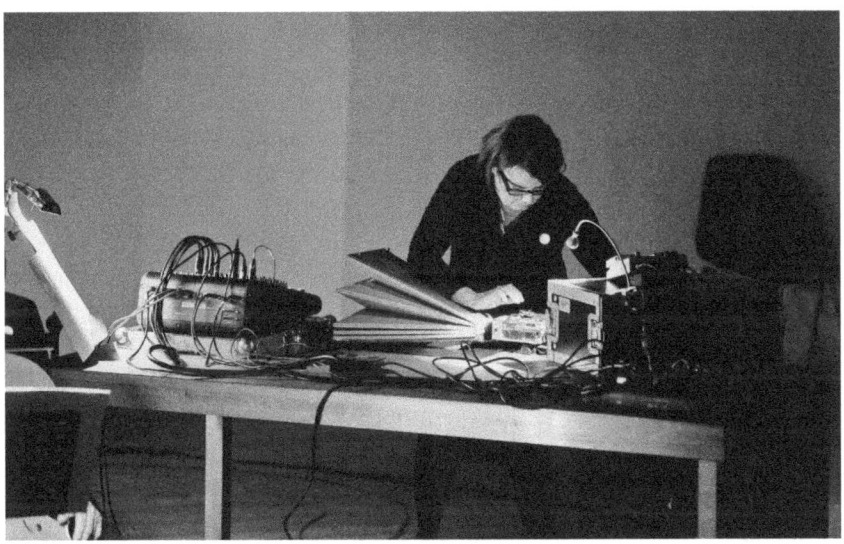

Abb. 2: e_may 2010 im Kosmos Theater Wien. Pia Palme bedient die von Jakob Scheid nachgebaute Sprechmaschine von Kempelen bei der Uraufführung ihres Werkes »HIER NICHT FORT« (mit einem Text von Oswald Egger) für Mezzosopran, Sprechstimme, Ensemble und die Sprechmaschine mit Live-Elektronik.

Kritik

Kritische Diskussionen gab es quasi ununterbrochen, zu verschiedenen Themen. Gina Mattiello und ich sammelten einen Katalog an Argumenten, um auf wiederkehrende Fragen oder Kritik bei Diskussionen und Gesprächen mit Fördergeber:innen oder Medien vorbereitet zu sein.

Bedenken gab es wegen des für die ersten Ausgaben gewählten Ortes: Das Kosmos Theater war zu dieser Zeit ein umstrittener, dezidiert feministischer Raum in Wien, der in gewisser Weise polarisierte. Von der Wiener Musikszene wurde unsere Verbindung mit einer offen, feministisch agierenden Theaterdirektorin eher kritisch betrachtet. Feminismus und Musik passten nach gängiger Meinung nicht zusammen. Ein kleiner Teil der Szene verweigerte sich aus diesen Gründen unserem Festival. Solche Kritik blieb vereinzelt; das Publikum hingegen schätzte den Ort, eben weil er nicht mit der traditionellen klassischen Konzertkultur verbunden war. Manche Kritik legte sich, als sich das Festival weiterentwickelte, an Bedeutung gewann und etablierte Orte der Musikszene bespielte. Das praktische Argument der guten und hochqualitativen Arbeitsmöglichkeiten, die wir boten, konnte letztlich überzeugen und wurde anerkannt.

Besonders in den ersten Jahren gab es Kolleginnen, die meinten, ein ›Frauenfestival‹ wäre nicht der richtige Weg. Dem entgegneten wir stets, dass e_may kein exklusives ›Frauenfestival‹ sei, auch nicht dem Namen nach, sondern ein Festival für neue und elektronische Musik, bei dem Komponistinnen gefördert werden. Frauen sind bei e_may einfach in der Mehrzahl – so wie das bei anderen Festivals ›zufällig‹ umgekehrt mit Männern der Fall ist. Na und? Weiters wurden wir gefragt, ob denn eine geschützte Werkstätte notwendig sei. Qualität würde sich ohnehin durchsetzen, hörten wir obendrein immer wieder. Wir argumentierten: Da Qualität von Übung und Praxiswissen abhängt, brauchen Frauen Möglichkeiten, Dinge ausprobieren zu können. Es ginge bei e_may in erster Linie um Arbeitsmöglichkeiten für Künstlerinnen, speziell für Komponistinnen. Wie sonst können diese denn Fertigkeiten entwickeln und Erfahrungen außerhalb der Universitäten sammeln? Wir brachten dazu auch stets die errechneten Zahlen von Komponistinnen bei Wien Modern ins Spiel, um aufzuzeigen, dass es tatsächlich sehr wenige reale Möglichkeiten für Frauen gab, Erfahrungen mit Ensembles vor Publikum zu sammeln. Die Komponistin Joanna Wozny – mit ihren neuen Werken »Surfacing« (2008) für Streichtrio sowie »Prolepsis« (2010) zweimal bei e_may vertreten – meinte im mica-Interview auf die Frage, ob ein Festival wie e_may eher eine Gefahr einer Ghettoisierung beinhalte oder ein geglücktes Forum für komponierende Frauen sei:

»Ich denke, es ist beides – sowohl eine gewisse Abgrenzung als auch die Möglichkeit, auf das Schaffen der Komponistinnen hinzuweisen. Ich wünschte mir, dies wäre nicht eigens notwendig« (Heindl 2010). Die folgende kritische Frage wurde wiederholt gestellt: Darf man bei einem Festival aktiv künstlerisch präsent sein, das man selbst mit kuratiert? Dafür fanden wir prominente männliche Beispiele: Claudio Abado, Mitbegründer von Wien Modern, war selbstverständlich beim Festival aktiv, weiters etwa die Künstler und Intendanten Pierre Boulez und Markus Hinterhäuser oder Regisseur Luc Bondy als Intendant der Wiener Festwochen. Warum sollten wir das nicht auch dürfen?

Gemeinsam stark sein

Eine unserer Strategien war es, nicht als Einzelpersonen, sondern stets als Sprecherinnen für eine größere Plattform e_may und die Künstlerinnen dahinter aufzutreten, um unseren Anliegen mehr Gewicht zu verleihen. Für mich persönlich war dies eine Erleichterung: Ich kann nicht gut für mich selbst sprechen oder Forderungen stellen bzw. mich nicht selbst ›verkaufen‹, für andere hingegen gelang mir das bestens. Eine unserer Strategien war es, in Gesprächen stets viele Namen von Künstlerinnen zu nennen. Wir setzten auf gemeinsame Stärke. Das Festival sollte die Möglichkeit bieten, mit Kolleginnen auf einer Ebene zusammen zu arbeiten und gemeinsam zu wachsen. In meiner akademischen Praxis als Forscherin arbeite ich weiterhin, wie bei e_may beständig daran, Kolleginnen namentlich zu zitieren oder zu erwähnen, sooft sich eine Gelegenheit dazu ergibt, um das Netzwerk von Künstlerinnen und Denkerinnen, in dem ich mich bewege, bekannt zu machen. Auf diese Weise kann es gelingen, einen ›alternativen Kanon‹ aufzubauen und zu festigen. Interessant für meine Analyse des Festivals e_may sind die Überlegungen der Feminismus-Forscherin und Systemtheoretikerin María Puig de la Bellacasa. In ihrem Buch »Matters of Care« denkt sie über die Angewohnheit nach, große Namen zu zitieren, um gegenüber diesem Hintergrund die eigenen Gedanken in den Vordergrund zu bringen. Diese Strategie ist sowohl in der Kunst als auch im akademischen Bereich verbreitet. Wichtiger wäre, meint sie, mit Bedacht zu denken – »Thinking with Care« –, um ein Kollektiv von Ideen zu schaffen, das eine Welt bevölkert: »[…] the voice in such a text seems to keep saying: I am not alone. There are many, many, others. Thinking-with makes the work of thought stronger« (Puig de la Bellacasa 2017, 76). Genau das wollten wir mit e-may erreichen: Composing-with macht die Arbeit der Komponistinnen stärker. Aus heutiger Sicht möchte ich ergänzen: Aus der Perspektive der Ökologie ist Vielfalt ein wichtiges Kriterium, denn Vielfalt stabilisiert ein System. Das Festival e_may trug dazu bei, das Ökosystem Musik in Österreich vielfältiger, reicher und resilienter zu machen.

Wo immer sich eine Möglichkeit ergab, gingen wir Kooperationen ein, um mehr Breite zu erlangen. Sehr erfolgreich war die Kollaboration von e_may mit dem IMA (Institut für Medienarchäologie) unter der Leitung der Komponistin und Künstlerin Elisabeth Schimana. 2008 wurde nach gemeinsamen Recherchen die Komponistin Éliane Radigue kontaktiert, Elisabeth Schimana und ich besuchten sie 2008 in ihrer Wohnung in Paris für ein längeres Interview. Wir brachten die Komponistin und ihren damaligen Archivar, den Elektronikkomponisten Emmanuel Holterbach, 2009 für mehrere Tage zu e_may nach Wien. Für den Berio Saal des Wiener Konzerthauses probte Radigue unter anderem die österreichischen Erstaufführungen des Instrumentalwerks »Naldjorlak II« (2007) und ihr 85 Minuten langes akusmatisches Werk »Jetsun Mila« (1986). Die Aufstellung der Lautsprecherformation überwachte sie persönlich und gab genaueste Anweisung, wie jeder einzelne Lautsprecher positioniert, gedreht bzw. gekippt werden sollte, um den optimalen Klang im Raum zu erzeugen. Dies war Radigues erstes Auftreten in Österreich überhaupt und ihre erste internationale Reise nach einer längeren krankheitsbedingten Pause. Radigue war damals ein Geheimtipp, wir waren Trendsetter:innen; ihre Musik fand in Folge zunehmend Aufmerksamkeit bei Festivals weltweit. Einen ›schroffen Kontrast‹ zu den Klangwelten Radigues brachte das Werk »Höllenmaschine II« von Elisabeth Schimana in den Berio-Saal, komponiert für den originalen Max Brand Synthesizer und gespielt von der Pianistin Manon Liu Winter und dem Operator Gregor Ladenhauf. (vgl. Probst/Silberbauer 2009, 49) Hier war auch das Max Brand Archiv in Langenzersdorf in die Kooperation mit einbezogen: Der historische Synthesizer wurde aufwendig repariert, zerlegt und für das Konzert in den Berio-Saal versetzt.

Schwung in die Szene

Unser Publikum gab uns recht. Die Konzerte waren dicht besucht, das Publikum durchschnittlich 15–20 Jahre jünger als bei Wien Modern damals, bunt, vielfältig, höchst aufmerksam, dankbar und durchaus queer. Letzteres hing mit der Programmierung des Kosmos Theater zusammen: Im Internet wurde das Programm des Kosmos Theater zu dieser Zeit durchaus unter Ankündigungen von Drag Performances und Fetisch Parties gelistet. Zunächst reagierte ich dar-

Abb 3: Pia Palme, Gina Mattiello performen Palmes Stück »DER KÜHNERE ENTSCHLUSS«, 2011 beim Gastspiel zum fünfjährigen Jubiläum von e_may bei MOOZAK in der Fluc Wanne Wien

Abb. 4: Manon Liu Winter und Gregor Ladenhauf bei der Aufführung von Elisabeth Schimanas »Höllenmaschine« mit dem Max Brandt Synthesizer, 2011 beim Gastspiel zum fünfjährigen Jubiläum von e_may bei MOOZAK in der Fluc Wanne Wien

auf mit Befremden: Was hat ein Programm mit zeitgenössischer Musik in dieser Umgebung zu suchen? Überraschenderweise erreichte e_may unter anderem genau dadurch ein deutlich anderes Publikum, das kaum in ein etabliertes Konzerthaus gegangen wäre. Das ist ein Beispiel dafür, dass Netzwerke und Orte eine eigene Dynamik entwickeln können. Man kann in einem Netzwerk nicht alles kontrollieren und das ist letztlich gut so. Durch unser Engagement wurde ein organischer Prozess in Gang gesetzt, der innerhalb des Ökosystems Musikkultur durchaus ein Eigenleben entwickelte. Die Erfahrung zeigt, dass man darauf vertrauen und aufbauen kann.

Insgesamt arbeiteten wir – wie ich es heute nenne – an einer feministischen Ökologie, an etwas, das komplexer gedacht war. Um mit der britischen Kunsthistorikerin und Kuratorin Gill Park zu sprechen: Es ging uns um »feminist*ing*« – um eine länger andauernde feministische Aktivität mit dem Ziel, etwas kritisch zu betrachten und zu verändern. (vgl. Park 2020, 286–301) Feminismus und Ökologie greifen gut ineinander: Als Feminist:innen wissen wir, dass es um Systemänderungen geht und dass diese Zeit brauchen. Menschen, Künstler:innen sind Teil dieser Aktivität, es gehören Räume dazu, die Einrichtungen dieser Räume, Objekte, die platziert werden, Materialien, Medien. Ökologisch oder feministisch gedacht, kann man an mehreren Stellen ansetzen, um Veränderungen zu bewirken.

Unsere Pionier:innenarbeit ebnete ganz allgemein den Weg für Frauen* in der österreichischen Musikszene, weil deren Anliegen dauerhaft öffentlich sichtbar gemacht und breiter diskutiert wurden. Zu den jährlichen Festivalausgaben planten wir von Anfang an begleitende Diskursveranstaltungen; in Kooperation mit mica – music information center Austria gab es eigene Diskussionsrunden. Hier sprachen Komponist:innen, Musikwissenschaftler:innen, Journalist:innen, Musiker:innen und Verantwortliche aus der Szene miteinander über das Thema Frauen* in der neuen Musik. Artikel, Interviews oder Berichte erschienen dazu in Online- und Printmedien, zum Beispiel in der Tageszeitung Der Standard, in den Magazinen Falter, anschläge, Freistil, Profil oder ÖMZ (Österreichische Musikzeitschrift).[17] Zur Verbreitung des Diskurses trugen Features über unser Festival bei, die vom Österreichischen Rundfunk Ö1 jedes Jahr in der Reihe »ZeitTon« gesendet wurden. Auch der freie Sender Radio Orange präsentierte e_may und Musik dazu. So wurden sowohl die Werke der Komponistinnen als auch die Anliegen der Künstlerinnen verbreitet.

Erwähnenswert ist die von Tamara Wilhelm und Elisabeth Schimana in der Reihe Kunstradio produzierte Sendung »Good News im Quoten-Journal«, die von Ö1 anlässlich des 100. Weltfrauentages im März 2011 ausgestrahlt wurde.

Die beiden Künstlerinnen berichteten unterhaltsam aus einer fiktiven Parallelwelt in Österreich, in der ab sofort »die lang geforderte Frauenquote im Kunstbereich parlamentarisch beschlossen wurde« (Wilhelm/Schimana 2011). Mit sofortiger Wirkung würde e_may eine Förderung von 200.000 € erhalten und könnte als Festival endlich brillieren, da

> professionelle Abwicklung und das dafür nötige Marketing geleistet werden können. In der gesamtstatistischen Auswertung steigt der Anteil für Frauen vom zu verteilenden Kuchen vom Bund und der Stadt Wien in der Sparte Musik/Sound damit um 0,6 %! (Wilhelm/Schimana 2011)

Diese Zahl errechneten Schimana und Wilhelm nach Recherchen über das Gesamtbudget für Musik in Wien und ergänzten mit weiteren Daten: Der auf Ö1 gespielte Musikanteil von Komponistinnen, errechnet am 16. und 17. Jänner 2011, betrug 19'44" und 9'54" Minuten von durchschnittlich 12 Stunden (= 720') gespielter Musik. (vgl. Wilhelm/Schimana 2011)

Die Komponistinnen, die von e_may präsentiert wurden, erwähnen immer wieder, wie sehr sie von den Aufträgen für unser Festival für ihre Arbeit profitieren konnten – wie zuletzt etwa die Komponistin Katharina Klement in der ORF Radio Ö1 Sendung »7 Stunden. Eine feministische Hör-Tour, Komponieren, publizieren, organisieren: Wegbereiterinnen aus vier Jahrzehnten« von Marie-Therese Rudolph und Marlene Schnedl.[18] Unsere unternehmerische Aktivität inspirierte andere Künstlerinnen dazu, selbst in der Kulturszene tätig zu werden. Das Festival e_may hatte in mehrfacher Hinsicht Vorbildfunktion[19], dazu Marie-Therese Rudolph über die letzte Ausgabe von e_may:

> Was als jährliches Festival für Komponistinnen mit Elektronikschwerpunkt im Mai begann, hat sich mittlerweile als Plattform für zeitgenössische komponierte und improvisierte Musik von Frauen etabliert. Zwar haben in den vergangenen Jahren Komponistinnen vermehrt ihren Platz in den einschlägigen Festivalprogrammen gefunden – von Quote ist noch gar nicht die Rede –, aber auch die gezielte Förderung durch das kleine Festival brachte zusätzlich Schwung in die Szene. (Rudolph 2012, 21)

Gina Mattiello bemerkt rückblickend:

> Seit dem Ende des Festivals beobachte ich einige Veränderungen: Es gibt ein größeres Bewusstsein über das vielfältige Schaffen komponierender Frauen. Die

Festivals haben mittlerweile begonnen ihre einseitige Programmierung und Verkrustungen aufzubrechen. Die künstlerische Arbeit von Frauen ist sichtbarer und präsenter geworden. Um in der Geschichte handelnd zu bleiben, müssen wir weiterhin selbst Ansatzpunkte suchen und schaffen, um von vielen Seiten und Orten her gemeinsam die noch immer notwendigen systemischen Veränderungen herbei zu führen. Kunst ist für mich die Sehnsucht nach einem anderen Zustand der Welt. Dieses Begehren verlangt danach, ein anderes Verhältnis zueinander und zur Welt einzunehmen. (Mattiello 2023)

Als Künstlerinnen gingen wir an die Aufgabe heran, ein Festival zu planen. Planen bedeutet ein zukünftiges Ereignis zu konzipieren und zusammenzufügen, zu imaginieren und zu komponieren. Die ökofeministische und die künstlerische Praxis liegen nahe beieinander: In beiden Fällen gehen wir affirmativ von der jeweiligen Situation aus, planen (in) die Zukunft, handeln und ermächtigen uns damit selbst.

Liste der bei e_may präsentierten Komponist:innen

Sophie Reyer Marianna Tscharkwiani Pia Palme Eva Reiter Electric Indigo aka Susanne Kirchmayr Clementine Gasser jsx aka Jorge Sanchez-Chiong Maja Osojnik Angélica Castelló Sweet Susie aka Susanne Rogenhofer Elisabeth Flunger Andrea Sodomka Elisabeth Schimana Emmanuel Holterbach Éliane Radigue Olga Neuwirth Johanna Wozny Katharina Klement Billy Roisz Judith Unterpertinger Manuela Maier Elisabeth Harnik Charlotte Seither Isabelle Mundry Manuela Kehrer Luna Alcalay Tamara Friebel Patricia Enigl aka Irradiation Rebecca Saunders Liza Lim Martin Siewert Gernot Tutner Burkhard Stangl Giuliano Obici Tamara Wilhelm Caroline Profanter

Anmerkungen

1 Mit diesem Titel zitiere ich das Motto der letzten Ausgabe des Festivals *e_may* im Jahr 2012. Dank an Gina Mattiello und Sylvia Wendrock für die anregenden Gespräche über e_may und den Austausch per Mail, den ich mit ihnen führen durfte, während ich diesen Artikel geschrieben habe.
2 Wendrock recherchierte alle bis 2012 bei wien modern aufgeführten Komponistinnen und die Titel ihrer Werke. Diese Arbeit wurde unter anderem dadurch erschwert, dass es kein eigenes Archiv von wien modern gibt. Wendrock präsentierte diese Zahlen erstmals im November 2012 beim Symposium von wien modern 25. In den betreffenden Jahren 2005 war Marina Rosenfeld

mit dem Ensemble collective identities eingeladen, 2006 war bestehende Musik von Sofia Gubaidulina und Eva Reiter zu hören.
3 Unsere Gespräche mit Fördergeber:innen im Kulturbereich in Österreich waren erwünscht und liefen meist respektvoll ab.
4 Das Auftragswerk »Weisses Rauschen« für Streichquartett, 3 Sprecherinnen und Live-Elektronik von Sophie Reyer wurde 2010 uraufgeführt, und zwar mit Claudia Schwarz (Violine), Martin Reining (Violine), Anna Dekan (Viola), Stephanie Prenn (Violoncello), Gina Mattiello, Heike Möller, Ruth Ranacher (Sprecherinnen), Elisabeth Kousal (Bühnenbild), Sophia Maria Seitz-Rasmussen (Kostüm).
5 Die Idee zu diesem Titel kam in einem gemeinsamen Brainstorming mit Elisabeth Schimana auf.
6 Lucy Alcalay schrieb dies auf eine an mich gerichtete Karte, die sie ihrer Partitur beilegte.
7 Der Komponist Reinhold Schinwald fertigte die übertragene Partitur an. Die offizielle Verlagsseite der Komponistin ist bei Edition HH https://www.editionhh.co.uk/shop/search.aspx?sfield =keywords&search=Alcalay [10.8.2023]
8 nachzulesen in https://sprechgold.com/luna_alcalay/ [10.8.2023]
9 am 7. Oktober in der Helmut List Halle in Graz, Leitung: Yalda Zamani
10 mehr Informationen zum Stück, zur Premiere und zu den Mitwirkenden, sowie Audio-Aufnahmen unter https://piapalme.at/works/bare-branches-texts/ [10.8.2023]
11 mica-Interview mit Pia Palme, 11. Mai 2009 https://www.musicaustria.at/mica-interview-pia-palme/ [10.8.24]
12 das waren Katharina Klement, Angélica Castelló, Maja Osojnik und Billy Roisz im Jahr 2008
13 2008 mit Mikolaj Trzaska, Joachim Roedelius
14 Die Fördergeber:innen veröffentlichen ihre Auszahlungen, man kann daher leicht Vergleiche ziehen. Auch hier hat sich das Verhältnis seither angeglichen, und es gibt mittlerweile auch verbindliche Mindesthonorare. Freilich hängt das Honorar von der Art des Auftrags ab und hier gibt es immer noch ein Ungleichgewicht: größere Aufträge für Frauen* sind immer noch selten.
15 Dieses Ensemble war damals ebenso wie wir gerade im Aufbau begriffen, hatte eben seinen Namen geändert (vormals Ensemble On_line), sich neu strukturiert und war unter der Leitung von Reinhard Fuchs höchst motiviert und unterstützend.
16 In Wien herrscht auch 2023 eklatanter Mangel an Konzerträumen für neue Musikformen.
17 Unterstützung im Bereich PR und Kommunikation erhielt e_may durch die Wiener Presseagentur Skyunlimited von Sylvia Marz-Wagner und Elke Weilharter. Siehe dazu unter https://sky unlimited.at/2010/05/10/e_may-2010/ sowie https://skyunlimited.at/2011/05/10/e_may-2011/ und auch https://skyunlimited.at/kunden/kosmostheater/ [10.8.2023]
18 ausgestrahlt als »Lange Nacht der neuen Musik« in der Nacht vom 28. auf 29. Juli 2023
19 So wurde zum Beispiel 2009 ebenfalls im Kosmos Theater das Festival Phonofemme von Mia Zabelka und Zahra Mani gegründet, das sich der Klangkunst und experimentellen Musik von Frauen widmet. 2010 wurde die Komponistin und Pianistin Ingrid Schmoliner mit Kolleg:innen aktiv und gründete das Festival New Adits in Klagenfurt. Beide Festivals bestehen noch heute.

Quellen

Gina *Mattiello* (2023), Gründerin, Kuratorin, Künstlerin bei e_may, E-Mail-Austausch mit Pia Palme, August und September (Archiv P.P.)

Ruth *Ranache*r (2023), Organisationsassistenz, Kommunikation, Künstlerin bei e_may, E-Mail an Pia Palme, 28. September (Archiv P.P.)

Literatur

William Kay *Archer* (1964), On the Ecology of Music, in: Ethnomusicology, 8/1, 28–33

Rosi *Braidotti* (2019), Posthuman Knowledge. Cambridge

Rosi *Braidotti* (2022), Posthuman Feminism. Cambridge

Rosi *Braidotti*, Rick *Dolphijn* (2017), Philosophy After Nature. London

Andreas *Fellinger* (2010), e_may. Space is the place. Interview mit Pia Palme und Gina Mattiello, in: Freistil http://www.ginamattiello.com/index.php/de/kritiken [15.7.2024]

Michael *Gurevich*, Jeffrey *Treviño* (2007), Expression and Its Discontents: Toward an Ecology of Musical Creation, in: Proceedings of the 2007 Conference on New Interfaces for Musical Expression (NIME07). New York, 106–111

Christian *Heindl* (2010), Keine Angst vor dem Klang – Neues von Joanna Wozny beim e_may-Festival in Wien https://www.musicaustria.at/keine-angst-vor-dem-klang-neues-von-joanna-wozny-beim-e_may-festival-in-wien [10.8.2023]

David R. *Keller*, Frank B. *Golley* (Hg.) (2000), The Philosophy of Ecology. From Science to Synthesis. Athen

Irene *Lehmann*, Pia *Palme* (2022), Sounding Fragilities. An Anthology. Hofheim

Eugene P. *Odum* (1971 [1913]), Fundamentals of Ecology. Philadelphia

Pia *Palme* (2009), Schillernde Zwischenwelten, in: Wege elektronischer Musik. ÖMZ (Österreichische Musikzeitschrift) 10/2009, 40

Pia *Palme* (2022), Composing futures. Activism and ecology in contemporary music, in: Irene Lehmann, Pia Palme (Hg.), Sounding Fragilities. An Anthology. Hofheim, 41–60

Gill *Park* (2020), Feministing photography. The Pavilion Women's Photography Centre – Looking back to act forwards, in: Kathy Deepwell (Hg.), Feminist Art Activisms and Artivisms. Amsterdam, 286–301

Val *Plumwood* (1993), Feminism and the Mastery of Nature. London/New York

Stephanie *Probst*, Angelika *Silberbauer* (2009), Schroffe Kontraste. e_may 09, Wiener Konzerthaus, in: ÖMZ (Österreichische Musikzeitschrift), 7/2009, 48–50

Maria *Puig de la Bellacasa* (2017), Matters of Care. Speculative Ethics in More than Human Worlds. Minneapolis

Marie-Therese *Rudolph* (2012), Frühstück im Kabelwerk, in: Falter Spezial wienmodern 2012 https://issuu.com/falter.at/docs/wien_modern_12_beschnitten [10.8.2023]

Tamara *Wilhelm*, Elisabeth *Schimana* (2011), Good News im QuotenJournal. Projekt | Radiokunst, 2011 https://elise.at/projekt/Good-News-im-QuotenJournal

Sylvia *Wendrock* (2012), Den üblichen Konzertrahmen sprengen. Gina Mattiello und Pia Palme holen komponierende Frauen auf die Bühne. Interview, in: an.schläge – Das feministische Monatsmagazin 11/2012, 34–35

Bildnachweis

Abbildung 1, 2: Fotos: Franz Reiterer
Abbildung 3, 4: Fotos: Markus Gradwohl

Marlene Feger · Marie-Antonia Schwebe

Unlearn the Canon!
Die Initiative Musica inaudita über Diversität in der klassischen Musik

Welche Musik kennen wir? Welche Musik wird in den großen Konzerthäusern aufgeführt? Wer sitzt im Publikum? Wer lernt ein Instrument, wer studiert es dann auch? Und wer steht am Ende tatsächlich auf einer großen Bühne? Wieso scheinen viele Strukturen in der klassischen Musikwelt so festgefahren? Und warum reagieren manche Menschen fast schon aggressiv auf Postkarten, auf denen die Frage »Warum schon wieder Beethoven?« abgedruckt ist?

Mit Fragen wie diesen beschäftigen wir uns als studentische Initiative Musica inaudita. Wir setzen uns seit 2021 für die Diversifizierung der klassischen Musikwelt ein und möchten im Folgenden einige Einblicke in unsere Arbeit geben. Diese betrifft die Lehre, musikwissenschaftliches und -historisches Wissen und dessen Vermittlung, das Hinterfragen des musikalischen Kanons und damit Wege in einen vielfältigeren Konzertbetrieb. Dass der Kanon sowohl in Deutschland als auch weltweit in puncto Diversität stark hinterherhinkt, zeigen z.B. die Untersuchungen von Panlasigui (Panlasigui 2021, 11). Ihre Studie kommt zu dem Ergebnis, dass in der Konzertsaison 2019/2020 nur 1,9 % aller gespielten Werke in deutschen Berufsorchestern von Frauen komponiert wurden. Allein die Werke von Béla Bartók waren mit demselben Anteil vertreten. Auch der Donne-Report (Donne 2024, 14) zeigt, dass Diversität nach wie vor in der klassischen Musikwelt keine Selbstverständlichkeit darstellt: 92,5 % der im globalen Konzertprogramm aufgeführten Werke wurden von Männern geschrieben, 78,4 % von *weißen*[1] Männern.

Bei unserem Musikgenuss sind wir zum Großteil auf die Überlieferungen anderer angewiesen, auf die Forschung und die Kulturpraxis. Das bedeutet oftmals, dass viele Werke nie oder kaum die Chance haben, erlebt und gefühlt zu werden. Was in den großen Häusern gespielt wird, was die Verlage veröffentlichen, was Algorithmen uns auf Musikstreaming-Plattformen vorschlagen, hören und kennen wir: den Kanon. Dieser umfasst nur einen sehr kleinen Teil der Musik(-geschichte). Es ist völlig gewöhnlich, während des Musikstudiums in Vorlesungen und Seminaren sowie von dem*der Hauptfachlehrer*in vorwiegend Werke von *weißen*, cis-männlichen[2] Personen vorgelegt zu bekommen. Durch die häufige Reproduktion bereits bekannter, etablierter Stücke werden die meisten Kompositionen kaum oder sogar nie gespielt.

Die Idee zu Musica inaudita[3] entstand im Dezember 2021, zunächst noch als Konzertreihe an der Universität der Künste Berlin (UdK). Am Anfang ging es darum solche Kompositionen, die oftmals nicht Teil des Studiums sind, zu finden und zur Aufführung zu bringen. Das Team wuchs bald von zwei auf fünf Studierende an, die sich der Organisation dieser Konzerte widmeten. Das erste Konzert fand im Mai 2022 im Rahmen von »crescendo«, dem Musikfestival der UdK, statt. Mittlerweile gibt es ein Team aus 12 Menschen, von denen sieben regelmäßig im Kernteam aktiv sind, das wöchentlich zusammenkommt. Recht schnell ist Musica inaudita aus der Anfangsidee ›nur‹ eine Konzertreihe zu sein herausgewachsen und hat sich mittlerweile zu einer an der UdK angesiedelten Initiative entwickelt.

Konkret bedeutet dies, dass zusätzlich zu den mehrmals im Semester stattfindenden, kostenlosen Konzerten, auf deren Programm Musik von Komponist*innen steht, die auf Grund ihres Geschlechts, ihrer sozialen oder nationalen Herkunft, Hautfarbe, Religion, sexuellen Identität, Sprache, Behinderung, politischer oder sonstiger Anschauung nie in den Kanon aufgenommen wurden oder nachträglich aus ihm entfernt wurden, hochschulpolitische Arbeit sowie Vernetzungsarbeit geleistet wird. Auch haben wir in den letzten Semestern verschiedene Konzertformate ausprobiert (z.B. gab es zusätzlich zur Musik Multi-Media-Anteile, biografische Informationen zu den Komponist*innen, Interviews mit zeitgenössischen Komponist*innen etc.). Musica inaudita stellt sich inzwischen die zugegebenermaßen sehr umfangreiche Frage, an welchen Stellen es in Bezug auf Diversität innerhalb der klassischen Musikwelt eigentlich hakt. Da wir bei tieferer Auseinandersetzung merkten, dass eine Konzertreihe nur begrenzt Einfluss auf die zugrundeliegenden Strukturen hat, ergab sich für uns die Notwendigkeit, auch außerhalb des Konzertrahmens tätig zu werden. So holten wir in diesem Jahr bspw. die Ausstellung »Standing Ovation«[4] in die UdK und organisierten ein Austauschtreffen für Komponist*innen, Lesekreise und eine Banneraktion, mit der wir auf Missstände in der klassischen Musikwelt aufmerksam machten.

Ein weiterer Schwerpunkt ist der Zugang zu den Stücken marginalisierter[5] Komponist*innen. Teil unserer Arbeit ist deswegen die Recherche von Verlagen, Archiven und anderen Initiativen, die sich ebenfalls mit der Thematik auseinandersetzen, um diese für die Öffentlichkeit aufzubereiten[6], sodass dem weit verbreiteten Glauben, es gebe leider einfach nur sehr wenige Stücke, die nicht

Abb. 1 und 2: »Unser Programm diskriminiert«: Bannerhängung der Initiative Musica inaudita an zwei Standorten der Universität der Künste Berlin im November 2023

von *weißen* Männern geschrieben wurden, etwas entgegengesetzt werden kann. Auf unserer Website findet sich bereits eine Vielzahl von relevanten Quellen, um sich mit dem Thema auseinanderzusetzen.

Von Anfang an haben wir das Glück, eine Design-Studentin im Team zu haben, die unsere Inhalte grafisch in Plakaten, Postkarten etc. sowie für Social Media aufbereitet und uns ermöglicht, die Initiative auch über die Grenzen der UdK hinaus bekannt zu machen. Außerdem werden momentan alle Beiträge in unseren Konzerten von studentischen Tonmeister*innen aufgenommen und produziert. Dadurch konnten wir schon mehrfach Stücke nicht nur zur (Ur-)Aufführung bringen, sondern auch Erstaufnahmen von Stücken erstellen, die es anderen Menschen in Zukunft ermöglichen sollen, sich unkompliziert einen ersten Eindruck zu verschaffen. Um das alles weiter gewährleisten zu können und zu verstetigen, leisten wir zunehmend hochschulpolitische Arbeit und bemühen uns um eine Institutionalisierung unserer Initiative an der UdK.

Durch unsere Arbeit wird uns immer mehr bewusst, dass sich die Kunstmusik in einer Identitätskrise befindet, da ihre Geschichtsschreibung »nicht aufgeht« (Hasters 2023, 10). Die Konstruktion der Identität von ›klassischer Musik‹ beschränkt sich auf einen winzigen Teil der Musikgeschichte, welcher nicht repräsentativ für die Gesamtheit der Musikschaffenden ist. Bereits früh lernen Kinder im Rahmen einer klassischen Musikausbildung (implizit), dass klassische Musik von *weißen*, männlichen Genies komponiert wird. Vorausgesetzt wird hier eine Fortschrittsideologie der Geschichtsschreibung, nach welcher Musikwerke ›von Natur aus‹ nach Qualität selektiert werden. Wie wirkmächtig die Musikgeschichte und ihre angeblich neutrale Tradierung von Qualitätsmarkern bis heute ist, beschreibt u. a. Daude:

> Mit dem magischen Schlagwort ›Tradition‹ entscheidet die kleine Gemeinschaft darüber, was genial ist und was nicht, was Qualität ist und was nicht, was richtig ist und was nicht, wer dazu gehört, was möglich ist; kurz: *was relevant ist und was nicht*. (Daude 2023, 39 [Hvh. i. Orig.])

Dass Musikwissenschaft und Musikgeschichte nicht neutral sind, liegt auf der Hand, wenn man sich bewusst macht, woher sie kommen und wer Zugang zu ihnen und Einfluss auf sie hat. Die uns bekannte Konzertkultur entstand im Europa des 19. Jahrhunderts und diente der Unterhaltung des Bildungsbürgertums. Sie ist ein sich selbst reproduzierendes System, aus welchem sich ein Kanon westlicher Kunstmusik als gesellschaftlich ausgehandeltes Machtprodukt durchgesetzt hat, ohne der Entwicklung der Welt hin zu einer globalisierten, postkolonialen nachzukommen. (vgl. Diez 2010, 494) Die Werke des Kanons werden bis heute gelehrt, gespielt und gehört, obwohl sie nur einen begrenzten Teil der Musiklandschaft und -geschichte abbilden und – mit Blick auf die musikalische Qualität – nicht immer nachvollziehbar ist, wieso sich gerade diese und nicht andere Werke als Teil des Kanons etabliert haben. (vgl. Dorschel 2006, 9) Dass die Kanonisierung ein Ausdruck von Macht ist, steht jedoch außer Frage:

> Wo vom Kanon die Rede ist – oder wo von seiner Existenz geschwiegen wird –, geht es um wissenspolitische Hegemonie. Der Kanon ist Ausdruck des Wissenschaftsverständnisses und Wissenshorizontes jener, die Wissen herstellen, anerkennen, verbreiten und institutionalisieren. (Arbeitskreis Kanonkritik 2022, 9)

Es ist daher nicht verwunderlich, dass Personen, die nicht an diesen wissenspolitischen Prozessen beteiligt sind, denen wenig Macht zugesprochen wird, nicht mitgedacht oder sogar ausgeschlossen werden. Dieser Umstand ist vielen Beteiligten der klassischen Musik nicht oder nur wenig bewusst. Das Nicht-Auseinandersetzen mit der ideologisch beeinflussten Gemachtheit des Kanons, führt laut Daude zu folgendem Fehlschluss: Viele Menschen, die sich für klassische Musik interessieren, diese ausüben, verlegen oder genießen, glauben nach wie vor, klassische Musik sei »der akustische Beweis der kulturellen Überlegenheit weißer cis-heterosexueller europäischer Männer« (Daude 2023, 40). So führt die erlebte Genialität in Werken des Kanons dazu, dass diese und nur diese immer wieder aufgeführt werden – mit dem Nebeneffekt, dass andere Werke, nicht wegen mangelnder musikalischer Qualität, sondern wegen mangelnder Bekanntheit in den Konzertprogrammen der großen Häuser fehlen. Die Konsequenz ist, dass Komponist*innen, Interpret*innen und potenzielles Publikum auf Grund ihrer Identität von Anfang an ignoriert oder disqualifiziert werden. Um diese Tatsache in Gänze zu begreifen und ihr etwas entgegenzusetzen, muss ein »Unlearning«[7] stattfinden, das die dem bestehenden Kanon zugrundeliegenden Strukturen erfasst, ihn als konstruiert begreift und eine Gegengeschichte entwirft, die jene, die bisher aus der Geschichtsschreibung ausgeschlossen wurden, (wieder) in sie mit einbezieht und gleichzeitig die Identität der Geschichtsschreibenden nicht außen vorlässt.[8] (vgl. Darian 2020, 75)

Im Konzertsaal werden stetig soziale Machtverhältnisse reproduziert, allerdings selten diskutiert. Hier wird deutlich, an welchem Punkt sich die Welt der klassischen Musik befindet. Dass die Frage »Warum schon wieder Beethoven?« manche Menschen in Rage versetzt, zeigt, dass die Auseinandersetzung mit Diversität in der klassischen Musik noch ganz am Anfang steht. Während sich einzelne Wissenschaftler*innen wie Daude mit der Krise der klassischen Kunstmusik intensiv auseinandersetzen, bleibt ein umfassenderer Diskurs in Deutschland bisher aus. Nach wie vor werden marginalisierte Komponist*innen nicht repräsentiert, wodurch Vorbilder für junge Musiker*innen fehlen, denn in deutschen Musik(hoch)schulen wird weiterhin fast ausschließlich der Kanon westlicher Kunstmusik gelehrt und selten hinterfragt. Typisches Repertoire innerhalb des Studiums ist fast ausschließlich von Komponist*innen mit *weißem*, akademischem, wohlhabendem Hintergrund geschrieben. So wird der Grundstein für die Konzertprogramme gelegt, die wiederum bestehende Hochschullehrpläne (die Erarbeitung des Kanons) als notwendig für eine spätere Karriere erscheinen lassen. Nach unserer Erfahrung ist es auch für kanonkritische Dozierende und Studierende schwierig, dem Perpetuum mobile dieser Kanon-Logik im Hochschulalltag zu entkommen.

Die Zahlen des Donne-Reports verdeutlichen die Krise der Kunstmusik, die Hegemonie der Kultur der globalen Minderheit (*weiße* Komponist*innen): Nur 4,8 % der in der Konzertsaison 2023/24 aufgeführten Orchesterwerke wurden von Komponist*innen der globalen Mehrheit (nicht-*weiße* Komponist*innen) geschrieben. Nur 7,5 % der Werke des globalen Konzertprogramms wurden von Frauen komponiert, 5,5 % von *weißen* Frauen. 78,4 % der Werke stammen aus der Feder *weißer* verstorbener Männer. Damit hat sich die Diversität im Vergleich zur Saison 2021/22 sogar noch verschlechtert. (vgl. Donne 2024, 7 f.)

Doch Diskriminierung geschieht nicht nur innerhalb von Konzertprogrammen. Im Januar 2024 fragten wir, kommuniziert durch ein Banner am Konzertsaal der UdK: »Wer schafft es nicht in den Konzertsaal?« Diese Frage impliziert nicht nur: Welche Komponist*innen werden dort nicht oder kaum repräsentiert? sondern auch: Wer sitzt *nicht* im Publikum und findet *nicht* den Weg auf die Bühne? Welcher Bildungshintergrund und welche sozio-kulturelle Herkunft sind nötig, um Musik zu hören und zu studieren? In Deutschland gehen Geringverdienende deutlich seltener in klassische Konzerte und »unter denen, die weniger als 1.000 Euro verdienen, verzichtete jeder Fünfte auf einen Besuch; mit steigenden Einkommensklassen sinkt dieser Anteil ab« (Concerti 2016, 34). Knapp die Hälfte der Zuhörer*innen haben ein abgeschlossenes Universitätsstudium. (vgl. Concerti 2016, 17) Die klassische Konzertkultur ist also für ein eher wohlhabendes, akademisches Publikum ausgerichtet. In der gleichen Studie gibt mehr als die Hälfte der Befragten (57,7 %) an, als Kind durch die Familie an klassische Musik herangeführt worden zu sein. Zudem geben »[k]napp zwei Drittel […] an, in der Freizeit selbst aktiv Musik zu machen

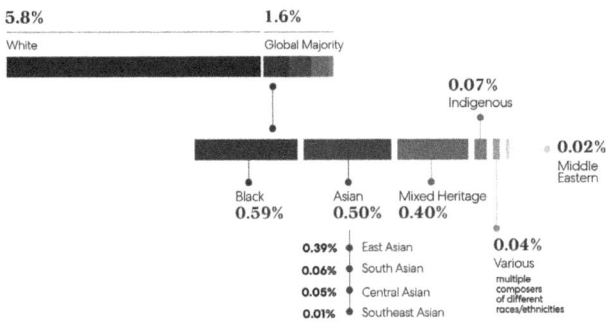

Abb. 3: Aufschlüsselung der im Donne-Report untersuchten Werke nach Geschlecht und ethnischer Zugehörigkeit (Donne-Report 2024, 15)

oder das früher praktizierte Musizieren wiederaufzunehmen« (Concerti 2016, 55). Dies zeigt, dass Menschen, die nicht durch familiäre Beziehungen Zugang zu klassischer Musik erhalten, seltener an ihr teilnehmen – dass die klassische Musik ein Klassismus-Problem hat.

Diskriminierungen gehören aber nicht nur im Konzertsaal zum (un-)guten Ton, sondern auch dort, wo die Musiker*innenausbildung anfängt. Während sich bei Klassikhörer*innen ein deutliches Muster (*weiß*, wohlhabend) abzeichnet, so ist dies bei Klassikspielenden noch drastischer:

> Je höher Einkommen und Bildung der Eltern, desto wahrscheinlicher ist es, dass ein Kind ein Instrument erlernt, irgendwann einmal auf der Hochschule und dann auf der Konzertbühne landet. Die Klassik [ist ein] in sich geschlossenes, homogenes sozioökonomisches und kulturelles Berufsfeld, das sich stets selbst reproduziert. (Welscher 2023)

Der Zugang zum Musikstudium wird aber nicht nur von den bisher beschriebenen Diskriminierungsmustern geprägt: Auch Rassismus gehört nach wie vor zum Umgangston in der musikalischen Ausbildung und im Konzertbetrieb. Von Rassismus betroffene Menschen stoßen in ihrer Ausbildung neben der generellen strukturellen Diskriminierung, die sich in allen gesellschaftlichen Bereichen niederschlägt, auf spezifische Probleme innerhalb der klassischen Musik: Fehlende Vorbilder im Repertoire, in der Dozierendenschaft und auf der Bühne suggerieren, dass es in der Welt der klassischen Musik keinen Platz für sie gibt. (vgl. Riva 2023, 5) Zudem erschweren die bestehenden Hochschulhierarchien – auch in unserer *weißen* Erfahrung – eine wirkliche Auseinandersetzung mit dem Thema. (vgl. Riva 2023, 18)

Insbesondere Schwarze Studierende sind auf Grund ihrer seltenen Aufnahme in Musikhochschulen bislang nicht nur in der allgemeinen Szene schlecht vernetzt, sondern auch untereinander. (vgl. Riva 2023, 5) Wie Riva feststellt, führt dies in Kombination mit den erlittenen Diskriminierungen zu »vielfältigen Beschwerden [...]: von Einsamkeitszuständen bis hin zu psychischen und physischen Krankheitsphänomenen« (ebd.). Strategien, welche die befragten Personen anwendeten, waren: »›Assimilation an die deutsche Gesellschaft‹, ›Rückzug in eine sichere persönliche Umgebung‹, ›schweigendes Ertragen von Diskriminierungen‹ [...] sowie ›verbaler Widerstand‹« (Riva 2023, 10). Die meisten Menschen sind aber von intersektionaler Diskriminierung betroffen, sodass sich oftmals die hier geschilderten Probleme Klassismus und Rassismus sowie viele weitere Diskriminierungsformen durch ihr Ineinandergreifen verschärfen.

Bei unseren ersten Konzerten lag der Fokus auf der Musik von Komponistinnen. Zunächst wurde das vom Publikum, den Mitspielenden und auch von uns selbst als echter Fortschritt angesehen. Bald wurde uns jedoch verstärkt bewusst, dass Diskriminierung aufgrund des biologischen Geschlechts nur eine von vielen Diskriminierungsformen ist, die den Kanon stützen. Seitdem wir einen intersektionaleren Ansatz verfolgen, stoßen wir in der Konzertorganisation und Programmgestaltung auch regelmäßiger auf Hindernisse, die es zu überwinden gilt. Es ist schwieriger, die Noten der Musik marginalisierter Komponist*innen zu finden, als von bereits einigermaßen etablierten Komponist*innen außerhalb des Kanons. Anfang 2024 setzten wir uns für ein »Reenactment«, eine Wiederaufführung von Dika Newlins Klaviertrio op. 2 ein. Newlin war u. a. Schülerin Arnold Schönbergs und prägend für die US-amerikanische Musik. Für das Klaviertrio gibt es dennoch nach wie vor keine verlegten Noten. Daher begann unsere Suche nach Noten bei US-amerikanischen Bibliotheken, die das Faksimile in ihrem Katalog aufführen. Außerdem kontaktierten wir das Ensemble, welches das Trio damals mit Newlin eingespielt hatte. Zusätzlich waren wir im Kontakt mit dem »Arnold Schönberg Center« in Wien. Alle Versuche liefen mehrere Monate lang ins Leere. Schließlich hatten wir zwar die Noten, aber konnten trotz ausgiebiger Suche in der Musikszene Deutschlands und Österreichs keine Besetzung für das Stück finden. Da es sich nicht um Schönberg oder Webern handelte, sondern um Newlin, hatte kein von uns angefragtes Ensemble das Stück im Repertoire.

Eine weitere Herausforderung der Wiederaufführung von Werken, die nie in den Kanon aufgenommen oder nachträglich aus ihm entfernt wurden, ist das fehlende Wissen über eine geeignete Aufführungspraxis. Hier besteht nicht nur eine Leerstelle im Repertoire, sondern auch in der Instrumentalpädagogik. Wie findet sich eine Ästhetik für systembedingt anachronistisch aufgeführte Stücke? Es besteht die Gefahr der epistemischen Gewalt, wenn eurozentrische Annahmen auf Gesellschaften der globalen Mehrheit übertragen werden. Dabei wird bei diesen von einer kulturellen Einheitlichkeit ausgegangen, obwohl es sich um heterogene Gruppen handelt. (vgl. Spivak 2010, 2115 f.) Um dies zu verhindern, müssen gerade bei der Suche nach einer Aufführungspraxis und einem Verständnis von Werken marginalisierter Künstler*innen deren persönliche Lebensumstände sowie die strukturellen Bedingungen, in denen die Musik entstand, kontextualisiert werden.

Ein weiterer Punkt, auf den wir immer wieder in der Konzertorganisation stoßen, ist der prekäre Charakter von Uraufführungen. Sollen Werke erst- oder uraufgeführt werden, besteht eine Abhängigkeit der Komponist*innen zu den

Musiker*innen, die sich bereit erklärt haben, dieses Stück zu spielen. Dadurch ergibt sich einerseits eine Nähe zwischen unserer Initiative, den (noch lebenden) Komponist*innen und den Musiker*innen. Gleichzeitig bedeutet aber bspw. ein Krankheitsfall meistens, dass das Stück nicht aufgeführt wird, da sich, anders als bei Stücken des Kanons, meist auf die Schnelle kein Ersatz findet. Diana Arismendi, eine zeitgenössische etablierte venezolanische Komponistin wartet bspw. seit 30 Jahren auf die Uraufführung ihres Liedes »Salmos«. Wir mussten es nun auch schon zweimal verschieben, weil die Musiker*innen kurzfristig erkrankt waren.

Die Schwierigkeiten, auf die wir stoßen, sind symptomatisch. Die Stücke des Kanons sind gut erforscht, gut verlegt, es gibt zahlreiche Aufnahmen und viele Musiker*innen haben sie bereits in ihrem Repertoire. Wie viel schwieriger es ist, Stücke außerhalb des Kanons aufzuführen, zeigen unsere Erfahrungen. Musica inaudita setzt sich dafür ein, dass sich die Welt der klassischen Musik kritisch damit auseinandersetzt, dass sie sich seit langem nur um sehr bestimmte Stücke gedreht hat, dass sie erkennt, warum das so ist und sich Strategien überlegt, um dies zu verändern.

Neben umfangreicherer intersektionaler Forschung zum Themenkomplex »Diversität in der klassischen Musik« müssen konkrete Maßnahmen zum Abbau diskriminierender Praktiken der klassischen Musikszene ergriffen werden: Um Barrieren auf dem Weg in die klassische Musik abzubauen, muss es einfacher werden, an die nötigen Informationen zu kommen: Woher bekomme ich ein Instrument? Wo kann ich Unterricht nehmen? Es muss mehr Geld für langfristige Projekte zur Verfügung gestellt werden, sodass Kinder und Erwachsene über einen längeren Zeitraum die Möglichkeit haben, sich mit klassischer Musik zu beschäftigen. Der Forderung nach kostenlosem, anspruchsvollerem Musikunterricht für alle Kinder schließt sich auch die Komponistin Errollyn Wallen an, die gerade in das Amt »Master of the King's Music« in UK erhoben wurde. (vgl. Hall 2024) Die Themen Intersektionalität und Dekolonisation müssen aktiv auf allen Ebenen der klassischen Musik mitbedacht werden. Das bedeutet auch, dass sich das Repertoire und die Lehrpläne von Musik- und Hochschulen verändern müssen. Des Weiteren sind intersektionale Antidiskriminierungsstellen in allen Institutionen notwendig, an die sich Betroffene wenden können und die genügend Handlungsspielraum haben, um im Falle von Machtmissbrauch Konsequenzen ziehen zu können. Zudem muss ermöglicht werden, Statistiken über Schwarze Menschen und People of Colour im Feld der klassischen Musik zu erheben, um die Problematik wissenschaftlich erfassen und dagegen vorgehen zu können.

Im Hochschulkontext könnte eine Voraussetzung für das Abschlussprogramm von Studierenden nicht mehr nur das Vorhandensein verschiedener Epochen, sondern auch eine erkennbar diverse Aufstellung der Auswahl an Komponist*innen helfen, die nötigen Weichen für eine diversere musikalische Ausbildung zu stellen. Zwar scheinen der Weg in die Professionalität für viele Musiker*innen vorgezeichnet und die jeweiligen Probespiel-Stellen für Orchester bereits festgelegt zu sein. Wir sind aber überzeugt, dass es für viele Musiker*innen nicht nur eine persönliche, sondern auch eine professionelle Bereicherung wäre, sich mit der Musik von Komponist*innen jenseits des Kanons zu beschäftigen. Die – wenn auch nur langsam beginnenden – Veränderungen in den Konzertprogrammen der letzten Jahre zeigen es an. Aber auch Studierende, die an allgemeinbildende Schulen und Musikschulen gehen, sind gefragt. Schließlich sind sie es, die den Grundstein für ein musikalisches Interesse und Wissen legen.

Um nachhaltige Veränderungen herbeizuführen, sind sicherlich noch viele weitere Schritte notwendig. Wir alle entscheiden, wie es weitergeht, dadurch, welche Konzerte wir besuchen, welche Aufnahmen wir hören, welche Noten wir kaufen, welches Repertoire wir erarbeiten, worüber wir schreiben und forschen. *Unlearn the canon.*

Anmerkungen

1 *weiß*/Schwarz: Es handelt sich beim *weiß*- oder Schwarz-Sein nicht um die Bezeichnung einer Farbe, sondern eine politische und soziale Konstruktion. Wir unterscheiden in der Schreibweise zwischen Schwarz und *weiß*, da ersteres eine Selbstbezeichnung ist, während *weiß* als Gegensatz zu dieser konstruiert wird. www.amnesty.de/glossar-fuer-diskriminierungssensible-sprache [30.8.2024]
2 cis: Die Begriffe *cis* oder *cisgender* beschreiben Menschen, die sich dem Geschlecht zugehörig fühlen, das ihnen bei der Geburt zugewiesen wurde. Sie erleben häufig eine Übereinstimmung zwischen ihrem biologischen Geschlecht und ihrer Geschlechtsidentität (Gender). Das Gegenteil von *cis* ist *trans*. Der Begriff *cis* wurde von der Trans*-Bewegung eingeführt, um zu benennen, dass das als normal unterstellte Zusammenfallen von biologischem Geschlecht und Geschlechtsidentität keine Selbstverständlichkeit ist.
3 Gegründet wurde Musica inaudita 2021 von Lukas Kleitsch, Sophie Mattiuzzo, Simon Scriba, Charlotte Riemann und Thea von der Wense. Derzeit wirken im aktuellen Kernteam Elena Beringer, Marlene Feger, Lukas Kleitsch, Rahel Kramer, Sophie Mattiuzzo, Charlotte Riemann und Marie-Antonia Schwebe mit und werden von weiteren Studierenden unterstützt. Weitere Infos unter: www.udk-berlin.de/musica-inaudita [17.9.2024]
4 »Standing Ovation«: Die von Maj-Britt Eichstädt gestaltete und von Antonia Brinkers umge-

setzte Ausstellung »Standing Ovation – Komponistinnen gesehen!« widmet sich verschiedenen Komponistinnen und liefert Informationen über ihr Leben und Schaffen. www.antoniabrinkers.com/projekte/ [30.8.2024]

5 Marginalisierung: ist ein sozialer Vorgang, bei dem Bevölkerungsgruppen, unabhängig von ihrer eigentlichen Größe, an den ›Rand der Gesellschaft‹ gedrängt werden und dadurch nur wenig am wirtschaftlichen, kulturellen und politischen Leben teilnehmen können. In der klassischen Musik sind die meisten Komponist*innen marginalisiert, da der Kanon, um den die klassische Musik beständig kreist, nur eine sehr kleine Gruppe von Komponist*innen umfasst. Marginalisierte Komponist*innen sind auf Grund gesellschaftlicher Machtdynamiken meist nicht-*weiß* und/oder nicht-männlich.

6 Rechercheliste: Ein Teil unserer Arbeit ist es, Archive, Verlage und Initiativen zu finden, um Menschen den Zugang zur Musik von marginalisierten Komponist*innen zu erleichtern. Eine stetig wachsende Meta-Datenbank findet sich hier: www.udk-berlin.de/universitaet/fakultaet-musik/musica-inaudita/recherche/ [17.9.2024]

7 »Unlearning«: ist ein Konzept aus der dekolonialen Forschung und Kunst. Es ermutigt, scheinbar selbstverständliche Fähigkeiten und Kenntnisse zu hinterfragen. »Unlearning« bedeutet nicht verlernen, etwas vergessen oder auslöschen, sondern vielmehr die Fähigkeiten und das Wissen anderer anzuerkennen und hegemoniales Wissen und etablierte Praktiken zu revidieren. Dies bedeutet oftmals, sich mit Unwissenheit, Nichtwissen und Nichtverstehen auseinanderzusetzen, um zugrundeliegende Strukturen zu erkennen und sich diesen aktiv widersetzen zu können.

8 Geschichtsschreibung: ist nicht neutral. Sie ist beeinflusst durch die Identität, den Blickwinkel der Schreibenden. Die Situierung der eigenen Position und Haltung ist deshalb wichtig und erfordert wiederum eine machtkritische Auseinandersetzung mit eigenen Privilegien. Durch diese Reflexion kann das Selbst kritisch in einer postkolonialen Welt verortet werden, da diese Verortung Privilegien und Machtdynamiken in Beziehung zu anderen sichtbar macht. Bspw. sind wir, die Autorinnen dieses Artikels, beide *weiße*, weiblich-gelesene Studierende aus Berlin, die genügend Ressourcen haben, um sich in einer studentischen Initiative zu engagieren. Daraus ergibt sich unsere spezifische Perspektive auf die in diesem Artikel angesprochenen Themen. Um diese nicht als allgemeingültig anzusehen, gilt es, die eigenen Perspektiven als solche zu erkennen und diese immer wieder aufs Neue zu hinterfragen.

Literatur

Arbeitskreis Kanonkritik (2022), Welcher Kanon, wessen Kanon? Eine Einladung zur Diskussion, in: Zeitschrift für Medienwissenschaft. X | Kein Lagebericht, 14/26, 159–171

Concerti/Hamburg Media School (Hg.) (2016), Typisch Klassik! Eine Repräsentativbefragung über Interessen, Gewohnheiten und Lebensstile der Klassikhörer in Deutschland www.miz.org/downloads/dokumente/795/2016_concerti_Klassikstudie_2016.pdf [30.8.2024]

Daniele *Daude* (2023), Zugehörigkeitskontrolle im Konzertsaal. Über Klassismus in der Klassik, in: Stiftung für Kulturelle Weiterbildung und Kulturberatung (Hg.), Kunst kommt von Können?! Klassismus im Kulturbetrieb, 34–41

Veronika *Darian* (2020), Gestische Forschung. Praktiken und Perspektiven. Berlin

Thomas *Diez* (2010), Postmoderne Ansätze, in: Siegfried Schieder, Manuela Spindler (Hg.), Theorien der Internationalen Beziehungen, 3. Aufl. Regensburg, 491–519

Donne, Women in Music (Hg.) (2024), Equality & Diversity in Global Repertoire. www.donne-uk.org/wp-content/uploads/2021/03/DonneReport2024.pdf [30.8.2024]

Andreas *Dorschel* (2006), Über Kanonisierung, in: Wilhelm Seidel, Matthias Schmidt (Hg.), Musiktheorie. Zeitschrift für Musikwissenschaft, 21/1., 6–12

Rachel *Hall* (2024), Widen Access to Classical Music with Free Lessons, says Errollyn Wallen, in: The Guardian www.theguardian.com/music/article/2024/aug/25/widen-access-to-classical-music-with-free-lessons-says-errollyn-wallen [30.8.2024]

Alice *Hasters* (2023), Identitätskrise. Berlin

Melissa *Panlasigui* (2021), Women in High-Visibility Roles in German Berufsorchester. München

Nepomuk *Riva* (2023), Schwarze Stimmen in einer weißen Musikwelt. Rassistische Diskriminierungserfahrungen Schwarzer Studierender an Musikhochschulen in Deutschland, www.rosalux.de/fileadmin/rls_uploads/pdfs/Studien/Onl-Studie_6-23_Schwarze_Stimmen.pdf [30.08.24]

Gayatri Chakravorty *Spivak* (2010), A Critique of Postcolonial Reason. From Chapter 3. History [Can the Subaltern Speak?], in: Vincent B. Leitch (Hg.), The Norton Anthology of Theory and Criticism, 2. Aufl.. New York, 2110–2126

Hartmut *Welscher* (2023), Die Macht des Schicksals, in: VAN Magazin www.van-magazin.de/mag/studien-musikalische-bildung/ [30.8.24]

Bildnachweis

Abb. 1: © Lukas Kleitsch
Abb. 2: © Lukas Kleitsch
Abb. 3: Donne-Report 2024, 15

Ulli Mayer

Rebel Grrrls

Empowerment im Kontext des pink noise Camp

Girls Rock Camps verorten sich in der Tradition der Riot-Grrrl-Bewegung und Ladyfest-Veranstaltungen. Sie sind weiterführender Teil einer queer-feministischen (sub-)kulturellen Praxis und Gegenerzählung zu einer nach wie vor männlich dominierten Jugend-, Popkultur- und Musikszene.

Der Do-It-Yourself-(DIY)-Gestus, Netzwerke aufbauen, Role Models als feministische Identifikationsfiguren in der Musik etablieren, Solidarität zeigen, sich Raum nehmen und in heteronormative Vorstellungen von Körper, Schönheit und Geschlechterrollen intervenieren und eigene Formen der (Selbst-)Repräsentation finden, etc. – sich zu empowern – all dies spielt darin eine tragende Rolle.

Auch für meine eigene feministische, popkulturelle Sozialisation, die erst so wirklich im Erwachsenenalter und mit meinem Umzug nach Wien begann, waren diese Bezüge auf eine queer-feministische Subkultur und Geschichte sehr bedeutsam und haben meine aktivistischen Tätigkeiten inspiriert und ermutigt. Prägend in diesem Zusammenhang waren das Schreiben und kollektive, journalistische Arbeiten bei der Zeitschrift »fiber. werkstoff für feminismus und popkultur« sowie das Mitveranstalten des ersten Ladyfests in Wien, beides auf ehrenamtlicher, selbstorganisierter Basis. Selbstermächtigende Räume für Mädchen, junge Frauen und genderdiverse Jugendliche zu schaffen, damit sie Musik machen, Bands gründen, sich vernetzen und sich selbstbestimmt in der Musikwelt engagieren können – also bereits in viel früheren Jahren, in der Ausbildung, anzusetzen und hier Grundlagen zu schaffen – das schien mir damals der nächste logische, wichtige Schritt, das wollte ich machen. Als ich für einen Sommer als Betreuerin beim Willie Mae Rock Camp in New York gearbeitet hatte und dort euphorisch erste Erfahrungen in der Organisation von Girls Rock Camps sammeln konnte, initiierte ich 2011 das erste pink noise Girls Rock Camp in Niederösterreich, das wir – Julia Boschmann, Veronika Eberhart, Sara Paloni, Ina Thomann und ich – gemeinsam organisierten.

Aus dem Wissen und den Erfahrungen vieler Jahre Camp-Arbeit entstand dieser Text, der sich mit der Frage beschäftigt, wie Girls Rock Camps – am Beispiel des pink noise Camp – als queer-feministische Selbstermächtigungsstrategie funktionieren.[1] Mit Ausführungen zur Riot-Grrrl- und Ladyfest-Bewegung kontextualisiere ich zu Beginn die feministische Popkultur- und Musikgeschichte, um darauf aufbauend wesentliche Prinzipien und Praktiken der Empowerment-Arbeit am Camp darzulegen.

Riot Grrrl – Ladyfest – Girls Rock Camp

Die Riot-Grrrl-Bewegung hat eine entscheidende Rolle gespielt, wenn es um Empowerment innerhalb einer feministischen Kulturpraxis geht. Anfang der 1990er Jahre entwickelte sich aus der Unzufriedenheit mit der männlich dominierten US-amerikanischen Punk-Szene heraus eine Bewegung und ein Netzwerk aus Musiker_innen, Künstler_innen, Booker_innen, Veranstalter_innen, Fanzine-Betreiber_innen, DJs und anderer Aktivist_innen, die sich gemeinsam auflehnten gegen die Geschlechterungleichverhältnisse, gegen den Sexismus, die Ausgrenzung und die Gewalt, mit der sie v. a. in der Musik konfrontiert waren. Sie begannen sich zusammenzuschließen, eigene Kommunikationskanäle (bspw. Fanzines) zu entwerfen, gründeten Bands und eigene Plattenlabels, veranstalteten Konzerte und Festivals und schufen sich so ihre eigenen kreativen Möglichkeiten und Handlungsräume für alternative und selbstbestimmte Repräsentationsformen und Lebensentwürfe. »Female self empowerment« (Erharter/Zobl 2006, 18) war das übergreifende Motto, das sich auch in dem 1991 veröffentlichten Manifest »Revolution Girl Style Now« widerspiegelt, in dem es u. a. heißt:

> weil wir andere dazu ermutigen und selbst ermutigt werden wollen, angesichts all der unsicherheiten und des männer-sauf-rocks, der uns vermittelt, daß wir keine instrumente spielen können.
>
> [...] weil wir uns nicht an die standards anderer (die der jungs) anpassen wollen, an deren definitionen, was ›gute‹ musik, punkrock oder ›gutes‹ schreiben ist, UND DAHER orte schaffen wollen, an denen wir unsere eigenen vorstellungen entwickeln, zerstören und definieren können. (Baldauf/Weingartner 1998, 26)

Die bestärkende, selbstbewusste Aneignung von Girl Power und »grollende« Besetzung des Wortes »Girl« durch Grrrl, das zornig und widerständig ist und sich lautstark gegen die herrschenden Verhältnisse auflehnt, stellt einen zentralen Aspekt der Riot-Grrrl-Revolution dar. (vgl. Baldauf/Weingartner 1998; Gottlieb/

Wald 1995; Kailer/Bierbaum 2002) Girl Power, das steht bei den Riot Grrrls – noch[2] – für eine Aufwertung des verniedlichenden Begriffs Mädchen/Girl, für Solidarität und Widerstand, für eine »feministische Strategie, die Handlungsfähigkeit, Kreativität und Empowerment impliziert – durch Netzwerk-Kommunikation, ›Gegen‹-Erzählungen etc. –, um den gesellschaftlichen Ansprüchen an Normalität etwas entgegenzusetzen« (Kailer/Bierbaum 2002, 226).

Riot Grrrl hat dabei als Oberbegriff queer-feministische Politik, Jugend- und Subkultur sowie den Do-It-Yourself-(DIY)- bzw. Do-It-Together-(DIT)-Ethos des Punks zusammengebracht. Musik ist dabei für die Riot-Grrrl-Bewegung ein zentraler Aspekt ihrer politischen Praxis, um sich zu artikulieren, ihren Anliegen und Geschichten Gehör zu verschaffen, vor einem größeren Publikum auf die Bühne zu bringen und ihre eigenen Versionen der Selbstrepräsentation zu schaffen. (vgl. Gottlieb/Wald 1995, 170; Kailer/Bierbaum 2002, 67; Reitsamer 2023, 645) Mit dem Verständnis von DIY/DIT als ermächtigenden Zugang, der dazu ermuntert, selbst kreativ und produktiv zu werden und etwas auf die Beine zu stellen, ein Instrument in die Hand zu nehmen, den (Bühnen-)Raum einzunehmen und sich aktiv in das öffentliche, musikalische Geschehen einzubringen, verschwimmt bewusst auch die Grenze zwischen Musikproduktion und -konsumation. (vgl. Gottlieb/Wald 1995, 185) Der Ansatz des Do-It-Together (DIT) erweitert hier noch einmal den aktivistischen Aufruf um die Perspektive auf ein gemeinsames, kollektives Tun und Mitmachen.

Riot-Grrrl-Musik ist dabei nicht außerhalb feministischer Strukturen denkbar, so verweisen Kailer und Bierbaum auf »die Wichtigkeit, die der Erschließung antipatriarchaler Räume und der damit einhergehenden Erweiterung von Handlungsmöglichkeiten für Mädchen und Frauen zugemessen wird« (Kailer/Bierbaum 2002, 70). Eine feministische Konzertpolitik, die eine »bestimmte männlich strukturierte Form der Konzertpolitik in Frage stellt« (ebd., 79), ist dabei ebenso bedeutender Teil ihrer feministischen Praxis wie ihre Performances und Bühnendarstellung, die sie »als politisches Forum begreifen, in dem Geschlechtsidentität, Sexualität und patriarchale Gewalt hinterfragt werden« (Gottlieb/Wald 1995, 185). Mit der zuvor benannten Aufhebung der Trennung von Konsumtion und Produktion durch das DIY-Prinzip geht damit auch die Transformation des Privaten in das Öffentliche einher: Das Private wird/ist politisch – auch für die Riot-Grrrls eine zentrale Haltung und feministischer Appell an die patriarchale, binäre Geschlechterordnung. (vgl. Gottlieb/Wald 1995; Kailer/Bierbaum 2002, 75)

Als Weiterentwicklung des Riot-Grrrl-Netzwerks entstand mit den Ladyfesten Anfang der 2000er Jahre eine global verbreitete »vielfältige DIY-Musik-

Kunst-Aktionismus-Festival«-Bewegung (Graf/Yun 2013, 141), die wesentlich dazu beigetragen hat »die Konstitution queerer Räume durch kollektives musikbezogenes Handeln« (Reitsamer 2023, 648) zu erweitern.[3]

2000 veranstalteten ehemalige Riot-Grrrl-Akteur_innen das erste Ladyfest in Olympia, Washington, USA, – der Ort, an dem sich auch Riot-Grrrl sozialisierte Bands wie Bikini Kill oder Bratmobile formierten. Vier Jahre später, 2004, organisierte ein Kollektiv von FrauenLesbenTransgender[4] das erste Ladyfest in Wien, ein »Höhepunkt feministischer Netzwerkerei« (Erharter/Zobl 2006, 28) – gefolgt von zwei weiteren Ausgaben 2005 und 2007. Ladyfeste zeichnen sich durch ihren antikapitalistischen, queer-feministischen und communityorientierten Charakter aus, organisieren sich nach dem DIY/DIT-Prinzip und arbeiten meist basisdemokratisch. So heißt es in einem Auszug aus dem Programmheft des ladyfest wien 04:

> Wir wollen Musik machen und Musik hören, Netzwerke ausbauen, Räume einnehmen, Freiräume schaffen, diskutieren, schreien, laut sein und sexistische, kapitalistische und rassistische Strukturen smashen. […] Nicht die Integration in die Musikindustrie ist das Ziel, sondern die Infragestellung von gesellschaftlichen Strukturen über den Kunstbetrieb hinaus […] die Themen dabei verorten die Feste in der Vielzahl aktueller feministischer Debatten und Differenzen und radikaler linker Politik von Antirassismus bis Popkultur. (ladyfest wien 2004)

Konzerte, Diskussionen, Filmscreenings, Workshops, Performances oder Ausstellungen zeichnen die im Kollektiv gestalteten Programme der mehrtägigen Festivals, wobei sich die konkrete Ausgestaltung und inhaltliche Orientierung an den jeweiligen lokalen Kontexten orientiert. (vgl. Graf/Yun 2013) Die Bezeichnung »Lady« interveniert dabei – in Anlehnung und Weiterführung von Grrrl/Girl (Power) als queer-feministischer Aneignungsstrategie – als ironische Selbstbezeichnung in gesellschaftlich hegemoniale, heteronormative Vorstellungen, Normen und Erwartungen, wie eine »Lady« auszusehen und sich zu verhalten hat und macht zugleich auf die Kontinuitäten feministischer Forderungen aufmerksam. »Lady« oder »Girl« referieren dabei auf kein biologisches Geschlecht, sondern bezeichnen »im queer-feministischen Kontext eine politisch-aktivistische Positionierung aufgrund ähnlich gelagerter Erfahrungen« (Paloni 2023, 6), bei der die gemeinsamen politischen Kämpfe und gesellschaftlichen Transformationsvorhaben im Vordergrund stehen. (vgl. ebd.) Riot Grrrl, Ladyfest, Girls Rock Camps – gemeinsam sind ihnen die »kritische Beschäftigung mit Popkultur als wesentliche Komponente für die Herstellung feministisch-queerer

Gegenöffentlichkeiten« (Reitsamer 2023, 645) und Räume, der Bezug auf eine gemeinsame Geschichte politischer Kämpfe, eine gelebte DIY/DIT-Kultur als Organisationsprinzip sowie eine »nicht-autoritäre Weitergabe von Wissen« (Paloni 2023, 5).

Fast zeitgleich mit dem ersten Ladyfest finden die ersten Girls Rock Camps in den USA (2001 Portland, Oregon) und Europa (Schweden 2003, London 2006, Berlin 2009, Graz 2010) statt, die mittlerweile an zahlreichen Orten weltweit über die Bühne gehen.[5] Mit der Girls Rock Camp Alliance (GRCA) gibt es seit 2007 eine internationale Vereinigung, die zu einem wichtigen Netzwerk und durch eine jährlich stattfindende Konferenz zu einer aktiven Wissens- und Austauschplattform gewachsen ist.

Inspiriert von den Aktivismen der Riot-Grrrl-Bewegung und verortet in einer lokalen queer-feministischen Musik- und Kulturszene wie dem Ladyfest Wien sowie den Aktivitäten rund um die Zeitschrift »fiber«[6], findet 2011 das erste pink noise Girls Rock Camp[7] im Triebwerk in Wiener Neustadt, Niederösterreich, statt. Auf eine über zehnjährige Geschichte mit zahlreichen daraus entstandenen Bands, die nach wie vor aktiv sind, blickt das pink noise Camp – so der jetzige Name – das jährlich im Sommer im Alten Schlachthof in Hollabrunn, Niederösterreich, über die Bühne geht. Es sind diese popkulturell-historischen, queer-feministischen Verwurzelungen, Solidaritäten und Netzwerke, aus denen sich das Wissen und Know-How, die Ressourcen und (großteils ehrenamtlich engagierten) Personen und deren Erfahrungen schöpfen, ohne die so ein Programm wie das pink noise Camp nicht möglich wären.

Pink noise Camp – das ist eine Musik- und Bandprojektwoche für Mädchen, junge Frauen, trans*, inter* und nicht-binäre Jugendliche mit Workshops, Instrumentenkursen und Bandprobe-Einheiten (Bandcoaching), in der die Teilnehmer_innen eine Band gründen, gemeinsam Songs schreiben, lernen sich selbstsicher auf der Bühne zu bewegen und am Ende der Woche im Rahmen eines öffentlichen Abschlusskonzerts auftreten und ihre Songs präsentieren. Die Teilnahmegebühren werden versucht so gering wie möglich zu halten und können innerhalb eines bestimmten finanziellen Rahmens[8] nach eigenem Ermessen festgelegt werden; musikalische Vorkenntnisse sind dabei kein Kriterium, um mitzumachen. Im Zentrum stehen die Bandcoaching-Einheiten, in der jede neu gegründete Band von zwei Musiker_innen begleitet und unterstützt wird und sie erste Einblicke und Erfahrungen über das Zusammenarbeiten und -spielen in einer Band bekommen. Thematische Schwerpunkte in der Programmierung der Campwoche geben darüber hinaus die Gelegenheit, sich in unterschiedliche Bereiche musikalischen Schaffens zu vertiefen, wie bspw. »Grrrls on air: Radiosendungen selbst gestalten«, »Girls Rock Camp NÖ geht ins Studio...« mit einem Fokus auf »Tonstudio & CD-Produktion« oder »Grrrls on stage: Mädchen_ erobern die Bühne!«. »Girl« versteht sich hierbei ideell in der Tradition der Riot Grrrls als selbstbewusste, performative Rückeroberung und Aneignung eines Begriffs. Zugleich sind »›Lady‹ und ›Girl‹ keine homogenen und zeitlosen Konzepte« (Paloni 2023, 6), sie sind – sowie das pink noise Camp – eingebettet in gesellschaftliche, feministische Diskurse und rechtliche, politische Entwicklungen in Bezug auf Geschlecht und Geschlechtsidentitäten, die einwirken auf die eigene Arbeitsrealität, indem sie u.a. zu Veränderungen der Konzeption von Geschlecht unter der Zielgruppe der Camp-Teilnehmer_innen geführt haben. Die prozesshafte Auseinandersetzung darüber, wer wann wen als »Girl« bezeichnet und für wen ein queer-feministischer Raum wie das Camp, das sich dem Empowerment junger, aufgrund ihrer Geschlechtsidentität marginalisierter Menschen verschrieben hat, zugänglich sein kann/soll, waren damals kontinuierlicher Bestandteil der Debatten im Organisationsteam. Dies zeigt sich bspw. auch auf der Ebene der Benennungspraktiken, dem ein verändertes, gewandeltes Verständnis von Girl/Mädchen/Frau zugrunde liegt: Stand der Raum zu Beginn Mädchen und jungen Frauen offen, erweiterte sich die Definition um Mädchen_ und junge Frauen_ (also alle, die sich als solche verstehen bzw. wahrnehmen wollen) hin zu einer Erweiterung der aktuellen Zielgruppe auf genderdiverse, jugendliche Personen.

Auch wenn sich langsam etwas verändert, die queer-feministische Musikszene am Wachsen ist und eine andere, größere Öffentlichkeit einnimmt, es mehr Netzwerke und Initiativen gibt[9] – mit einem gegenwärtigen Blick auf Zahlen und Daten zu Geschlechterungleichverhältnissen in der Musik und auf die nach wie vor stark ausgeprägte geschlechtskonnotierte Instrumentenwahl, die sich ebenso in der Vergeschlechtlichung von Berufsbildern und Karrierevorstellungen fortsetzt[10], sind die Zielsetzungen des pink noise camp, wie sie im Konzeptpapier 2014[11] (pink noise camp 2014) formuliert stehen, nach wie vor aktuell und zutreffend:

> Das Girls Rock Camp möchte Anstöße geben für alternative Zugangsweisen zur Musik, für eine Reflexion geschlechtsspezifischer Mechanismen in popkulturellen Erscheinungen und für feministisch orientierte Jugendkulturen, die sich dem Empowerment sowie den widersprüchlichen und vieldeutigen Rollenanforderungen von Mädchen_ widmen, mit denen diese in der heutigen Zeit konfrontiert sind. (pink noise Camp 2014)

Abb 1: Büchertisch

Abb 2: Bandportrait »Hotspot«, pink noise Camp 2012

So will das pink noise Camp machtkritische und ermächtigende Gegenräume schaffen, die dazu ermutigen und ermuntern, sich aktiv und selbstbestimmt in der Musikwelt zu engagieren, zu experimentieren, die eigenen Geschichten zu erzählen und Repräsentationen zu kreieren, sich auszutauschen und zu vernetzen – »jenseits cis-männlicher Blicke, Erklärungsmodelle, Strukturen und Bewertungen, in denen du Resonanz auf dein Tun und nicht zu deinem Geschlecht bekommst« (Lauscher 2023).

Empowerment am Beispiel des pink noise Camp

Die Geschichte des Empowerment-Konzepts ist eng verbunden mit der US-amerikanischen Bürger_innenrechtsbewegung und emanzipatorischen Bewegungen wie den Antidiskriminierungs- und Befreiungsbewegungen und dem intersektionalen Feminismus. (vgl. Herriger 2014; Fink 2022) Die Bedeutung und Auslegung von Empowerment ist dabei vielseitig: Allgemein gesprochen kann Empowerment mit Herriger als

> Mut machende Prozesse der Selbstermächtigung, in denen Menschen [...] beginnen, ihre Angelegenheiten selbst in die Hand zu nehmen, in denen sie sich ihrer Fähigkeiten bewusst werden, eigene Kräfte entwickeln und ihre individuellen und kollektiven Ressourcen zu einer selbstbestimmten Lebensführung nutzen lernen (Herriger 2014)

bezeichnet werden. Eingebettet in einen diskriminierungskritischen Diskurs ermöglichen Empowerment-Prozesse eigene Erfahrungen der Stereotypisierung, Ausgrenzung oder Diskriminierung als strukturelle Herrschafts- und Ungleichheitsverhältnisse zu erkennen – und nicht als individuelles Problem/Versagen – sowie ein Wissen über Widerstandsstrategien zu erlangen, um selbstbestimmt in diese Strukturen eingreifen zu können. (vgl. Herriger 2014; Nassir-Shahnian 2013) Und gleichzeitig scheint Empowerment seit geraumer Zeit der Slogan – egal ob in Populärkultur, Mode oder Medien – zu sein, der wie Beyonce's FEMINIST-Schriftzug in leuchtenden Lettern von Bücherregalen (diverse Rebel Girl-Veröffentlichungen, etc.), Konzertbühnen (von Lizzo bis Taylor Swift) oder T-Shirts (»We Should All Be Feminists«[12]) strahlt.

Die feministische Kultur- und Medienwissenschafterin Angela McRobbie argumentiert die neoliberale Vereinnahmung des Konzepts Empowerment mit dem Aufkommen des Postfeminismus in den 90er Jahren, in dem

Vokabeln wie ›Ermächtigung‹, empowerment, und ›Wahlfreiheit‹, choice, […] in einen wesentlich individualistischeren Diskurs umgeformt und im neuen Gewand vor allem in den Medien und in der Populärkultur […] als Feminismus-Ersatz verwendet [werden]. (McRobbie 2016, 17)

Vor diesem Hintergrund bedeutet dies das Verständnis von Empowerment als queer-feministischen, politischen Prozess der Selbstermächtigung sehr wohl auch in diesen ambivalenten Gleichzeitigkeiten von feministischen Kämpfen und Vereinnahmungsstrategien – in diesen »doppelten Verwicklungen« (ebd., 33) – zu kontextualisieren und in der eigenen politischen Praxis kritisch zu reflektieren.

Im Sinne dieses selbstermächtigenden Prozesses kann das pink noise Camp – auf aktivistischer, musikalischer und performativer Ebene – als Möglichkeitsraum gedacht werden, »que(e)r zu denken und Visionen der Selbstrepräsentation zu entwickeln« (Zobl/Drüeke 2016, 74) und so auch neue Handlungsräume eröffnen. Wie vielseitig, und nachhaltig, solche empowernden Räume am Camp sein können, die nicht nur die Teilnehmer_innen sondern alle Beteiligten adressieren, zeigt die Aussage von Mäx Lauscher, ehemalige Workshop-Leiter_in und Fotograf_in:

> Über das aktivistische Handeln wurden mir Räume zugänglich, die mir sonst vermutlich verschlossen geblieben wären. Das allein ist schon Empowerment. Ich konnte mich im Rahmen der pink noise Camps in so vielen Tätigkeiten ausprobieren, ob nun auf, vor oder hinter der Bühne. Ob aktiv oder beobachtend. Dieser Perspektivenwechsel und der dadurch entstehende, wertschätzende Austausch haben mich politisiert und mein Selbstverständnis nachhaltig geprägt. Viele Dinge, die ich dort gelernt habe, sind auch heute noch hilfreiche Tools in anderen Kontexten. (Lauscher 2023)

Als wesentliche Prinzipien für die Empowerment-Arbeit am pink noise Camp lassen sich Wissensvermittlung, Selbstbestimmung, ein DIY/DIT-Ansatz sowie queer-feministische Artikulationsräume bestimmen, die im Folgenden beispielhaft skizziert werden.

Anerkennende und gleichberechtigte Wissensvermittlung

Was mich beim Camp angesprochen hat, war, dass nicht nur Wissen aus formalen Settings transportiert wurde, sondern es auch viel aktivistischen Diskurs, informelles Lernen und eine DIY-Kultur gab. Und das in einem transgenerationalen Setting. Das nimmt einiges an Hierarchien heraus. (Lauscher 2023)

Eine gleichberechtigte und wertschätzende Anerkennung vielseitiger Formen von Wissen und Erfahrungen – innerhalb der Camp-Teilnehmer_innen sowie aber auch im Organisationsteam – spielt eine tragende Rolle in der Wissensvermittlung und im skills-sharing. Bandcoaches werden zu zentralen Bezugspersonen im Laufe der Woche und bleiben oft noch bis nach dem Camp in Kontakt und Austausch mit den angehenden Musiker_innen – sie übernehmen die Rolle der Mentor_innen, die unterstützen, anregen und begleiten, in dem Wissen, dass ihre (Arbeits-)Beziehung unweigerlich in Macht- und Hierarchieverhältnisse eingebettet ist, insbesondere im Bewusstsein ihrer Vorbildwirkung als Role Model. (vgl. Fürnkranz 2021) Um sich dieser Machtungleichheiten bewusst zu sein und die eigene Rolle kritisch zu reflektieren, wurden eigene Vorbereitungsworkshops für (angehende) Bandcoaches als Unterstützungsangebot konzipiert, die einerseits über die Aufgaben und Verantwortlichkeiten als Bandcoach informieren und andererseits für das Ausverhandeln und -balancieren im Kontext dieser »helfenden Beziehung« (Herriger 2014) sensibilisieren.

> Ich habe immer das Gefühl, dass das wesentliche ist, den Raum zu geben und zu gestalten. Als Bandcoach bedeutet das, auf die Dynamiken in der Band zu achten, auf den Umgang, auf Pausen, auf Hoch und Tief. Vielleicht mal jemand rausnehmen und unter vier Augen zu reden, vielleicht mal Schokokekse verteilen, wenn der Blutzuckerspiegel sinkt. Aber das Wichtigste fand ich immer, selber zum größten Fan der Band zu werden und die Freude, die es mir bereitet, wenn ich sehe und höre, was in den Bands entsteht, spürbar zu machen. (Mory 2023)

In Bezug auf eine nachhaltige Weitergabe von Wissen, Erfahrungen und Geschichte stellt die Partizipation ehemaliger Teilnehmer_innen als zukünftige Organisator_innen, Workshop-Leitungen oder Bandcoaches einen weiteren zentralen Aspekt in der Empowerment-Arbeit dar. (vgl. Fürnkranz 2021) Die Vermittlung von praxisnahem Wissen zur Umsetzung eigener Projekte – vom eigenen Budgetplan, zum Förderansuchen, über Öffentlichkeitsarbeit und Einladungspolitiken bis zu technischem Know-How – stärkt die selbstorganisatorischen Fähigkeiten und nimmt die Teilnehmer_innen als aktive Kulturproduzent_innen wahr. Das 2016 erarbeitete Toolkit »You can kick it! Ein Toolkit für pink noise Girls Rock Camps« stellt die Dokumentation über jenes Wissen und jene Erfahrungen in der Konzeption und Organisation des pink noise Camps bereit und sicher, und entkoppelt es damit auch ein stückweit von einem »personalisierten Gründerinnenwissen«. Zugleich ruft es mit seinem praxisanleitenden Handbuchcharakter inkl. Workshop-Vorlagen und -anregungen zu einem DIY auf und soll die Camp-Organisation oder das Leiten von Workshops etc. zugänglicher machen.

Wahrnehmung als selbstbestimmte Akteur_innen

Damit einher geht das Verständnis, die Camp-Teilnehmer_innen als Expert_innen ihrer selbst, als aktive kulturelle Produzent_innen und selbstbestimmte Akteur_innen wahrzunehmen. Sie sind es, die ihre Geschichten zu Songs machen und auf die Bühne bringen, die sich – unterstützt durch einen partizipativ gestalteten Bandfindungsprozess – ihre Bandkolleg_innen suchen und angehalten werden, sich auch nach dem Camp weiterhin zu engagieren.

Das Camp ermuntert, den (Bühnen-)Raum einzunehmen und für sich zu beanspruchen, selbst produktiv und gestaltend zu wirken, denn genau in diesen Erfahrungen der eigenen Gestaltungskraft »vollziehen sich ermutigende Prozesse einer Stärkung von Eigenmacht« (Herriger 2014). So verweisen auch Zobl und Drüeke auf die Wichtigkeit selbst gemachter kultureller Produktionen, um neue Räume und Handlungsoptionen für Jugendliche zu schaffen. (vgl. Zobl/Drüeke 2016, 67) Am Camp zeigt sich dies mit einem Blick auf die vergangenen Programmpunkte: Teilnehmer_innen produzierten eigene Radiosendungen die öffentlich ausgestrahlt wurden, gestalteten Fanzines, lernten die Basics in Tontechnik, Djing- und Musikproduktion, siebdruckten ihre Band-T-Shirts, nahmen im Tonstudio ihre Songs für eine selbstproduzierte Compilation auf, die gegen eine freiwillige Spende am Abend des Abschlusskonzerts ersteigert werden konnte, oder setzten sich in Performance- und Bühnenworkshops mit Körperbewusstsein und Inszenierungsweisen auseinander.

> Die Teilnehmer:innen kommen zu dem Camp und können sich meistens nicht vorstellen, dass sie am Ende der Campwoche mit einer Band – ihrer Band – einen selbstkomponierten Song vor Publikum performen. Dass ihnen das gelingt, gibt den meisten das Gefühl, dass sie etwas geschafft haben, was sie sich selbst nicht zugetraut haben und das ist sehr empowernd. In dieser Woche überwinden viele Grenzen, entdecken Seiten und Skills, die sie davor an sich selbst nicht kannten und wachsen über sich selbst hinaus. Diese Erfahrungen nehmen die Teilnehmer:innen mit aus dem Camp und – so berichten einige – ändern nachhaltig etwas an dem, was sich diese jungen Menschen zutrauen und trauen. Im Organisationsteam sind

Abb 3: DJing-Workshop mit Christina Nemec (chra), 20.8.2012, Triebwerk, Wiener Neustadt

Abb 4: Abschlusskonzert, 24.8.2013, Alter Schlachthof, Hollabrunn

viele ehemalige Campteilnehmer:innen, die sich empowered genug fühlen, um so ein Camp auf die Beine zu stellen und Workshops zu geben. (Mory 2023)

DIY-DIT-Haltung

Neben den Prinzipien der Wissensvermittlung und der Selbstbestimmung steht die aus der Riot-Grrrl-Bewegung entlehnte Do-It-Yourself-(DIY)/Do-It-Together-(DIT)-Haltung als weiteres Empowerment-Prinzip. DIY/DIT am Camp – das bedeutet bspw. keine musikalischen Vorerfahrungen mitbringen zu müssen oder zu ermutigen, an dem eintägigen Instrumenten-Karussell-Workshop zu neuen Instrumenten zu greifen, die man sich davor vielleicht nicht (zu)getraut hätte bzw. sich vorstellen hat können zu spielen. So folgen auch die Instrumentenworkshops oder Bandcoaching-Einheiten keinem »klassischen« Musikschulunterricht, sondern vielmehr Prinzipien non-formalen und informellen Lernens.

Der DIY-Gestus bricht zudem bewusst mit einer bestimmten, von einer männlich dominierten Musikszene geprägten Vorstellung von Wissen, Können, Expertise und Professionalität und interveniert in diese Abhängigkeiten nach dem Riot-Grrrl-/Ladyfest-Motto »Don't be in love with the guitarist! Be the guitarist!«.

> Ich selbst habe Musik studiert und habe mich trotzdem lange nicht getraut, meine eigene Musik zu machen. Ich erlebe es als so viel bedeutsamer, welchen Zugang jemand zum Musikmachen hat als wie gut jemand ein Instrument beherrscht. Deswegen finde ich es wichtig, dass die Coaches und Workshopleiter_innen auf Augenhöhe mit den Teilnehmer_innen kommunizieren und keine Lehrer_innen sind, die ihnen etwas beibringen. Vielmehr sind sie Förder_innen, die die Teilnehmer_innen unterstützen ihr Potential freizulegen. (Mory 2023)

Der DIY-Gedanke zieht sich dabei auch durch das politische Organisations- und Arbeitsprinzip am Camp, an dem professionelle Musiker_innen und Künstler_innen – unabhängig ihrer formalen Ausbildungswege – mit einer queer-feministischen Haltung und Affinität zu einer Punk-Ästhetik beteiligt sind, und das mit seinem Angebot einen nicht-kommerziellen und zugleich geschützten, feministischen Freiraum schafft, der die Grundlage zur Selbstermächtigung der Camp-Teilnehmer_innen bildet sowie auch zum Empowerment aller weiteren Beteiligten beitragen kann.

Geschützte Freiräume

Safer spaces, Schutzräume, spiel(t)en in feministischen Bewegungen (immer schon) eine wichtige Rolle. Sie stellen temporäre Rückzugsorte dar, die versuchen, möglichst frei von unterdrückenden patriarchalen Machtstrukturen, Äußerungen und Zuschreibungen zu sein, um sich auszutauschen, Erfahrungen zu teilen, sich zu solidarisieren, vernetzen und sich gegenseitig zu empowern. (vgl. Kokits/Thuswald 2015)

> Ich habe auch viele Workshops mit gemischten Gruppen angeleitet, meine Erfahrung war, dass selbst bei Kindern Geschlechtsstereotype so stark wirken, dass es einen FLINTA-Raum braucht, damit FLINTAs machen, worauf sie Lust haben und nicht alles Mögliche unterlassen, aus Angst vor Spott, Versagen und Gewalt. Ein Beispiel: in gemischtgeschlechtlichen Gruppen mit CIS-Buben sitzt in einem Bandworkshop immer ein CIS-Junge am Schlagzeug, Die erste Person, die das Mikrofon in die Hand nimmt, ist meist auch ein CIS-Junge. (Mory 2023)

Rahmenbedingungen und geschützte Frei- und Artikulationsräume für Mädchen und genderdiverse Jugendliche am pink noise Camp erfüllen dabei einerseits den geschützten Rahmen sich (möglichst) abseits von heteronormativen Ansprüchen, Blicken, Rollenzuschreibungen und Bewertungen zu bewegen. Andererseits schafft es den Frei- und Experimentierraum, sich zu artikulieren und auszuprobieren, sich zu trauen auf Neue(s) einzulassen, einen Raum »für gegenseitigen Support und Solidarität, anstelle von Rivalität und Konkurrenzdenken« (Juergensohn/Profus 2013, 196). Sie erfahren zudem eigene, individuelle Erfahrungen der Ausgrenzung, Ungleichbehandlung oder Diskriminierung – insbesondere in Bezug auf die Kategorien Geschlecht und sexuelle Identität – als strukturelle Ungleichheitsverhältnisse zu denken und zu reflektieren. Dieses politische Bewusstsein zu vermitteln ist wichtig, um zu einem queer-feministischen, gemeinschaftlichen, solidarischeren Raum und Miteinander zu gelangen. Dies passiert an – und bereits vor – dem Camp durch mehrere, unterschiedliche Initiativen und Maßnahmen, wie z.B. Vorerhebungen im Rahmen des Anmeldeprozedere sowie einer Abschlussbefragung u.a. in Hinblick auf ein Bewusstsein um die Auseinandersetzung mit der Kategorie Geschlecht, durch eine ausführliche Kennenlern-Einheit zu Beginn der Campwoche, in der auf die Geschichte und Ziele des Camps, der Riot-Grrrl- und Ladyfest-Bewegung eingegangen wird, durch Workshops wie »Radical Cheerleading«, »Gender, Pop und Bühne« oder »Selbstverteidigung«, Riot Grrrl Soundlectures, Filmabenden (bspw. »Itty Bitty

Titty Committee«) und durch Pausen-Räume für Gespräche zur Sensibilisierung für Macht- und Hierarchieverhältnisse im Bandgefüge sowie zur kritischen Reflexion eigener Verhaltensweisen in gruppendynamischen (Band-)Prozessen.

Die Präsenz starker, feministischer Role Models wie bspw. durch die Bandcoaches, die im Laufe des Camps zu engeren Bezugs- und Vertrauenspersonen werden, spielen auch für eine queer-feministische Raumpolitik eine wichtige Rolle, indem sie neue Identifikationsmöglichkeiten und Rollenbilder schaffen sowie alternative Arbeits- und Lebensmodelle und Zugangsweisen zu Musik(-machen) aufzeigen, was sich wiederum erweiternd auf die Vorstellungs- und Handlungsmöglichkeiten der Teilnehmer_innen auswirkt. Der Role-Model-Gedanke wird dabei auch in den Benennungspraktiken der Bandprobe-Räumlichkeiten sichtbar – so heißt es zwischendurch immer wieder: Komm, lass uns zu Kathleen[13], Kim[14], Tobi[15] oder PJ[16] gehen und weiterproben. Diese geschützten Freiräume innerhalb einer queer-feministischen Praxis, wie dem pink noise Camp, haben nicht zuletzt deswegen einen selbstermächtigenden Charakter, weil sie dazu beitragen eigene Visionen der Selbstartikulation und -repräsentation zu finden.

Empowerment und Community

> Das pinknoise Camp hat auch mich dazu gebracht, einiges zu reflektieren: so z. B. meine Rolle als Frau in der Musikszene, wie meine eigene Sozialisierung gendermäßig geprägt ist. All das hat meine feministische Praxis stark beeinflusst und mich inspiriert, mehr Räume für FLINTAs zu schaffen, aber auch mir selbst mehr zuzugestehen. (Mory 2023)

Am Beispiel des pink noise Camp zeigt sich auf welch unterschiedlichen Ebenen (Musik, Organisation, Aktivismus, Geschlechterverhältnisse, Ausschlussmechanismen etc.) und mit welch vielseitigen Strategien und Maßnahmen queer-feministische Selbstermächtigungsprozesse in Gang gesetzt werden, die weit über die Zeit am Camp ihre Wirkmächtigkeit erzielen. Einige Bands, die sich in dieser Woche zusammengefunden haben, machen nach wie vor gemeinsam Musik, einige gründeten neue Bands, sind politisch, künstlerisch oder im Musik- und Veranstaltungsbereich aktiv, manche bringen ihre Erfahrungen als ehemalige Teilnehmende in die jetzige Gestaltung und Organisation des pink noise Camps ein. Dies ist dabei nur möglich in Rückgriff auf bestehende Ressourcen, vielfältige Erfahrungen, Kontakte und solidarische Personen sowie durch beständige

Netzwerk- und Communityarbeit und dem (ehrenamtlichen) politischen Engagement vieler. Durch die über das letzte Jahrzehnt hinweg regelmäßige Vernetzung mit queer-feministischen Musiker_innen, Künstler_innen, Aktivist_innen, Kulturarbeiter_innen und Initiativen am Camp sowie durch die fortlaufende fanbedingte Unterstützung der Bands trägt das pink noise Camp bis heute zu einem gegenseitigen Empowerment und zu einer Erweiterung sowie Verdichtung einer queer-feministischen, musikbezogenen Community bei.

Anmerkungen

1 Mein besonderer Dank gilt an dieser Stelle Sara Paloni als immerwährende feministische Sparringspartnerin für das pink noise Camp sowie Mäx Lauscher und Elise Mory als Interviewpartner_innen.
2 Mit dem Aufkommen des »populären Feminismus« (McRobbie 2016, 35) und aufgrund verzerrter Darstellungen in den Medien verlor das kämpferische Grrrl bald seine politische, feministische Aussagekraft und unterlag einer kapitalistischen Vermarktungsstrategie, die im »Girlism« konsumkompatibler Girlies ihren Gewinn sah. (Kailer/Bierbaum 2002, 172–182; Erharter/Zobl 2006, 27)
3 Darauf, dass diese Räume fast ausschließlich *weiß* und able-bodied sind und mit ihren Codes (Sprache, Verhaltensweisen, etc.) weitere Ausschlüsse hervorrufen, macht Rosa Reitsamer (2023, 646) aufmerksam.
4 Heute ist die Abkürzung FLINTA (FrauenLesbenInterNicht-binärTransAgender) gebräuchlich.
5 119 Camps aus Kanada, USA, Lateinamerika, Asien, Afrika, Australien und Europa sind aktuell Mitglied der GRCA (Girls Rock Camp Alliance): Find a Camp https://www.girlsrockcampalliance.org/findacamp. [6.10.2023]
6 Zu den zu dieser Zeit stattfindenden queer-feministischen, musikbezogenen Aktivismen zählen bspw. auch die rampen*fiber*-Festivals, die ausgehend vom Redaktionskollektiv der Zeitschrift fiber.werkstoff für feminismus und popkultur, 2006, 2009 sowie 2012 veranstaltet wurden. (vgl. Kiessling/Mareš 2015) Akteur_innen aus diesen Kollektiven waren auch am Camp beteiligt und bilden somit einen wichtigen Teil des Netzwerks.
7 pink noise Camp (2023) www.girlsrock.at [6.10.2023]
8 Aktuell beträgt dieser Rahmen € 50–200,- pink noise Camp (2023) https://pinknoise.or.at/anmeldung/ [6.10.2023]
9 Bspw. Keychange (2023) https://www.keychange.eu/; SISTERS OF MUSIC (2023) https://sistersofmusic.com/ [24.9.2023]
10 female:pressure (2022) https://femalepressure.net/FACTS2022-femalepressure.pdf [24.9.2023]; Arbeitskreis für Gleichbehandlungsfragen (2022). »Geschlechterverteilung an der mdw« https://www.mdw.ac.at/akg/bibliothek-und-statistik/ [24.9.2023]
11 pink noise Camp, Konzeptpapier, unveröffentlicht. Wien 2014 (liegt bei U.M.)

12 2016 präsentiert das Modelabel DIOR ein T-Shirt mit dem Schriftzug »We should all be feminists!«, der Titel eines Essays der Schriftstellerin Chimamanda Ngozie Adichie, mit einem Preis von € 750,- in ihrer Kollektion.
13 Kathleen Hanna, Aktivistin, Autorin, Musikerin u.a. bei Bikini Kill, Le Tigre, Julie Ruin
14 Kim Gordon, Musikproduzentin, bildende Künstlerin, Musikerin u.a. bei Sonic Youth
15 Tobi Vail, Aktivistin (u.a. Ladyfest in Olympia 2000), Zine-Betreiberin, Musikerin u.a. bei Bikini Kill
16 PJ Harvey, Musikerin, Songwriterin

Quellen

Einige der im Text verwendeten Zitate stammen aus E-Mail-Interviews, die ich mit Kolleg_innen vom pink noise Camp geführt habe:

Mäx *Lauscher* (2023), Fotografin und Workshopleitung beim pink noise Camp, E-Mail-Interview mit Ulli Mayer, 16.9. (Archiv U.M.)
Elise *Mory* (2023), Bandcoach und Mitglied des Koordinationsteams des pink noise Camp, E-Mail-Interview mit Ulli Mayer, 18.9. (Archiv U.M.)
pink noise camp, Konzeptpapier, unveröffentlicht. Wien 2014 (Archiv U.M.)

Literatur

Anette *Baldauf*, Katharina *Weingartner* (Hg.) (1998), Lips Hits Tits Power? Popkultur und Feminismus. Wien/Bozen
Christiane *Erharter*, Elke *Zobl* (2006), Mehr als die Summe der einzelnen Teile. Über Feministische Fanzines, Musiknetzwerke und Ladyfeste, in: Rosa Reitsamer, Rupert Weinzierl (Hg.), Female Consequence. Feminismus Antirassismus Popmusik. Wien, 17–32
Xenia Mura *Fink* (2022), #GIRLEMPOWERMENT, in: FKW // Zeitschrift für Geschlechterforschung und visuelle Kultur. Nr. 70, 112–114, online unter: https://www.fkw-journal.de/index.php/fkw/article/view/1601/1602 [13.9.2024]
Magdalena *Fürnkranz* (2021), Fragments of a Queer Feminist Rock and Pop History in Vienna, in: Simone Krüger Bridge, Britta Sweers (Hg.), The Oxford Handbook of Global Popular Music https://doi.org/10.1093/oxfordhb/9780190081379.013.56 [13.9.2024]
Joanne *Gottlieb*, Gayle *Wald* (1995), Smells Like Teen Spirit. Riot Grrrls, Revolution und Frauen im Independent Rock, in: Cornelia Eichhorn, Sabine Grimm (Hg.), Gender Killer. Texte zu Feminismus und Politik. Berlin, 167–189
Silke *Graf*, Vina *Yun* (2011/2013), Do it like a Lady! Die Riot Grrrls werden erwachsen. Im Gespräch mit Melanie Groß, in: Katja Peglow, Jonas Engelmann (Hg.), Riot Grrrl Revisited. Geschichte und Gegenwart einer feministischen Bewegung. Mainz, 141–146
Norbert *Herriger* (2014), Empowerment-Landkarte: Diskurse, normative Rahmung, Kritik https://

www.bpb.de/shop/zeitschriften/apuz/180866/empowerment-landkarte-diskurse-normative-rahmung-kritik/ [6.9.2023]

Juliane *Juergensohn*, Anette *Profus* (2013), Grrrls Who Play Guitar. Girls Rock Camps als Ort der Selbstbestimmung, in: Katja *Peplow*, Jonas *Engelmann* (Hg.), Riot Grrrl Revisited! Geschichte und Gegenwart einer feministischen Bewegung. Mainz, 193–197

Katja *Kailer*, Anja *Bierbaum* (2002), Girlism. Feminismus zwischen Subversion und Ausverkauf. Berlin

Stephanie *Kiessling*, Mäx *Mareš* (2015), (K)Ein queer-feministisches Kontrollamt? Rückblick auf die sechsjährige Geschichte des queer-feministischen Musikfestivals rampen*fiber*, in: fiber-Kollektiv (Hg.), fiber_feminismus. Wien, 66–71

Maya Joleen *Kokits*, Marion *Thuswald* (2015), gleich sicher? sicher gleich? Konzeptionen (queer)feministischer Schutzräume, in: Femina Politica, 24/1, 83–93

ladyfest wien 04, Programmheft, Wien 2004 (liegt bei U.M.)

Veronica *Lion*, Ulrike *Mayer* (2015), Aus dem Leben einer Orga-Queen*, in: fiber-Kollektiv (Hg.), fiber_feminismus. Wien, 258–267

Angela *McRobbie* (2016), Top Girls. Feminismus und der Aufstieg des neoliberalen Geschlechterregimes. Wiesbaden

Natascha *Nassir-Shahanian* (2013), Dekolonisierung und Empowerment. https://heimatkunde.boell.de/de/2013/05/01/dekolonisierung-und-empowerment [27.9.2023]

Sara *Paloni* (2023), Queer-feministische Perspektiven auf Kulturpolitik und Kulturpolitikforschung, in: Johannes Crückeberg, Julius Heinicke, Jan Kalbhenn, Friederike Landau-Donnelly, Karin Lohbeck, Henning Mohr (Hg.), Handbuch Kulturpolitik. Wiesbaden, 229–240

Rosa *Reitsamer* (2023), Feministische Veranstaltungs-Öffentlichkeiten, in: Johanna Dorer, Brigitte Geiger, Brigitte Hipfl, Viktorija Ratkovic (Hg.), Handbuch Medien und Geschlecht. Perspektiven und Befunde der feministischen Kommunikations- und Medienforschung. Wiesbaden, 641–650

Elke *Zobl*, Ricarda *Drüeke* (2016), Making Art, Making Media, Making Change!? Prozesse des Queerings und des Empowerments in der Arbeit mit Jugendlichen, in: GENDER – Zeitschrift für Geschlecht, Kultur und Gesellschaft, 8/2, 65–82

Bildnachweis

Abb. 1–4: Foto Mäx Lauscher

Mine Pleasure Bouvar Wenzel

Electronic trans*Music

Gedanken zu trans*nichtbinärer Identifikation in technoiden Clubszenen[1]

Intro

> When the worlds we inhabit are less than utopian, music can facilitate collective becoming: it offers us hope; it is testimony to our resilience and survival; it soothes, pleasures and indulges us; it is a refuge from an otherwise intolerable state. (Taylor 2012, 214)

Am 27. Mai 2018 lud ein breites Bündnis verschiedener Clubs und Initiativen der Berliner Technoszene zur Gegendemonstration gegen eine groß angelegte Kundgebung der Alternative für Deutschland. Teil des Bündnisses Reclaim Club Culture waren unter anderem Clubs wie das SchwuZ, das about:blank oder Netzwerke wie female:pressure – Etablissements und Initiativen, die queere und feministische Standpunkte vertreten. In ihrem Aufruf bezeichneten sich diese Vertreter*innen[2] der Berliner Clubszene als

> alles, was die Nazis nicht sind und was sie hassen: Wir sind progressiv, queer, feministisch, antirassistisch, inklusiv, bunt und haben Einhörner. Auf unseren Dancefloors vergesellschaften sich Menschen mit unbegrenzten Herkünften, vielfältigsten Begehren, wechselnden Identitäten und gutem Geschmack. (Reclaim Club Culture 2018)

Die Frage nach der Queerness und Inklusivität technoider[3] Musikszenen wurde schon häufig gestellt. Popkulturwissenschaftler*innen forschen und forschten schon seit den neunziger Jahren nach der Vereinbarkeit szenischer Underground-Distinktion und marginalisierter Positionen in der Gesellschaft. Die Mythen, die Techno und House umgeben von den LGBTQIA+[4]Communities und Communities of Colour der späten Disco-Zeit, sind hinlänglich bekannt, sind dekonstruiert und wieder reproduziert worden. Und wenn Clara Moto berichtet, dass »es immer nur eine Frau oder vielleicht zwei [gibt], die an einem

Clubabend auflegen« (Ji-Hun 2015), schreibt Robert Henschel beispielsweise »[…] im Berghain evaporieren Subjektivierungskategorien wie Geschlecht oder sexuelle Präferenz« (Henschel 2015, 14).

Vor dieser Diskrepanz entsteht der vorliegende Text. Er formuliert essayistisch einen Ansatz der Suche, nach den Rückzugsorten queerer Identifikation an den Rändern einer cis heteronormativen Alltagswelt, nach den Räumen und Möglichkeiten queerer Sicherheit, Vergemeinschaftung und Selbstermächtigung in den Geografien technoider Szenen. Eine Suche, die in diesem Umfang keinen Anspruch auf Vollständigkeit erhebt. Auch eine systemische Kritik an Technoszenen ist dieser Text nicht – dazu fehlt an dieser Stelle der Raum. Es handelt sich vielmehr um eine essayistische Skizze der queeren Potentiale, die in Technoclubs auffindbar sind, anhand derer eine solche Kritik erarbeitet werden könnte. Dabei ist es mir jedoch wichtig, nicht über die Konstitution von Queerness in Musikszenen zu referieren.

> Die Erforschung der Praktiken des Queer Worldmaking verlangt nach einer Perspektive der »Intimate Insiders«, weil diese Perspektive es erst ermöglicht, die queeren Codes und Repräsentationen und ihre sozialen Bedeutungen zu erfassen. (Reitsamer 2016, 40)

Ich schreibe dieses Paper daher als Konsumentin*, DJ* und Musikerin*, als Teil der Szene und damit Teil des Forschungsgegenstandes. Dieser Text ist daher Analyse, Coming Out Story und Technotrack zugleich. Die Breaks, die als Einschübe den Roten Faden des Textes vorgeben, basieren auf eigenen Erinnerungsprotokollen, sowie Interviews mit queeren Szeneakteur*innen, die im Zuge meiner Beschäftigung mit den Intersektionen zwischen Queerness und Techno entstanden sind.

Break

Die Flexibilität des Begriffes ›queer‹ ist für meine Selbstwahrnehmung sehr wichtig. Auch wenn ich mich stark auf einem weiblichen Spektrum identifiziere, sehe ich mich als nichtbinär. Ich bezeichne meine derzeitige Beziehung als lesbisch, erkenne aber an, dass ich mich zu allen Geschlechtern hingezogen fühle. Das mag für Außenstehende widersprüchlich erscheinen, für mich spiegelt das mein Selbstverständnis wider. Ich bin trans*feminin, nichtbinär, pansexuell, queer. (Erinnerungsprotokoll der Autorin*)

I identify as a queer person. I describe the sex I have as queer. I define queer as a catch-all to describe a gender identity or set of sexual preferences which exists outside the dominant cis/straight vector. (Eris Drew, 2018)

Enticement
Talking Queer – Geschlecht, Gender, Geschlechtlichkeit

Um nachzuvollziehen, wie technoide Musikszenen trans* und queere Identifikation empowern können, ist es zunächst notwendig festzuhalten, wie sich das gesellschaftliche Verständnis jener Identifikationen konstituiert. Wie prägen kulturelle und soziale Parameter das Verständnis von trans*sein und welche Implikationen hat das für die alltäglichen Lebenswirklichkeiten von queergeschlechtlichen Menschen?

Die Frage nach dem Verständnis von trans*inter*nichtbinären Geschlechtlichkeiten wirft zunächst die Frage nach dem Verständnis von Geschlecht, Gender und Geschlechtsempfinden selbst auf. Geschlecht, Gender und geschlechtliche Identität zählen neben sozialer Klasse, Status der Be_hinderung, Ethnizität, Religion und weiteren zu den kulturell und gesellschaftlich codierten Konstruktionen, die distinktiv für Subjekte in einer Gesellschaft wirken. Sie sind mit normierten Rollenbildern und bestimmten gesellschaftlichen Privilegien verknüpft und üben daher einen großen Einfluss auf die Konstitution einer Gesellschaft aus. Entgegen der verbreiteten Wahrnehmung einer Geschlecht-Gender-Dichotomie, in der Geschlecht als körperlich determinierter Faktor angesehen wird, ist zu argumentieren, dass auch das körperliche Geschlecht eine soziale Konstruktion darstellt.

> [...] our body's physicality is not a construct. [...] The way our bodies are is simply undeniable. However, *labeling* a person [...], based on their physical characteristics is a human design. [...] body parts are not inherently male or female [...] they are just body parts. (Hardell 2016, 50, Hvh. i. Orig.)

Körperliches Geschlecht besteht auf einem Spektrum, das sich durch primäre und sekundäre Geschlechtsmerkmale, Chromosomen, körpereigene Hormonlevel und Ausprägung der Gonaden variabel konstituiert. (vgl. Wenzel 2019) Trotz dieser Variabilität jenseits zweier klar trennbarer Kategorien geschieht die Klassifizierung von Körpern jedoch innerhalb eines binären Systems aus Mann und Frau. Judith Butler (2004) beschreibt, dass körperliche Eigenschaften kontinuierlich kulturell kodiert werden, sodass auch Anatomie und Geschlecht nicht ohne kulturelle Deutung wahrnehmbar seien. Sie kommt zu dem Schluss, dass beispielsweise die Zuschreibung von Femininität als natürliche Eigenschaft weiblicher Körper in einem normativen Deutungsrahmen geschehe, »in which the assignment of femininity to femaleness is one mechanism for the production of gender itself« (Butler 2004, 10).

Gender ist in diesem Zusammenhang der gesellschaftlich konstituierte Deutungsrahmen, in dem Menschen gelesen werden. Gender funktioniert also wie ein Text, den eine Person anhand ihrer körperlichen Eigenschaften, ihrer Verhaltensweisen und ihres Gebrauchs von Mode, Make-Up, Sprache und anderen Ausdrucksmöglichkeiten – ihrer »Gender Expression« – über sich schreibt, der in sozialen Interaktionen gelesen und interpretiert – gegendert – wird. Entgegen geschlechtsbezogenen körperlichen Eigenschaften, die Personen haben, ist Gender etwas, das ihnen aufgrund bestehender sozialer Parameter der Lesbarkeit zugewiesen wird. Gender ist ein Klassifikationssystem, das Menschen in eine von zwei binären Gender-Kategorien einordnet, an die bestimmte kulturell bedingte Erwartungen geknüpft sind. (vgl. Hardell 2016, 61) Der Körper wird, indem er gegendert wird, zu einer diskursiven Oberfläche der Auseinandersetzung zwischen Individuum und Gesellschaft.

Die gegenderten Normen einer Gesellschaft formulieren die Regeln, nach denen beispielsweise Kindern bei der Geburt ein Geschlecht und damit eine Genderrolle zugewiesen wird. Diese Zuweisung hat für viele intergeschlechtliche Menschen maßgebliche Auswirkungen und geht nicht selten einher mit gewaltvollen operativen Eingriffen, ohne die Zustimmung der betroffenen Kinder, mit dem Ziel Körper außerhalb der Mann-Frau-Binarität zu normalisieren. (vgl. zwischengeschlecht.info, 2012) Aber auch für endogeschlechtliche Menschen, also »Menschen, die nicht inter* sind« (Regenbogenportal, 202024), geschieht die Zuweisung von Geschlecht und Gender noch vor der Ausbildung der geschlechtlichen Identität einer Person.

Das Geschlechtsempfinden bezeichnet das intrinsische geschlechtliche Selbstverständnis eines Individuums. Demzufolge steht die Bezeichnung »cis« für »a person whose gender identity is the same as their sex and/or gender assigned at birth« (Hardell 2016, 8). Unter den Oberbegriff trans* fallen Menschen, deren Identität nicht mit der Zuweisung bei Geburt kongruiert. Unter trans* fällt eine Mehrzahl an Geschlechtlichkeiten, die mit der binären Definition von Geschlechtlichkeit nur zum Teil kongruieren. Diese Vieldeutigkeit soll mit dem »*« statt dem Leerzeichen zwischen trans und dem bezeichneten Wort zum Ausdruck gebracht werden (z.B. trans*Frau).

Julia Serano bezeichnet geschlechtliches Empfinden mit dem Begriff »subconcious sex«. Seranos erläutert, inwiefern das unbewusste Geschlecht einen maßgeblichen Parameter für die Geschlechtlichkeit einer Person darstellt, der mit den Definitionen körperlicher Geschlechtscharakteristiken und sozialer Zuweisung nicht gefasst ist. »Indeed, there is some evidence to suggest that our brains have an intrinsic understanding of what sex our bodies should be. [...], independent of our socialization or the appearance of our bodies«. (Serano 2007, 80 f.)

Diese hier grob umrissene Trias aus körperlichen Geschlechtscharakteristiken, gegenderten Normen und den damit einhergehenden Rollenvorstellungen und Deutungsrahmen kulturell kodierter Ausdrucksweisen und dem intrinsischen Empfinden möchte ich als »Geschlechtlichkeit« zusammenfassen. Der Begriff umfasst die Tatsache, dass die drei beschriebenen Parameter untrennbar miteinander verknüpft sind und in gegenseitiger Einflussnahme stehen. Aus meiner Perspektive der eigenen Hinterfragung an mich gestellter, gegenderter Normen und der meinen Körper betreffenden Fremdzuschreibungen, entgegen meinem Selbstverständnis, steht dieser Begriff als Bezeichnung für eine bewusste Positionierung in einem gesellschaftlichen, kulturellen und politischen Umfeld. Diese Positionierung und Selbstbezeichnung ist nicht zu verwechseln mit der oben beschriebenen intrinsischen Selbstwahrnehmung, ergibt sich jedoch zu einem guten Teil daraus.

Nichtbinäre und trans*Geschlechtlichkeit ist nach wie vor mit dem Stigma diagnostischer Pathologisierung behaftet, die das Bild von intersex*trans* nichtbinären Personen in der Mehrheitsgesellschaft prägt.[5] Nach wie vor ist die Diagnose »Transsexualismus« in der International Classification of Mental and Behavioral Disorders (ICD-10)[6] gelistet. Hier beschreibt sie den »Wunsch, als Angehöriger [sic!] des anderen Geschlechts zu leben und anerkannt zu werden« (WHO 2010, 259). Die diagnostische Kriterien fallen ausnehmend binär aus und beschreiben eine »gegen«geschlechtliche Identifikation. Um die Diagnose auszustellen, »muss nachgewiesen sein, dass in klinisch bedeutsamer Weise Leiden oder Beeinträchtigungen in sozialen, beruflichen oder anderen wichtigen Funktionsbereichen bestehen« (Saß/Wittchen/Zaudig/Houben 2003, 636). Dieses Leiden wird als Geschlechtsdysphorie bezeichnet und ist zwingende Voraussetzung für eine Anerkennung des trans*Seins einer Person. Daraus ergibt sich, dass die Lebensrealität von trans*Personen in einer breiteren gesellschaftlichen Wahrnehmung immer im Zusammenhang mit Leidensdruck und daraus resultierenden beispielsweise depressiven Erkrankungen verknüpft ist. Diese Annahme geht jedoch an der Lebenswirklichkeit vieler trans*Personen vorbei. Während für die einen Dysphorie ein profundes Leiden darstellt, kann sie für andere lediglich als hintergründige Unzufriedenheit spürbar werden und wieder andere trans*Personen empfinden kaum bis keine nennenswerte Dysphorie. (vgl. Hardell 2016, 93) Zudem führt die binäre Definition von Transsexualismus dazu, dass nichtbinären Identitäten weitgehend die Legitimation abgesprochen wird.

Unsere gegenwärtige Gesellschaft konstituiert sich maßgeblich auf der Grundlage von cis- und endogeschlechtlicher Heteronormativität, in der Zweigeschlechtlichkeit und heterosexuelle Orientierung als Norm festgeschrieben sind. Jede Abweichung von dieser Norm kann vonseiten der Mitglieder der Mehrheitsgesellschaft nur in Kombination mit Leidensdruck und pathologischer Stigmatisierung begriffen werden. So ist der Zugang für trans*Personen zu notwendigen medizinischen und rechtlichen Ressourcen nach wie vor an das Paradigma der binären Definition von Geschlecht geknüpft. (vgl. Schirmer 2014, 173) »Bezogen auf die rechtlichen Regelungen, die im sogenannten ›Transsexuellengesetz‹ (TSG) verfasst sind, hat sich […] trotz […] mehrerer Urteile des Bundesverfassungsgerichts nichts Grundlegendes geändert« (ebd.). Das hat zur Folge, dass die Selbstbestimmung von trans*Personen entlang »vermeintlich objektivierbare[r] Kriterien, die weiterhin einer zweigeschlechtlichen Matrix verhaftet« (ebd.) sind, massiv eingeschränkt wird.

Break

Almost 100 % of my social life is invested in electronic club and queer scenes. This is where I meet most of my friends, connections and everything else; both short and long term. It is also nice being involved in this culture because it gives me a chance to give back and also to invite others to fun events. Club culture has taught me to be more accepting of all kind of people. I have also learned how to have more confidence and independence in my self. In the beginning I came to the culture as way to meet queer people and learn more about myself. Now it has become my main community and livelihood. (Zoey, 2018)

Subkulturtheorie – Queere Räume, Szenen und Heterotopien

Unter der oben skizzierten Ausgangslage cis-heteronormativ geprägter, öffentlicher Alltagsräume, stellt sich die Frage, wie sich dauerhafte queere Musikszenen unabhängig von temporär begrenzten öffentlichen Veranstaltungen mit streitbarer Wirkung konstituieren können. Sichtbarkeitspolitiken in Bezug auf Repräsentation im öffentlichen Raum sind durchaus ambivalent. Öffentliche Sichtbarmachung in Form temporär begrenzter Veranstaltungen und das »Othering« nicht-normativer Lebensweisen, das damit verbunden sein kann, birgt die Gefahr einer Stabilisierung hegemonialer Deutungshoheiten (vgl. Schuster 2010, 91).

Der Kultursoziologe Malte Friedrich beschreibt den Ansatz musikbasierte Subkulturen als Gruppen zu definieren, deren Produktions- und Rezeptionsweisen von Musik sich direkt aus den äußeren sozialen Umständen dieser Gruppen ableiten: »Die Wirkung der Musik ist danach nur aus der mit ihr verzahnten Praxis zu verstehen. Gleichzeitig biete die Musik als materielles Artefakt die Möglichkeit einer Rekonstruktion der Lebensweise, die sie hervorgebracht haben soll« (Friedrich, 2010, 196). Dieser Ansatz formuliert ein homogenes Gruppenbild von Musikkulturen und unterstellt ihren Akteur*innen eine einheitliche Intentionalität der Produktion und Rezeption ihrer Musik. Musik wird in der Leseweise dieses Modells durch die Linse eines Narrativs betrachtet, das Musikkulturen vor allem als tradiert begreift und sie nach politischen und subversiven Potenzialen im Verhältnis zur Umgebung ihrer Entstehung hin abtastet. (vgl. ebd., 173) Friedrich kritisiert diese Herangehensweise als Reduktion vielschichtiger Entstehungs- und Transformationsprozesse, die Gemeinschaften, deren Konstitution eigentlich mit diversen Widersprüchen einhergehe, romantisiere. Im Gegensatz zur Definition von Subkultur bildet »eine Szene [...] weder eine Gemeinschaft im traditionellen Sinne, bei der sich alle Personen kennen und eng beieinander wohnen, noch eine Gesellschaft, in der sich nur Unbekannte [kurzzeitig, Anm. d. V.] begegnen« (ebd., 198). Neben kulturellen Praktiken (wie Musik und deren Aneignung) erlaubt dieser Ansatz auch die Betrachtung von lokal spezifischen Intersektionen zwischen Sozioökonomie, sozialen und ästhetischen Konventionen, Technologie, Sprache, Ideologie, sexueller und geschlechtlicher Identifikation und weiteren, die die jeweilige Szenegemeinschaft, die einen ähnlichen Musikstil produzieren und konsumieren von anderen lokalen Gruppen unterscheidet. (vgl. Bennett/Petersen 2004, 8) Damit lassen sich dynamische lokale Netzwerke beschreiben, deren ästhetische Ausformung häufig von global verbreiteten Stilen geprägt ist. Lokale Szenen stehen häufig mit ähnlichen Szenen an anderen Orten in engem Kontakt, tauschen Innovationen, Stile und Künstler*innen untereinander aus und passen die Produkte dieses translokalen Austauschs an die lokalen Gegebenheiten und Ansprüche an. (vgl. ebd., 8 f.) Szenen verbreiten sich durch globale ästhetische und/oder ideologische Konventionen, finden jedoch in unterschiedlichen lokalen Kontexten statt, die jeweils spezifische szenische Ausformungen prägen. Untereinander sind die einzelnen lokalen Szenen gut vernetzt und generieren eine translokale Vergemeinschaftung, die geographische Entfernungen auch virtuell überbrücken können. (vgl. ebd., 10 ff.) Zu ihrer Konstitution gehört maßgeblich die Produktion eines eigenen Stils an Inszenierungsmöglichkeiten und kulturellen Praktiken sowie Orte der Vergemeinschaftung. Zudem sei die Debatte darüber, was als Teil der Szene angesehen wird und welche Stile ausgeschlossen werden, Teil eines andauernden Prozesses der Szene Konstitution selbst. Genau das unterscheide sie von traditionelleren Musikgemeinschaften und mache sie zu variablen und offenen sozialen Gefügen, so Friedrich (2010). Inszenierungsstrategien über die Auswahl szenespezifischer Konsumgüter sind also nicht allein auf hedonistische Motive zurückzuführen. Sie kommunizieren performativ die eigene (beispielsweise geschlechtliche und/oder sexuelle) Identifikation und dienen der Inszenierung der Szenezugehörigkeit. Anhand von szenespezifischen Inszenierungsstrategien und der Vermittlung von szenekonstitutivem Wissen und Werten lässt sich die Hierarchisierung innerhalb von Szeneräumen ausmachen. (vgl. Friedrich 2010, 199)

Nina Schuster merkt an, dass die Aneignung von Räumen ein existenzieller Bestandteil queerer Szenekonstitution sei. »Die Strategie des »queering space« mache deutlich, dass Geographie niemals unschuldig, sondern immer umkämpft sei« (Schuster 2010, 75, Hvh. i. Orig.). Der Begriff queer bezeichnet eine bewusste Abgrenzung gegenüber hegemonialer Fremdzuschreibung. Er wird als Platzhalter für eine Nichtfestlegung, beziehungsweise ein »Sich-nicht-festlegen-lassen« innerhalb der Community gebraucht und ist nicht zwingend an Sexualität oder geschlechtliche Identität geknüpft. »[…] queer can be a political or ethical approach, an aesthetic quality, a mode of interpretation or way of seeing, a perspective or orientation, or a way of desiring, identifying or disidentifying« (Taylor 2012, 14). Queere Szenen besetzen in der Regel »partikulare, öffentliche, nicht private Räume, die als Gegenöffentlichkeiten bezeichnet werden können« (Schuster 2010, 86). Schuster führt aus, dass mensch von einer Vielzahl paralleler Öffentlichkeiten sprechen kann und somit Gegenöffentlichkeiten von Räumen, die sich nach hegemonialen Dichotomien ausrichten, abgrenzbar werden. Verschiedene Formen der Öffentlichkeit existieren immer in Beziehung zueinander und wirken konstitutiv aufeinander ein, indem sie in der gegenseitigen Abgrenzung ihre eigene Beschaffenheit produzieren. Im Zusammenhang mit der zentralen Bedeutung von Selbstbestimmung und performativ-expressiver Praxis individueller geschlechtlicher Identifikation sind gegenöffentliche queere Szenen also Schutzräume, die eine offene Auseinandersetzung mit der performativen Konstitution individueller Geschlechtlichkeit und/oder Sexualität erlauben. Schuster betont den Stellenwert gegenöffentlicher Räume, die es erlaubten Zusammenleben außerhalb des gesellschaftlichen Normativs einerseits zu diskutieren, und dieses andererseits auch in unterschiedlichen Lebensentwürfen auszuleben. (vgl. Schuster 2010, 93) Dabei sind queere Musikszenen keine Paradiese uneingeschränkter Selbstbestimmung. Vielmehr sind sie Experimentierfelder, in deren Rahmen Individuen in Austausch miteinander Formen des Seins und Werdens und der eigenen und gegenseitigen Transformation aktiv erkunden. Jack Halberstam beschreibt dies wie folgt:

> Counterpublics [...] are spaces created and altered by certain subcultures for their own uses. [...] The radical [queer] styles [...] do not express some mythically pure form of agency or will but rather model other modes of being and becoming that scramble our understandings of place, time, development, action, and transformation. (Halberstam 2005, 187)

Queere Gegenöffentlichkeiten kann mensch also als teils utopische »Anderswelten« begreifen, in denen eine reflektierende Praxis mit der gesellschaftlichen Realität stattfindet. Schuster bezeichnet diese Räume als Heterotopien, in denen »soziale Wirklichkeit gespiegelt, bestritten und gewendet [wird, Anm. d. V.], sie besitzen als ›andere‹ Räume utopische Elemente, dienen als Kompensations- und Illusionsraum und bieten Raum für Menschen, deren Verhalten von der Norm abweicht« (Schuster 2010, 210). Heterotopien zeichnet ein Abschluss von ihrer Umgebung aus. Dieser äußert sich in Form von Ritualen, die jene durchlaufen müssen, die Eintritt in die Heterotopie erlangen wollen. (vgl. Henschel 2015, 4) Diese Rituale stiften Gemeinschaft und dienen – gerade im Hinblick auf queere Szenen – der Sicherheit, um die freie Entfaltung ihrer Teilnehmer*innen zu gewährleisten. Gegen das szenische Außen besteht ein teilexklusiver Selbstschutzmechanismus. So gesehen, stellen queere Heterotopien Gegenöffentlichkeiten innerhalb bestehender gegenöffentlicher Musikszenen dar. Halberstam verdeutlicht dies am Beispiel der queeren Hip-Hop Gruppe Deepdickollective, die einerseits Teil im Rahmen queerer Kulturproduktion betrachtet werden kann, andererseits aber auch Teil nicht (nur) queerer Hip-Hop-Musikszenen ist. (vgl. Halberstam 2005, 163 ff.)

Dabei geschieht die kommunikative Verhandlung subjektiver Positionen nicht nur zwischen einzelnen Szenemitgliedern, sondern im größeren Maßstab auch zwischen partikularen Szenen. »[...] they draw on [...] a wide range of cultural forms and styles, thus connecting them within existing scenes and forms of culture-making [...]« (Taylor 2012, 61). Untereinander teilen queere Szeneräume einen amorphen, mit anderen Szenen verwobenen Charakter. Sie äußern sich subterran innerhalb größerer szenischer Geographien und sind daher schwer greifbar. Gleichzeitig sind sie untereinander translokal und zum Teil global vernetzt. Die Grenzen besagter szenischer Geographien dienen der Konstruktion von Schutzräumen, sind aber auch als durchlässig begreifbar. Sie sind fluid, sowohl aufgrund sich wandelnder städtischer Umfelder als auch auf ästhetischer Ebene. Einen einheitlichen Codex queerer Musikästhetik gibt es im Sinne des Wortes »queer« nicht. Vielmehr ist, so Taylor, der Mangel an szenischer Geschlossenheit mit einer großen Bandbreite an Stilrichtungen bezeichnend für queere kodierte Szenen in ihrer amorphen, fluiden Diversität. (vgl. Taylor 2012)

Break

Personally, it gives me amazing joy. What I most love about it is the feeling of sharing something with the crowd, sharing the passion for the music and feeling the atmosphere and vibe. When dancing, I feel my whole body filled with happiness and even though I don't take drugs or drink alcohol, I still feel a sense of addiction to it. (Rumpi, 2018)

I use the cultural apparatus at my disposal to find my friends/lovers, heal my relationship to my body, express love, transcend cultural maps and models, and connect with the mysterious Other (the ›Motherbeat‹ as I call her). (Eris Drew, 2018)

Build Up
Can You Feel It – Körper und Leib im technoiden Erfahrungsraum

Zwischen Raumkonstitution und Musiktechnologie besteht in Technoszenen ein direkter Zusammenhang. Jens Gerrit Papenburg beschreibt, wie seit den Discotheken der siebziger Jahre die sich immer weiterentwickelnden Soundsysteme die Tanzfläche als »immersiven Hör- oder vielmehr Wahrnehmungsraum« (Papenburg 2016, 203) gestalteten. Eine Entwicklung, die bis heute anhält und sich in hoch spezialisierten Musikanlagen äußert, die besondere Ansprüche an die Räumlichkeiten von Clubs stellen. (vgl. Denk 2017) Daher ist eine Annäherung an diese Räume über die Musik notwendig. Mark J. Butler konstatiert hierzu:

Although scholars [...] have often found grounding in the concreteness of song lyrics, EDM allows no such comforts, for most of its genres contain no consistent verbal component. Lacking any text in which meaning might reside, [...] electronic dance music can seem like the *ne plus ultra* of music's abstractness« (Butler 2006, 11, Hvh. i. Orig.)

Barbara Volkwein vertritt in der Annäherung an Technoszenen daher einen ganzheitlich werkanalytischen Ansatz, der die situative Interpretation im Club, als besonders wichtig herausstellt. (vgl. Volkwein 2016, 175) Ihre Analysemethode umfasst daher deskriptive Höranalyse, Produktionsanalyse unter Einbezug der Intention seitens der Künstler*innen, Notationsanalyse[7] und teilnehmendes Hören. (vgl. ebd., 179 ff.) Daraus ergibt sich eine flexible Methodik der Analyse und Interpretation von Techno unter Einbezug der sinnlichen Erfahrung der Musik selbst. In der Betrachtung technoider Musik kommt dem sinnlichen Erleben im Moment der Aufführung also eine besondere Bedeutung zu.

Der Club ist ein Erfahrungsraum für die besondere Taktilität, die die Klangwelt technoider Musik ausmacht. »Die Berghain-Heterotopie scheint [...] nicht primär über die Parameter des Sehens gesteuert [...], sondern [bezieht] den Großteil seiner Macht aus dem Hören [...]. Anders ausgedrückt: [...] bestimmte Gefüge des Auges [werden] deterritorialisiert, um sie im Ohr zu reterritorialisieren« (Henschel 2015, 5). Robert Henschel beschreibt, dass der Pegel und die Tatsache, dass sich das Klanggeschehen teils in fühl-, statt in hörbaren Frequenzen abspielt, zu einem Gefühl der Desorientierung beiträgt. Die Beschaffenheit des Klangraumes überlagere die visuelle Orientierung, »der ›visual space‹ unseres Alltags weicht dem ›auditory space‹ der Heterotopie« (ebd., 6). Die Gestaltung des Clubraumes, die Lichtkonzept und Videoinstallationen unter dem Dirigat einer gemixten, repetitiven Musik mit einbezieht, trägt zu dieser Desorientierung maßgeblich bei. (vgl. Klein 1999, 180) Sie erzeugt mit der Musik synchronisierte, rhythmisierte Bilder, deren Wahrnehmung nicht »in Beobachter[*innen]pose« (ebd.), sondern in körperlicher Aktivität, tanzend geschieht. Die visuelle Inszenierung befördert die sinnliche Wahrnehmung und eine Veränderung des Erlebens von Raum und Zeit. Hinzu kommt, dass der sonisch konstituierte Raum mit jedem Klang neu entsteht. Neben der räumlichen Orientierung wird so auch die zeitliche Orientierung in Clubs anderen Parametern unterstellt. »Zeitliche Kontinuität – die Möglichkeitsbedingung für Historizität und Gedächtnis – bricht zugunsten einer radikalen Parallelität des Momentanen« (Henschel 2015, 5). Einfluss darauf hat sicherlich auch die extensive Dauer von Clubveranstaltungen zu Zeiten, die jenseits konservativer

Tag-Nacht Binarität liegen. Auch eine zeitliche Orientierung an einzelnen Musikstücken ist nur bedingt möglich. Die Übergänge zwischen den Tracks werden von den DJ*s mitunter so gestaltet, dass sie die Tracks ineinander blenden und dem Publikum das Gefühl eines kontinuierlichen Laufes der Musik vermitteln. (vgl. Butler 2006, 20242) Diese raum-zeitlichen Voraussetzungen machen aus Technoclubs besondere heterotope Räume, die gewohnte Wahrnehmungsweisen in Frage stellen und ihren Teilnehmer*innen alternative Erfahrungswelten eröffnen können. Der Tanz ist in diesem Umfeld nicht der Musik untergeordnet, sondern es entsteht »ein Verhältnis, wechselseitiger Abhängigkeit zwischen DJ[*] und Tanzenden« (Klein 1999, 180). Technoide Clubszenen bereiten mit Partys einen Raum für ästhetische, tanzende Vergemeinschaftung und Selbsterfahrung, »in der die Kommunikation im wesentlichen [sic!] über die Körper erfolgt« (ebd., 181). Die tanzende Rezeption von Techno im Club wird zu einem vergemeinschaftenden Ritual der körperlichen Kommunikation, der Körper selbst ist nicht länger nur Medium der Selbstinszenierung, er wird zum Mittelpunkt des Erlebens. (vgl. ebd., 173)

Gabriele Klein skizziert, wie sich ekstatisches Körpererleben im Club aus Tanz, der Spannung der rhythmischen Musik und dem Verhältnis von Raum und Körper ergeben. »Der Objektcharakter des Körpers, also die für den zivilisatorischen Habitus charakteristische Kontrolle des Körpers durch das vernunftgeleitete Ich löst sich im Tanz auf« (ebd., 186). Musik fungiert dabei als Werkzeug, um die Wahrnehmung des Körpers zu verändern. Rhythmische Tracks mit einem Wechsel aus Repetition und Abwechslung, melodiöser Spannung und Auflösung vermögen die Motivation von Tanzenden über Ermüdungserscheinungen hinaus zu beflügeln und die eigene Körperlichkeit neu wahrzunehmen. (vgl. DeNora 2000, 103) Diesen Körperbezug im Erfahrungsraum des Clubs beschreibt Henschel als das »303-Werden des Magens« (Henschel 2015, 8). Die Musik wirke hier auf besondere Weise körperlich. »Was wir fühlen, sind nicht lediglich die Schwingungsmuster resonierender Organe, sondern deren Effekt [...] oder genauer gesagt die Kräfte, die durch den Körper des Klangs hindurch auf den unsrigen wirken, um ihn zu deformieren« (Henschel 2015, 8). Es geschehe eine Gewichtsverlagerung von alltäglichen gewohnten Seh- und Wahrnehmungsweisen (das Auge zur Orientierung, der Verstand als Signifikant für Empfundenes) zu einem ungewohnten Modus der Empfindung (z. B. die oben angesprochene Reterritorialisierung der Orientierung im gehörten Klangraum) und damit eine Verschiebung der Hierarchie zwischen rationaler Wahrnehmung und empfundenem Erleben. (vgl. Henschel 2015, 9)

Das körperlich-sinnliche Erleben als wichtige kulturelle Praxis der Szene entzieht sich einem sprachbezogenen und auf Rationalität begründeten Verständnis von Kommunikation und Sinnstiftung. Gabriele Klein stellt fest, dass der Tanz vor allem der Erfahrung der eigenen Physis dient:

> In dieser [...] Grenzerfahrung [...] leben die Raver[*innen] die Rückforderung des eigenen Körpers gegen [...] Praktiken der Körperbeherrschung und der Selbstkontrolle [...]. Auch wenn die Normalisierungsgesellschaft die Lust gerade auf diese Selbstkontrolle des Körpers gelenkt hat, besteht [...] eine Sehnsucht nach dem Verlust dieser Kontrolle, und der wird im Tanzen als kathartisch erlebt. (Klein 1999, 186)

Wenn diesen Körperpraktiken eine zutiefst innerliche Erfahrungsdimension zu eigen ist, erscheint es sinnvoll, sie gesondert vom Außenblick auf den Körper zu betrachten. (vgl. Stockmeyer 2004, 12 ff.) Wie eingangs beschrieben, bilden Körper die diskursive Oberfläche der Auseinandersetzung des Individuums mit der Gesellschaft. Sie sind demnach in ihrer Wahrnehmung durch diesen Diskurs geformt. Leibliche Erfahrungen hingegen bezeichnen die Innenperspektive, »das Feld der psycho-physischen Erfahrung« (Klein 1999, 168). Sie entstehen unmittelbar »unabhängig davon, wie [sie] konnotiert sind oder gezeigt werden dürfen« (ebd., 170). Wenn mensch Leib und Physis als Zentren der Wahrnehmung in der technoiden Heterotopie betrachtet, lassen sich sinnliches Erleben und Sinnstiftung gemeinsam denken.

»Western music has been encumbered with the paraphernalia of ›high art‹; good music has become and has been designed as, an object on which to reflect, an object for rapt contemplation« (DeNora 2000, 157). Die technoide Perspektive entzieht sich jedoch der klassischen Dichotomie von Geist und Körper – mehr noch, sie fordert diese in Bezug auf musikalisches Erleben heraus. Begreift mensch Technoszenen als Heterotopien, als Erlebnisräume leiblicher Selbstwahrnehmung und -wahrnehmbarmachung, so bieten sie nur bedingt Zugänge über rationalistische Ansätze und Interpretationen entlang reflektierter Zweckorientierung. (vgl. Klein 1999, 281) Dieses Erleben von Techno, einer Musik, die keinen eindeutig codierten Text mit Bezügen und Verweisen schreibt, an dem sich Identifikation orientieren könnte, kann als eine Möglichkeit gelesen werden, aus alltäglichen Deutungsmustern auszubrechen. »Die Körperlichkeit der Musik resultiert daraus, dass sie sich dem Gekannt-, Gewußt-, und Begriffen-Werden tendenziell entzieht. Deshalb macht sie sich am Körper fest« (Bonz 2016, 50). Den szenespezifischen kulturellen Praktiken im

Technoclub ist also die Ebene der leiblichen Erfahrung als elementarer Bestandteil inhärent. Das gemeinsame Tanzen bleibt demnach »nicht äußerlich, sondern ist immer auch inneres Erleben« (Klein 1999, 268).

Break

> I started playing in bands when I was in Highschool and this eventually turned into a full time job, and now I'm a music producer and DJ. I play gigs regularly. I grew up in the clubs and bars where I played and DJ'd so I suppose it became a big part of my personality. (Maya 2018)

> I suppose it brought me into contact with a network of people that I wasn't previously mixing with. A lot of other outcasts and misfits. Clubs are places where being broadly abnormal can coexist with generating income, so I find other people who are somewhat on the fringes there. I feel lucky to count so many beautiful queers as my friends and this in part due to my work in club culture. (Adrienne 2018)

Sozialraum Club – Wo und wann und wer ist Techno

Technoide Clubszenen sind vor allem urbane Szenen. Städte verbinden als Sammel- und Knotenpunkte einer globalen Gesellschaft unterschiedliche Lebensentwürfe. Clubs können im urbanen Raum Orte der Begegnung und Vergemeinschaftung jenseits tradierter, heteronormativer Lebensweisen wie Nachbar*innenschaft und (Geburts-)Familie darstellen. (vgl. Friedrich 2010, 26) Malte Friedrich stellt fest, dass Nachtclubs in ihrer Geschichte immer wieder »den Ausgegrenzten Möglichkeiten [boten, Anm. d. V.], sozialen Anschluss zu finden […] und so dem Problem der Fremdheit und der schwierigen sozialen Situation, in der sich die meisten von ihnen befanden […], zu entkommen« (ebd., 34).

Anhand von szenespezifischen Inszenierungsstrategien lässt sich ausmachen, wie sich Szenen voneinander und von der städtischen Öffentlichkeit abgrenzen. In Clubs ist daher zu beobachten, wer über das notwendige Wissen um Veranstaltungsorte, aktuelle Styles und Verhaltenskodizes verfügt, um sich als ernstzunehmendes Mitglied der Gemeinschaft zu inszenieren. »Die Trennung einzelner Gruppen in den Clubs ist ambivalent. Zum einen bietet sie die Möglichkeit Gleichgesinnte zu treffen, zum anderen bestätigt und tradiert die Trennung bestehende soziale Differenzen« (Friedrich 2010, 200). Robert Henschel nennt Sven Marquardt, den Türsteher des prominenten Berliner Clubs

Berghain, und seine mytifizierten Kriterien der Selektion an der Clubtür als exemplarisches Beispiel für derartige distinktive Mechanismen. (vgl. Henschel 2015, 4) Diesem Ausschluss kommt, wie bereits bezüglich queerer Szenegeographien beschrieben, neben einer möglichen Hierarchisierung auch die Funktion des Selbstschutzes der Szeneräume vor Außenstehenden zu. Ein Abschluss der Szene nach außen ist für eine mögliche Konstitution eben jener als Schutzraum also durchaus von Bedeutung. Neben der Betonung des Ausschlusses durch distinktive Strategien als Schutzmechanismus, ist auch die Diversität clubspezifischer Organisationsstrukturen einzubeziehen. Exemplarisch seien hier drei Beispiele erwähnt, die von Organisationsstrukturen zeugen, die den Schutz der Szeneteilnehmer*innen sicherstellen.

Das Vermächtnis des Lick Club (Vancouver) zeigt, wie wirkmächtig progressive Ansätze in der Organisation von Clubszenen sein können. Das Lick prägte die kanadische DJ*Szene nachhaltig und bot für queeres Publikum von 2003 bis 2011 einen sicheren Anlaufpunkt.

> [...] although female DJ[*]s are becoming more common in Canadian nightclubs and festivals, networks such as the one fostered by Lick are still significantly important to the careers of DJ[*]s whose identities do not afford them access to the ›boys' club(s)‹ (Hancock 2017, 74)

Das Leipziger Intitut fuer Zukunft ist mit seiner kollektiv organisierten Belegschaft fest in lokalen antifaschistischen Strukturen verwurzelt und vertritt das Konzept des Safer Clubbing (siehe Institut fuer Zukunft 2014). Dieses bezieht sich vor allem auf die Ablehnung von Sexismus, Rassismus, Misogynie, Queerfeindlichkeit und auf ausgewogene Line-Ups unter Maßgabe der Repräsentation marginalisierter Minderheiten. Weiterhin herrscht zum Schutz der Privatsphäre der Gäste in den Räumen des Clubs ein Fotoverbot. Das Selbstverständnis des Berliner Clubs Mensch Meier lautet:

> Wir sind ein Kollektiv. Basisdemokratisch und solidarisch. Wir sind das Mensch Meier. Und ihr seid es auch, wenn ihr da seid. Wir wollen einen Raum erschaffen, in dem wir unsere Beziehungen selbstbestimmt formen. Das ist im Kapitalismus, im Patriarchat, leider kein erreichbares Ziel. Aber wir haben einfach schon mal angefangen, uns dieses Ziel als Weg formuliert. Für unsere Zukunft. In einem Raum für Inspiration, Intervention und Bewegung. KulturKunstPartyPolitik [sic!]. Mit den Mitteln der Kritik und den Waffen der Kunst unordentlich Theater machen. (Mensch Meier, 2015)

Diese Beispiele zeigen, wie Szeneteilnehmer*innen ihre Räume progressiv zu eigenen Bedingungen gestalten können. Durch Eigeninitiative können teilweise kollektive Strukturen – wie das Mensch Meier oder das Institut fuer Zukunft – und Bühnen der Repräsentation marginalisierter Gruppen entstehen. Zudem treten Konsument*innen und Produzent*innen in Clubs nicht selten in Personalunion auf. Die Organisationsstrukturen der Technoszenen entstehen häufig aus den Szenen selbst heraus. In Eigeninitiative werden ungenutzte Immobilien, wie Keller oder ehemalige Industrieanlagen, angeeignet und nach den spezifischen Anforderungen der Clubkonzepte umgenutzt, modifiziert und mit improvisierten oder gebrauchten Materialien ausgebaut und gestaltet. (vgl. Kühn 2017, 172) »Do it yourself« und die Einbindung der Teilnehmer*innen als aktive Produzent*innen nicht nur des Geschehens in den szenischen Räumen, sondern auch in der Schaffung der selbigen, können, wie Nina Schuster bemerkt, Grundlagen der Bindung an eine Szene als soziale Umgebung sein. (vgl. Schuster, 2010, 264) Es ist »typisch für die Clubdiscotheken der Szenekultur [...], dass sie von Szeneteilnehmenden betrieben werden« (Kühn 2017, 171). Und in der Tat lässt sich ein Bestreben der Produzent*innen beobachten, die Szeneräume nicht nur als temporäre eskapistische Fluchtorte wahrzunehmen. Eine Gemeinschaft in der Clubszene dauerhaft zu etablieren und konkrete alternative Lebensentwürfe innerhalb der Heterotopie zu ermöglichen, spielt eine signifikante Rolle für Szeneteilnehmer*innen.

> Trotz enorm prekärer Reproduktionsweise ist der Gegenwert dieser Konsequenzen eine sinnstiftende Arbeits- und Erlebniswelt, die von den Szeneakteurinnen gegenüber klassischen Arbeitsverhältnissen präferiert wird, da Selbstverwirklichung und Auskommen kombiniert« (Kühn 2017, 259)

Auch Halberstam (2005) geht darauf ein, wie kurz aktive Teilhabe an den Szenen bei mangelnder finanzieller Entlohnung sein kann. Die aktive Teilhabe an den Szenen kann bei mangelnder finanzieller Entlohnung äußerst kurzlebig ausfallen. (vgl. Halberstam 2005, 158) Die Szenemacher*innen sind daher aktiv bestrebt eigene Verdienstmöglichkeiten und dazugehörige Infrastrukturen innerhalb der Szene zu schaffen und damit die dauerhafte Zugehörigkeit und das Bestehen der Szene und ihrer Räume zu sichern.

Clubs verknüpfen demzufolge nächtliche, hedonistische Freizeitaktivitäten mit Erwerb und Lebensunterhalt. Dadurch stellen sie Räume dar, die neoliberale, kapitalistische Lebensentwürfe entlang optimaler wirtschaftlicher Produktivität und familiärer Reproduktionsfähigkeit queeren. Die Dichotomie von

Nacht als Ruhezeit und Tag als Zeit der Erwerbstätigkeit und Familienfürsorge ist in derart gestalteten Szenen nicht vorhanden. Die Techno-Heterotopie offeriert also eine aktive Dekonstruktion des tradierten Narratives von Ende des Jugendalters und dessen Abhängigkeiten mit einem klaren Übergang in ein erwachsenes Leben, das durch erwerbsbedingte und familiäre Verantwortungen strukturiert ist. Anhand der Verschiebung traditioneller, durch Lebensalter bestimmter Grenzen zeichne, so Gabriele Klein, die soziologische Debatte einen Wandel des Begriffs Jugend. (vgl. Klein 1999, 54 f.) Technoclubs eröffnen eine Zeitlichkeit, die sich abseits konventioneller Tag-Nacht-Ordnung und zumindest teilweise jenseits Generationen abhängiger Distinktionen bewegt. Dies ermöglicht eine Infragestellung tradierter Lebensentwürfe innerhalb der Heterotopie Club.

Break

Wenn mich Leute fragen, sage ich immer ›I came out in the club‹. Ich würde behaupten, durch das DJ*ing und die Auftritte vorher habe ich ganz viel unbewusst verarbeitet, bevor Ich mir selbst eingestanden habe, trans* zu sein. Außerdem hilft Feiern echt gut gegen dysphorische Phasen. Wenn mich ein DJ*Set kriegt und ich mich in der Musik fallen lassen kann, fühle ich mich sicher und aufgehoben mit mir und meinem Körper. (Erinnerungsprotokoll der Autorin*)

It broke down the walls of rationalism which infect the global culture at large. I was able to find people like me. I was exposed to psychedelics, which I used to see myself. I was able to experience first hand that music contains a profound mystery. A true mystery – a codex that we cannot translate but which can we use to heal ourselves, express ourselves and grow stronger. (Eris Dew 2018)

Climax

Technoide Clubszenen bieten eine spezielle Art der Vergemeinschaftung. Die Szeneaktivitäten stellen sowohl eine eskapistische als auch für aktive Szeneteilnehmer*innen dauerhafte Alternative zu cis-heteronormativ geprägten Alltagssituationen dar. Der Eintritt in die Gegenöffentlichkeit des Clubs erlaubt eine Flucht in einen geschützten Raum. Dieser Raum ermöglicht die aktive Teilhabe an und Gestaltung von Szenestrukturen, die die Verwirklichung nicht-heteronormativer Lebensentwürfe erlaubt. In Eigeninitiative schaffen sich Szeneakteur*innen die Räume und Möglichkeiten für ein längerfristiges Leben in der Szene selbst. Technoide Heterotopien weisen distinktive Mechanismen auf, wie Ausschlusskriterien an der Clubtür oder Fotoverbote in den Clubs. Diese können für queere Szenen produktiv wirken, indem sie Clubs als teilexklusive Schutzräume konstituieren. Eine regelmäßige Teilnahme an diesen Szenen kann demnach als »queer life [mode, Anm. d. V.], that offer[s] alternatives to family time and family life« (Halberstam 2005, 152) verstanden werden. Halberstam beschreibt dieses Phänomen als ausgedehntes Jugendalter queerer Kulturschaffender, das konventionelle Grenzziehungen zwischen Sub- und Jugendkulturen verunklart und binäre Lebensentwürfe mit ihrer klaren Trennung zwischen Jugend und Erwachsenenalter herausfordert. (vgl. ebd.) Zudem gelten linke und queerfeministisch inspirierte Motivationen wie Safer Clubbing selten einer wie auch immer gearteten Elterngeneration. Diese Kämpfe richten sich nach wie vor gegen eine ganzheitlich opressive, heteronormative Gesellschaftsordnung, die sich schwerlich in Generationen festmachen lässt. Dadurch sind Technoszenen in der Lage eine hohe Anziehungskraft für queere Individuen herzustellen.

Die charakteristischen Eigenschaften von Technotracks beschreiben eine Musik, die sich im Wortsinn in der Tat als queer auffassen ließe. Techno als Strukturprinzip formuliert keinen subkulturellen Codex traditionalistischer Narrative. »Techno ist [...] nicht Teil eines subkulturellen Ganzen, dessen musikalischer Arm ohne den Rest unverständlich bliebe« (Goldmann 2016, 169). In anderen Worten ausgedrückt, Techno, als musikalische Blaupause begriffen, bietet das Potential sich in individuelle, lokale Szenen einzupassen, diese zu prägen und ihre jeweiligen Einflüsse aufzugreifen. Johannes Ismaiel-Wendt beschreibt Tracks als facettenreiche intertextuelle Gebilde, deren musikalische Ursprünge vielfältig lokalisierbar sind. (vgl. Ismaiel-Wendt 2013, 93) Tracks können als eine Projektionsfläche vielschichtiger, fluider Identifikationen betrachtet werden. Sie schreiben die Geschichten ihrer Ursprünge auf anachronistische Weise immer wieder neu und erlauben, vereinfachten Weltsichten zu entkommen. »The special and dynamic narrative strategy of the track [is] a clearly audible mode of construction, in which multiple worlds, performative spaces or acoustic atmospheres become possible« (ebd., 98).

Technotracks und ihre textlosen Texte als »Nicht-Festlegung«, bilden einen musikalischen Rahmen, der seine beteiligten Elemente erst im Moment der Aufführung erfahrbar und damit lesbar macht. Szenemitgliedern wird ein Erfahrungsraum geboten der rationalistische Weltauffassungen herausfordert. Techno lässt sich leiblich erleben und eröffnet damit einen besonderen Modus der (Selbst-)Wahrnehmung und -wahrnehmbarmachung. Der Tanz im Club kanalisiert und evoziert leibliche Empfindungen, die als sinnstiftend erlebt werden können. Zugleich ist der Tanz in der Menge der Clubbesucher*innen ein Weg dieses Empfinden kommunizierbar zu machen. Andererseits bietet die Menge der Clubbesucher*innen eben auch eine Sicherheit mit intimen Selbsterfahrungen. Die Inszenierung der tanzenden Körper stellt laut Gabriele Klein ein Spiel mit geschlechtlicher und sexueller Selbstinszenierung dar. (vgl. Klein 1999, 166 ff.) Darin liegt vor allem eine Möglichkeit das eigene Verhältnis zu Sexualität und Geschlechtlichkeit zu erkunden. An der Stelle ergibt sich eine Parallele zu einer jüngeren Untersuchung aus der Queer- und Geschlechterforschung. In einer Untersuchung von trans*Personen in der Drag King Szene[8] umreißt die Sozialwissenschaftler_in Utan Schirmer das Potential, selbstbestimmter »Gender Expression« in Form kultureller Praktiken. Sie hebt den Stellenwert der Selbstbestimmung im Zusammenhang mit nicht-binären trans*Identifikationen hervor. (vgl. Schirmer 2014, 173) Drag Kinging lasse das »Ausloten unterschiedlicher geschlechtlicher Darstellungs- und Erfahrungsmöglichkeiten« (ebd., 176) zu, ohne extern aufgezwungene Kategorisierungen bestätigen zu müssen. Schirmer bemerkt, dass die Drag-Praxis für ihre Teilnehmer*innen leiblich erfahrbare, spürbare Möglichkeiten produziert die eigene Geschlechtlichkeit auszuloten, wahrzunehmen und für andere wahrnehmbar zu machen. Interviews mit Akteur*innen der Szene verdeutlichen die immense Bedeutung des spielerischen Umgangs mit gegenderter Expression auf der Bühne für die autonome Formung eines Bewusstseins der eigenen Geschlechtlichkeit. Schirmer beobachtet eine »Verleiblichung« (ebd., 177) von körperlichen Stilen und damit die Bewusstwerdung subjektiver Geschlechtlichkeit über diese leibliche Erfahrung. Die affirmative leibliche Erfahrung wird zum Mittel der Bewusstwerdung subjektiver queergeschlechtlicher Identität. Leibliche Erfahrung kann als Werkzeug verstanden werden, die subjektive Auffassung der eigenen Geschlechtlichkeit jenseits binärer Schemata zu ergründen. Die Auflösung des rationalen Paradigmas der cis-heteronormativen Öffentlichkeit in einer Erfahrungswelt des Leiblichen erlaubt einen besonderen Zugang zu körperlichen Erfahrungen. Der musikalisch geprägte Erfahrungsraum Club vermag diese leibliche Erfahrbarkeit zu verstärken.

> Tuning in to music also involves a kind of identification, a recognition, at a sympathetic and embodied level of the various shapes and textures of ›happening‹, of […] the body in music […]. Perhaps music has the capacity to be socially powerful as a resource for agency […], should we latch on to it. (DeNora 2000, 161)

Mit dem durch die leibliche (Selbst-)Erfahrung geschaffenen Bewusstsein wird trans*Geschlechtichkeit auf eine Weise wahrnehmbar, die jenseits des gesellschaftlich etablierten, rechtlich und diagnostisch beeinflussten Diskurses ansetzt. Die Definition über den gesellschaftlich konnotierten Körper, der mit dem Selbst in Dissonanz gerät – also die Definition über »Dysphorie« –, kann diese Erfahrung nicht fassen. Denn diese Erfahrung erfolgt, wie Schirmer es beschreibt, nicht über das Erleben dessen, was in Dissonanz mit dem Selbst steht, sondern in der Bewusstwerdung und der Betonung dessen, was in leiblichem Erleben als richtig empfunden wird. (vgl. Schirmer 2014, 178 f.) Entgegen der Genderdysphorie steht die so erlebte Gendereuphorie, »extreme happiness, or comfortability, experienced because a persons's gender is being affirmed« (Hardell 2016, 9), über die Queergeschlechtlichkeit erfahrbar statt diagnostizierbar wird.

Technoide Clubszenen beziehen ihr Potential aus der Kombination ihrer musikalischen Rahmung, ihrer raum-zeitlichen Beschaffenheit und der leiblichen Erfahrung von Musik, die darin ermöglicht wird. Diese Gesamtheit kann eine queere Heterotopie produzieren, die das imaginative Potential, das Musik innewohnt, verstärkt. In Clubs besteht die Möglichkeit, über ein Bewusstsein der eigenen performativen Identifikation eine kritische, selbstbestimmte Auseinandersetzung mit alltäglichen Erfahrungsräumen in Gang zu setzen.

> Genau aus diesem Grund sind die Musikszenen so intensiv mit der Aneignung und Umdefinition von [R]äumen beschäftigt. Sie leisten damit einen Beitrag zur urbanen Kultur, in der sich Imagination und Praxis in der Erschaffung von Orten kontinuierlich überlagern und vermischen.« (Friedrich 2010, 299)

Technoszenen erlauben einen einzigartigen Zugang zu queerem »World-Making« (Taylor 2012, 63), durch ihre kollektiven Praktiken mit denen subjektive Expression geschlechtlicher und sexueller Diversität geleistet werden können. Im Rahmen ihrer Strukturen findet die Schaffung utopischer Räume der Selbstbestimmung, Selbstbezeichnung und Selbsterfahrung statt.

> If we accept music as a [...] tool that we can employ to build new worlds for ourselves [...], then the promise and momentum provided by music appear vital in the pursuit for queerness. [...] As technology for identity-formation and an operative mode of expression, music has been a tireless and faithful servant to queerness. (Taylor 2012, 214)

In der sozialen Teilhabe und Produktion kultureller, musikbezogener Praktiken verhelfen technoide Heterotopien der Imagination queerer Utopie zu einer Formulierung im realen, gegenöffentlichen Raum, der dadurch eine reflexive, auf leibliche Erfahrung begründete Kritik an einem Hier und Jetzt hervorbringen kann – zumindest für eine Party, zumindest für eine abgesteckte Gemeinschaft in selbstbestimmt gezogenen Grenzen.

Break

I find more of my people in club culture than anywhere else. But fostering diversity in the scene is going to be a lifelong fight. Many events are expensive, accessible to few, predominantly white, and overwhelmingly cis. (Eris Dew, 2018)

Ich denke, Technoclubs können Plattformen und Safe Spaces für queere Repräsentation sein. Klar, die flirtenden cis Männer gibt's auch auf der Tanzfläche, aber meiner Erfahrung nach ist der Umgang im Vergleich zu dem, was ich täglich auf offener Straße erlebe, weit weniger aggressiv. Für mich persönlich ist es wichtig, die Möglichkeit, die ich mit meinem Coming Out im Club erlebt habe, anderen ebenfalls zu ermöglichen. Und Netzwerke, wie female:pressure sind ziemlich hilfreich dabei. (Erinnerungsprotokoll der Autorin*)

I have been in places where I didn't feel comfortable – especially because I often go out alone and I do not enjoy being objectified. Most of my clubbing experiences have been positive but in general I find it pretty cis man dominated, especially as a DJ. (Maya 2018)

Sometimes I feel irritation when a given space is broadly limited to people by virtue of income or when the organizers and DJs all seem to be white-presenting. Almost always I am saddened that the technical/production side of club nights is limited to male-presenting people. I am also really impressed by events that challenge these homogeneities, spaces like Rooms for Resistance for instance, or events organized by Your Mom's Agency. Neither create utopia, but both divert energy to ensuring that the space is not controlled by white, male presenting people. (Adrienne 2018)

Outro – Offene Enden, mögliche Transitionen

Die Strukturen technoider Szenen bieten Möglichkeiten, die die Gemeinschaftsbildung queerer Menschen begünstigen. Viele Szenen erlauben eine selbstbestimmte, gegenöffentliche Organisation ihrer Strukturen seitens der Szenemitglieder und damit die Realisierung alternativer Lebensentwürfe abseits eines cis-heteronormativen Alltagsraums. Diese Grenzen sind jedoch nicht undurchlässig und einzelne Szenen sind untereinander verknüpft. Somit ermöglichen teilexklusive Szenegeographien queere Repräsentation in einem geschützten Umfeld, das – zumindest teilweise – auch von nicht-queeren Individuen betreten werden kann. Im vernetzten Charakter der Technoszenen, die queere und nicht-queere Räume gleichermaßen besetzen, aber auch in der Schnittmenge mit anderen Musikszenen, liegt ein weiteres diskursives Potential. Im Gegensatz zu queerer Repräsentation im öffentlichen Raum formuliert der gegenöffentliche Szeneraum seine eigenen, selbstbestimmten Darstellungsweisen. Clubs, als Heterotopien verstanden, eröffnen einen Wahrnehmungsmodus, der auf leiblichen Erfahrungen szenespezifischer Praktiken beruht. Das Erleben von Musik, Tanz, Gemeinschaft und technoider Raum-Zeit birgt selbstermächtigendes Potential für subjektive Identifikation. Trans*Geschlechtlichkeit über leibliches Erleben, statt über gesellschaftliche Körpercodierung zu erfahren, gehört zu den wichtigsten dieser Potentiale.

Die hier vorgestellte Argumentation als eine Beschreibung zu lesen, nach der Technoszenen gleich queere Musikszenen seien, greift meines Erachtens zu kurz. Misogynie, soziale Distinktion, Kapitalismus, Queerfeindlichkeit, Rassismus, Ableismus, Homonormativität – das alles sind reale Probleme in technoiden Clubszenen, die hier nicht beleuchtet werden konnten, die allerdings fundamental wichtige Faktoren darstellen, die in einer weiteren Untersuchung mithilfe des hier formulierten Ansatzes bedacht werden müssen. Die beschriebenen Möglichkeiten dieser Szenen sind genau das – Möglichkeiten. Sie machen deutlich, welche Verantwortung den Produzent*innen technoider Szenen zukommt diese Potentiale zu ergründen und zu erhalten. Dabei handelt es sich auch um eine Analyse, die vielleicht die Sensibilität für bestehende Probleme verstärkt.

> Es gibt eine Lücke zwischen der Utopie von Dance Music und der Wirklichkeit. […] Meine Hoffnung ist, dass wir Dance Music neu erfinden können, ohne dieser falschen Mythologie unserer Ursprungsgeschichte zu erliegen. […] Um das zu tun, müssen wir die systemischen Probleme bekämpfen. Denn sie erfordern eine systemische Lösung (Aha/Hofmann/Waltz 2017),

so The Black Madonna im Interview mit dem Groove Magazin. Initiativen, wie female:pressure oder Reclaim Club Culture, zeigen, dass in den Szenen Bewegung herrscht und die Debatte aktiv geführt wird. Sie zeigen aber auch, dass diese Debatte nach wie vor notwendig ist und dass es nicht nur um Line-Ups, Künstler*innen und Organisator*innen geht, sondern dass in einer vielfältigen Musikszene allen Beteiligten, vom Publikum bis zum Türpersonal eine Verantwortung für die Ausgestaltung der Szene zukommt.

Über szenespezifische Diskurse hinaus, stellt die Perspektive dieses Textes weiterhin einen wichtigen Ansatz dar, der die fundamentale Rolle betonen soll, die Selbstbestimmung und Selbstermächtigung für queere Lebensweisen spielen. Dieser Text denkt Geschlechtlichkeit als fluiden Prozess leiblicher Erkenntnis intrinsischen, verkörperten Wissens. Als solche kann sie in der gesellschaftlich akzeptierten, binären und rationalistischen Auffassung nicht hinlänglich begriffen werden. Geschlechtlichkeit stattdessen losgelöst vom rationalen Diktat zu denken, bedeutet sie als leiblich erlebbar zu definieren. Gerade jetzt, da sich unter anderem mit dem Gesetz zur dritten Option die diskursive Wahrnehmung von Geschlechtlichkeit in unserer Gesellschaft zu verändern beginnt, erscheint es mir wichtig, individuelle Lesarten und Aneignungsweisen geschlechtlicher Identifikation zu betrachten. Nicht, um neoliberale, kapitalistische Narrative der Individualisierung zu unterfüttern, sondern mehr im Hinblick auf eine progressivere Wahrnehmung der Diversität von Begriffen der Geschlechtlichkeit. Über die Auseinandersetzung mit den Erfahrungsweisen technoider Heterotopien habe ich einen Ansatz dazu ergründet, der Queergeschlechtlichkeiten vom entmündigenden Diktat diagnostischer und rechtlicher Parameter löst, die derzeit nur bedingt auf die Bedürfnisse derjenigen eingehen, für die sie geschaffen sein sollten. Es ist ein Ansatz, der sich aus einer persönlichen Perspektive ergibt. Dadurch mag er nicht für alle Betreffenden gültig sein. Er steht jedoch für die signifikante Bedeutung queerer Perspektiven in der Debatte über queere Lebenswirklichkeiten. Eine Debatte, der aufgrund asymmetrisch verteilter Deutungshoheiten in unserer derzeitigen Gesellschaft in weiten Teilen die Sensibilität für diese Perspektiven fehlt.

»Many queer people will never step foot in a nightclub. But for millions of us, the club is still where we go to find others like us. To find our loves. To make our art. To dance together and make ourselves better.« (Eris Dew 2018)

Anmerkungen

1 Dieser Beitrag ist ein Wiederabdruck meines gleichnamigen Artikels, der im Band Musik & Empowerment, hg. von Michael Ahlers, Lorenz Grünewald-Schukalla, Anita Jóri, Holger Schwetter im Springer VS Verlag Wiesbaden im Jahr 2020 auf den Seiten 89–113 erschienen ist. Die Links wurden geprüft und einige kleine Änderungen vorgenommen.

2 Ich verwende das Asterisk als Mittel der Sichtbarmachung von Geschlechtlichkeiten, die in einem binär-geschlechtlich kodierten Sprachsystem nicht sichtbar werden. Statt die Lücke eines mangelhaften Sprachsystems mit dem Gendergap »_« aufzuzeigen, steht das Asterisk stellvertretend für die Vielzahl an Möglichkeiten in dieser Lücke.

3 Je nach Kontext bezeichnet »Techno« verschiedene Spielweisen elektronischer Tanzmusik, gilt als Sammelbegriff oder wird als eigenes Genre definiert. Im Rahmen dieses Textes ist mit »Techno« elektronische Tanzmusik im Clubkontext gemeint, dessen genaue Abgrenzung in Genres wie House, Minimal, Electroclash etc. sich als schwierig erweist und für die vorliegende Untersuchung nicht gewinnbringend ist.

4 Das Akronym steht für LesbianGayBisexualTransQueerIntersexAsexual/Aromantic+ und umfasst eine große Bandbreite queerer Identitäten. Dabei handelt es sich nicht um eine homogene Gruppe, sondern vielmehr um eine Vielzahl diverser lokaler und globaler Gruppen oder Individuen, die sich gegen die geteilten Diskriminierungserfahrungen durch eine cis-, endo- und heteronormative Gesellschaftsordnung organisieren. Im Folgenden werde ich auf diese Gruppen auch kurz als Community oder Communities referieren.

5 Die Pathologisierung und Sanktionierung von intersex*Varianten kann ich, aus Mangel an eigenen Erfahrungen, an dieser Stelle nicht weiter eingehen. Daher beziehe ich mich im Folgenden auf trans*bezogene Diagnostik – wobei auch diese bestimmte Intersektionen mit dem Ausschluss von Teilhabe von intersex*Personen aufweisen kann.

6 Zum Zeitpunkt der Erstveröffentlichung ist die jüngste Iteration der ICD noch nicht abgeschlossen gewesen. Seit Januar 2022 ist die ICD-11 veröffentlicht, bislang steht die für die praktische Anwendung in Deutschland notwendige German Modification aber noch aus. Hinzu kommt, dass sich die Behandlungspraxis in weiten Teilen, sowie die Realität der Antragsstellung auf Kostenübernahme für Transitionsleistungen bei den deutschen Krankenkassen und Medizinischen Diensten nach wie vor an der ICD-10 orientiert. Die Bezugnahme auf die ICD-10 durch die Autor*in – zwar dem Kontext der Erstveröffentlichung geschuldet – hat damit dennoch nicht an Aktualität eingebüßt.

7 In Ermangelung klassischer Notation in elektronischen Tanzmusiken fasst Volkwein hierunter Spektralanalysen als objektive Darstellungsweisen struktureller, rhythmischer und klanglicher Eigenschaften, wie Klangdichte, Pegel, Frequenzbereich u. a., sowie die Betrachtung von Midi Files und Arrangements der Sequenzer.

8 »Drag Kings sind meist Personen, die als Frauen sozialisiert wurden, aber mit der […] Geschlechtszuweisung ›Frau‹ aus unterschiedlichsten Gründen nicht zurechtkommen, bzw. spielerisch die Grenzen der Zweigeschlechtlichkeit ausloten, zum Teil im Alltag, zum Teil im geschützten Bereich der Szene und teilweise auch auf der Bühne. Indem sie Männlichkeit darstellen, konfrontieren sie ihre Umwelt mit der Konstruiertheit von Geschlecht.« (Schuster 2010, 15)

Quellen

Die folgenden Interviews entstanden im Rahmen der Abschlussarbeit der Autor*in, auf der der vorliegende Text beruht.

Adrienne (2018), Interview mit Mine Pleasure Bouvar Wenzel am 27.8.2018
Eris Drew (2018), Interview mit Mine Pleasure Bouvar Wenzel am 4.9. 2018
Maya (2018), Interview mit Mine Pleasure Bouvar Wenzel am 6.9.2018
Rumpi (2018), Interview mit Mine Pleasure Bouvar Wenzel am 10.10.2018
Zoey Vero (2018), Interview mit Mine Pleasure Bouvar Wenzel am 26.9.2018

Literatur

Laura *Aha*, Heiko *Hofmann*, Alexis *Waltz* (2017), Roundtable über Technik und Politik. Machtkampf auf dem Dancefloor, in: Groove https://www.groove.de/2017/12/22/roundtable-technik-und-politik-machtkampf-auf-dem-dancefloor-sexismus-rassismus-homophobie/ [20.9.2024]

Andy *Bennett*, Richard A. *Peterson* (2004), Introducing Music Scenes, in: Music Scenes. Local, Translocal and Virtual. Nashville, 1–15

Jochen *Bonz* (2016), Am Nullpunkt der Identifikation. Beobachtungen an Techno als expressive culture, in: Kim Feser, Matthias Pasdzierny (Hg.), Techno Studies, Ästhetik und Geschichte elektronischer Tanzmusik. Berlin, 43–57

Judith *Butler* (2004), Undoing Gender. New York

Mark J. *Butler* (2006), Unlocking the Groove. Rhythm, Meter and musical Design in Electronic Dance Music. Bloomington

Felix *Denk* (2017), Blitz Club. Die Anlage ist der Star, in: Groove https://www.groove.de/2017/09/26/blitz-club-die-anlage-ist-der-star [20.9.2024]

Tia *DeNora* (2000), Music in Everyday Live. Cambridge

WHO (World Health Organisation), Horst *Dilling*, Harald J. *Freyberger* (Hg.) (2010), Taschenführer zur ICD-10-Klassifikation psychischer Störungen. Bern

Malte *Friedrich* (2010), Urbane Klänge. Popmusik und Imagination der Stadt. Bielefeld

Stefan *Goldmann* (2016), Kreuzmodulation. Entwurf einer Techno-Ästhetik, in: Kim Feser, Matthias Pasdzierny (Hg.), Techno Studies, Ästhetik und Geschichte elektronischer Tanzmusik. Berlin, 43–57

Jack *Halberstam* (2005), In a Queer Time and Space. Transgender Bodies and Subcultural Lifes. New York

Maren *Hancock* (2017), Lick my Legacy. Are Women-identified Spaces still needed to nurture Women-identified Djs, in: Dancecult. Journal of electronic dance music culture, 9/1, 73–89 https://dj.dancecult.net/index.php/dancecult/article/view/951/867 [20.9.2024]

Ash *Hardell* (2016), The ABC's of LGBT+. Mango Media

Robert *Henschel* (2015), Andere Orte. Andere Körper – Zum Verhätnis von Affekt, Heterotopie und Techno im Berghain. Samples. Online Publikation der Gesellschaft für Popularmusikforschung https://gfpm-samples.de/Samples13/henschel.pdf. [20.9.2024]

Institut fuer Zukunft (2014), Safer Clubbing. https://ifz.me/safer-clubbing [20.9.2024]

Johannes S. *Ismaiel-Wendt* (2013), Track Studies. Popular Music and Postcolonial Analysis, in: Jana Gohrisch, Ellen Grunkemeier (Hg.), Postcolonial Studies across the Disciplines. Amsterdam, 89–107

Kim *Ji-Hun* (2015), Djane sollte man aus dem Vokabular streichen. Clara Moto über Sexismus und Nachholbedarf der elektronischen Musikszene, in: DasFilter http://www.dasfilter.com/kultur/djane-sollte-man-aus-dem-vokabular-streichen-clara-moto-ueber-sexismus-und-nachholbedarf-in-der-elektronischen-musikszene [20.9.2024]

Gabriele *Klein* (1999), Electronic Vibration. Pop Kultur Theorie. Hamburg

Jan-Michael *Kühn* (2017), Die Wirtschaft der Techno-Szene. Arbeiten in einer Subkulturellen Ökonomie. Wiesbaden

Mensch Meier (2015), https://menschmeier.berlin/mensch.html. [20.9.2024]

Jens Gerrit *Papenburg* (2016), Boomende Bässe der Disco- und Clubkultur. Musikanalytische Herausforderungen durch taktile Klänge, in: Kim Feser, Matthias Pasdzierny (Hg.), Techno Studies, Ästhetik und Geschichte elektronischer Tanzmusik Berlin, 43–57

Regenbogenportal (2024) https://www.regenbogenportal.de/glossar?tx_dpnglossary_glossary[action] [26.9.2024]

Reclaim Club Culture (2018) https://www.kraftfuttermischwerk.de/blogg/27-mai-in-berlin-afd-wegbassen-reclaim-club-culture-against-nazis/ [26.9.2024]

Rosa *Reitsamer* (2016), Die Praxis des Techno. Zur theoretischen und methodischen Erfassung elektronischer Musikkulturen, in: Kim Feser, Matthias Pasdzierny (Hg.), Techno Studies, Ästhetik und Geschichte elektronischer Tanzmusik. Berlin, 43–57

Henning *Saß*, Hans-Ulrich *Wittche*n, Michael *Zaudig*, Isabel *Houben* (2003), Diagnostisches und Statistisches Manual Psychischer Störungen – Textrevision. DSM-IV-TR. Göttingen/Bern/Toronto/Seattle

Uta *Schirmer* (2014), Überlegungen zu (trans*-)geschlechtlicher Selbstbestimmung und kollektiven Praxen, in: Bundesstiftung Magnus Hirschfeld (Hg.), Forschung im Queerformat. Aktuelle Beiträge der LSBTI*-, Queer- und Geschlechterforschung. Bielefeld, 171–183

Nina *Schuster* (2010), Andere Räume. Soziale Praktiken der Raumproduktion von Drag Kings und Transgender. Bielefeld

Seelenlos, Intersex-Genitalverstümmelungen (IGMs) in Kinderkliniken. Typische Diagnosen und Eingriffe, in: Zwischengeschlecht.info vom 23. März 2021 http://blog.zwischengeschlecht.info/post/2012/03/23/Genitalverstuemmelung-typische-Diagnosen-und-Eingriffe? [20.9.2024]

Julia *Serano* (2007), Whipping Girl. A Transsexual Woman on Sexism and the Scapegoating of Femininity. Berkeley

Anne-Christin *Stockmeyer* (2004), Identität und Körper in der (post-)modernen Gesellschaft. Zum Stellenwert der Körper/Leib- Thematik in den Identitätstheorien. Marburg

Jodie *Taylor* (2012), Playing It Queer. Popular Music, Identity and Queer Worldmaking. Bern

Barbara *Volkwein* (2016), Klangzeitgeschehen. Werkanalyse elektronischer Clubmusik, in: Kim Feser, Matthias Pasdzierny (Hg.), Techno Studies, Ästhetik und Geschichte elektronischer Tanzmusik. Berlin, 43–57

Mine *Wenzel* (2019), Geschlechtlichkeit – Oder warum die Trennung von Geschlecht und Gender problematisch ist, in: Diversmagazin https://diversmagazin.wordpress.com/2019/01/09/geschlechtlichkeit-oder-warum-die-trennung-von-geschlecht-und-gender-problematisch-ist/ [20.9.2024]

Marko Kölbl

Kulturelle Handlungsmacht im Fluchtkontext
Anmerkungen zu afghanischer Musik in Wien abseits romantisierender Empowermenterzählungen

Positionalität von Forschenden und Forschungstraditionen in asylbezogener Musik- und Tanzforschung: Einleitende Reflexionen

Die Forschung, die kulturelle Arbeit, der asylpolitische Aktivismus und die zwischenmenschlichen Beziehungen, die diesem Beitrag zugrunde liegen, lassen sich in eine nun schon einige Jahrzehnte kontinuierlich gewachsene Tradition der musik- und tanzbezogenen forschenden Auseinandersetzung mit als »anders« gelabelten Menschen in Österreich einbetten. Diese ethnomusikologische Migrationsforschung, insbesondere Studien im Kontext von Flucht und Asyl, ging in Österreich vor allem von Wien aus, wo am Institut für Volksmusikforschung und Ethnomusikologie der mdw seit den 1990er Jahren ein Minderheitenschwerpunkt eingerichtet ist. Mit den für Österreich pionierinnenhaften Arbeiten von Ursula Hemetek, Sofija Bajrektarević und Hande Sağlam (Hemetek/Bajrektarević 2000; Hemetek/Sağlam 2008) haben Flucht und Migration am erwähnten Institut schon vergleichsweise früh eine Rolle gespielt. Die geflüchteten Menschen aus dem damaligen Jugoslawien, insbesondere aus Bosnien fanden im Kontext der Auflösung des jugoslawischen Staats und der damit einhergehenden Fluchtbewegungen auch in anderen Ländern Beachtung. (vgl. Pettan 1996) Diskursbestimmend waren diese Forschungsarbeiten in der internationalen Ethnomusikologie aber nicht. Sie blieben ein Randphänomen in einer damals weitgehend von Forschenden des globalen Nordens dominierten Disziplin.

Heute hat ethnomusikologische Fluchtforschung einen anderen Stellenwert. Verschiedene Schauplätze von Flucht weltweit führten ab den 2010er Jahren zu einem starken Anstieg fluchtbezogener Forschungsprojekte in der ethnographischen Musik- und Tanzforschung. Flucht von Menschen aus Südamerika in die USA wurde während der ersten Trump-Präsidentschaft zum medialen Dauerbrenner. Die US-amerikanische Ethnomusikologie reagierte darauf. (vgl.

Rasmussen u. a. 2019) Verschiedene Geflüchtetencamps in Subsaharaafrika, die teilweise über Jahrzehnte in Betrieb sind, rückten auch ins Zentrum ethnomusikologischen Interesses. (vgl. Shao 2023) Ein wichtiger Impuls für entsprechende Forschungen in Europa war der Sommer des Jahres 2015, in medialen und politischen Debatten im deutschen Sprachraum als »Flüchtlingskrise« bezeichnet bzw. in Abgrenzung dazu von der kritischen Migrations- und Grenzregimeforschung als »langer Sommer der Migration« (Hess u. a. 2017) benannt. »Refugees« wurden zur »academic fashion« (Kölbl 2021, 3) – eine Formulierung die auf die Problematik der Umstände, Eigenheiten und Auswirkungen dieses Forschungstrends und die Notwendigkeit einer entsprechenden Reflexion verweisen soll.

Besonders relevant erscheint mir dabei eine kolonialitätskritische Analyse der eigenen Positionalität als Forscher_in. Als Burgenlandkroate habe ich Erfahrungen als Minderheitenangehöriger, als manchmal eine andere Sprache als die Mehrheitsgesellschaft Sprechender, aber dieses Anders-Sein ist mit den Erfahrungen vieler migrantisch gelesener Menschen nur sehr beschränkt vergleichbar, schon gar nicht mit den Erfahrungen Angehöriger visueller Minderheiten. Und doch ist Minderheitenangehörigkeit für mich ein zentraler Impuls für meine wissenschaftliche, künstlerische und politische Tätigkeit. Auch meine queere Positionalität ist direkt mit meiner Forschung verknüpft. Sie beeinflusst Forschungszugänge und -ansätze zu Geschlecht und Sexualität – Kategorien, die in der Selbstwahrnehmung vieler Geflüchteter aus Afghanistan aber auch in den ethnosexistisch geprägten Diskursen[1] zu muslimischer Männlichkeit aber auch Weiblichkeit zentral sind.

Abseits eines Reflektierens über identitätskategorische Zugehörigkeiten (von Forschenden über sie selbst[2]), scheint mir im Kontext von Fluchtforschung eine differenzierte Wahrnehmung der kolonialen Relationen zwischen Forschenden und Geflüchteten wichtig. Fiorenza Picozza analysiert mit ihrem Konzept der »Coloniality of Asylum« (Picozza 2021) sehr treffend das koloniale Setting von Aktivismus und sozialer Arbeit im Kontext der sogenannten »Willkommenskultur« während des langen Sommers der Migration in Deutschland – ein Forschungssetting das mit der Situation in Österreich 2015/2016 sehr gut vergleichbar ist. Picozza macht auf die Kolonialität von Solidarität aufmerksam und schwenkt den Blick von jenen die Solidarität erfahren sollen hin zu den solidarischen Subjekten selbst: in der Regel weiße, häufig bürgerliche, akademisch gebildete, sich selbst dekolonial und links-aktivistisch verortende Menschen. In Picozzas theoretischer Konzeptualisierung formt die Kolonialität von Asyl also die Beziehungen zwischen Asylwerbenden und Aktivist*innen und Geflüchtetenhelfer*innen. (vgl. Picozza 2021)

Dies lässt sich auch auf ethnographische Fluchtforschung übersetzen, die im gleichen sozialpolitischen Setting stattfindet. Ich forsche seit acht Jahren zu afghanischer Musik in Wien, eine Tätigkeit geprägt von vielen zwischenmenschlichen Beziehungen und Freund*innenschaften. Dabei verschwimmt die Unterscheidung zwischen Forschung und asylpolitischem Aktivismus: Ich saß in Asylverhandlungen von Forschungspartnern, habe afghanischen Freunden in rechtlichen und bürokratischen Angelegenheiten geholfen und habe mit afghanischen Freund*innen Unternehmungen gemacht, gefeiert und diskutiert. Diesen Beziehungen liegt eine koloniale Relation zugrunde, die meinem eigentlichen Anspruch nach möglichst hegemoniefreien zwischenmenschlichen Beziehungen und möglichst hegemoniefreien Forschungsinteraktionen widerspricht. Die beschriebenen Beziehungen sollen Hegemonien auflösen und sind doch unweigerlich von Kolonialität geprägt: Denn die Solidarität folgt der Prämisse eines »moral and political commitment«(Picozza 2021, 148), Aktivist*innen und Forscher*innen, die sich gegen rassistische Asylpolitik und xenophobe Diskurse stellen möchten, positionieren sich selbst vis-á-vis der geflüchteten Menschen denen sie Solidarität entgegenbringen möchten, denen sie »helfen« möchten: »coloniality renders refugee newcomers ... objects of someone else's compassion« (ebd., xvii).

Der Begriff des Empowerments funktioniert nicht selten nach ähnlichen Logiken, da er häufig auf den Unterschied zwischen Empowernden und zu Empowernden angewiesen ist. So bedient auch ein politischer Aktivismus im Fluchtkontext ein Empowerment-Verständnis, das von politisch Handlungsmächtigen auf politisch Handlungsmachtlose übertragen wird. In dieser Feststellung liegt keine grundlegende Kritik am Aktivismus selbst. Jedes menschenrechtspolitische Engagement ist in einem rassistischen, vor allem von anti-muslimischen Ressentiments geprägten Integrations- und Migrationsregime produktiv. Vielmehr soll eine Reflexion des Empowermentbegriffs dazu dienen, die dem Empowerment inhärente Kolonialität zu benennen, sie sichtbarer zu machen und sich ihrer bewusster zu werden, um sie – zum Beispiel beim Feldforschen – beachten zu können.

Feldforschung trägt je nach Disziplin unterschiedliche Bedeutungen. Im letzten Jahrzehnt häuft sich vor allem in Bezug auf die Kultur- und Sozialanthropologie eine Kritik am Feldforschen, als zentrale Methode kolonialen Vermessungsdenkens, das durch die Legitimation als vermeintlich objektive wissenschaftliche Methode zu Kulturalisierung und ethnischen Essentialismus geführt hat. Gleichzeitig basiert das Feldforschen auf zwischenmenschlichen Beziehungen und ermöglicht dadurch ein Teilhaben am Leben der Menschen mit denen geforscht wird durch gemeinsame Erfahrungen und Erlebnisse. Das in der Forschung verhandelte (musikalische und tänzerische) Wissen ist dadurch »mit Gewähr«, wie die im deutschen Sprachraum etablierte Bezeichnung für Menschen mit denen Forschende im Feld interagieren, zeigt: Gewährspersonen.[3] Entsprechend greifen jüngere internationale Diskurse zu ethnographischen Methoden in der Ethnomusikologie häufig das Bestreben nach partizipativen und dialogischen Feldforschungsformen auf, um auf eine De-hierarchisierung zu verweisen. (vgl. Araújo 2006) Es bleiben bei diesen Bestrebungen aber dennoch festgefahrene Vorstellungen von ethnographischer Methodik bestehen. Beispielsweise im Anspruch, dass Gespräche überprüfbar, vorstrukturiert, aufgezeichnet, und dann auch detailliert ausgewertet, das heißt transkribiert oder protokolliert, kodiert und systematisch interpretiert werden. Interviews sind damit als qualitative Forschungsmethode im akademischen Betrieb geschätzt, sie geben den Anschein zuverlässiger Informationen aus erster Hand und sind als wissenschaftliche Methode unumstritten. Im Fluchtkontext können sie allerdings auch negative Implikationen haben. Das Interviewt-Werden ist für Asylwerbende nicht selten mit Trauma besetzt – es entscheidet zwischen Bleiberecht und Abschiebung, setzt fest, ob die Fluchtgeschichte glaubhaft ist oder der asylwerbenden Person Unglaubwürdigkeit und damit Lüge attestiert wird. Vor dem Hintergrund dieser Erfahrungen können auch Interviews zu kulturellen Praktiken ein weiteres Ausgefragt-Werden zu Flucht und Migrationsbiographie sowie Herkunft darstellen. Davon abgesehen wohnen ethnographischen Interviews zu kulturellen Ausdrucksformen auch die schon erwähnten fachgeschichtlich begründeten Koloniallogiken eines kulturellen Vermessens ethnischer Gruppen inne. Forschende die zu Musik und Flucht arbeiten, sind sich dieser herrschenden Vorbedingungen meist bewusst und sichern sich in ihrem Forschungsdesign daher entsprechend ab. Doch auch wenn dieses Forschungsdesign mit Wörtern wie dialogisch, partizipativ und antihegemonial beschrieben wird, ist damit die Kolonialität des Forschens nicht aufgehoben. In der gegenständlichen Forschung lässt sich diese Asymmetrie in mehreren Aspekten verdeutlichen. Die Forschungstätigkeit hat mit einem Projekt zu »Musikalische[n] Identifikationen von jugendlichen Geflüchteten« (Kölbl 2018) begonnen. Junge Geflüchtete haben in Wohnungen der mdw – Universität für Musik und darstellende Kunst Wien gewohnt. Die Forschenden repräsentierten also die Institution, die den Wohnraum zur Verfügung stellte, die Beforschten waren jene, die diese solidarische Leistung in Anspruch nahmen. Einige der Bewohner der Wohnungen wurden im MORE-Programm[4] der mdw inskribiert, waren also auch Studierende und konnten mit anderen Studierenden gemeinsam feldforschen. Die Sprachkenntnis und das kulturelle Wissen der afghanischen Studierenden stellten in den Feldforschungen unverzichtbare Schlüsselkompetenzen dar. Doch während die »ordentlichen« mdw-Studierenden Noten und damit ECTS-Punkte für ihre »ordentlichen« Studien bekamen und damit ihrem Studienabschluss näherkamen, erhielten die afghanischen Studierenden ihre Noten für das »außerordentliche« MORE-Studium, das im österreichischen Bildungssystem keinen formellen Wert hat.

Es werden im beschriebenen Feldforschungskontext also Relationen der Ungleichheit deutlich – das Feldforschen hat für afghanische Teammitglieder trotzdem einen Wert und erlangt auch politische Bedeutung. Die ersten Jahre nach der Flucht sind von ungewissem Aufenthaltsstatus, prekären Lebensumständen und Xenophobie geprägt – in ihrer neuen Lebensumgebung waren afghanische Teammitglieder in dieser Phase Teil einer intensiven analytischen Beschäftigung mit kulturellen Ausdrucksformen, die mit ihrer kulturellen Zugehörigkeit konnotiert werden. In Bezug auf Forschungsmethoden hat die Positionalität von afghanischen Teammitgliedern wiederum Einfluss auf die Forschungsperspektive des gesamten Teams im Feld – auch im direkten Sinn bei der Wahl der Motive, der Perspektive und des Kamerabildfelds. Ein weiteres wichtiges Element gemeinsamer Feldforschungsarbeit durch das die kolonialen Relationen ein wenig in den Hintergrund treten, sind Freundschaften, die sich über viele Differenzkategorien hinweg zwischen Individuen entwickeln – beeinflusst nicht zuletzt durch die musikalischen und tänzerischen Phänomene in der Feldforschung: zu Konzerten, Clubbings, Musikveranstaltungen gehen und Tanzen, Musik hören, Musik machen.

In der Reflexion kolonialer Relationen im Forschungskontext möchte ich abschließend auf die Frage der Repräsentation von Wissen in Musik und Tanz eingehen. Das Inkludieren ins Feldforschen garantiert keine adäquate Repräsentation der »beforschten« Community im wissenschaftlichen Diskurs. In der Ethnomusikologie ist eine Tendenz zur »Präsentation zu Zwecken der Repräsentation«, wie ich es nennen würde, zu verzeichnen. Wissenschaftliche Artikel in der Ethnomusikologie gewinnen an Relevanz und Legitimität wenn Ko-Autor*innen Namen tragen, die auf Community-Zugehörigkeit schließen lassen. Selten handelt es sich dabei aber um gleichwertige und -berechtigte wissenschaftliche Teilleistungen. Ethnisierte oder rassifizierte Ko-Autor*innen sind dabei meist einer Kulturalisierung unterworfen, ihre kulturelle Identität steht im Vordergrund.[5] Auch bei Präsentationen bei Fachkonferenzen werden die beschriebenen Unausgewogenheiten häufig deutlich. Die Grenze zwischen gleichrangiger Wissenspräsentation und einem Vorführen von rassifizierten

Forschungspartner*innen, von indigenen Menschen, Minderheitenangehörigen und POC verschwimmt nicht selten. Solange die epistemologische Deutungshoheit bei der Person bleibt, die die Forschung akademisch betreibt, sehe ich also sehr viele der beschriebenen aktuellen Modelle partizipativer Wissensrepräsentation als problematisch. Eine (Weiter-)Entwicklung dieser Modelle hat daher in unserem Fach meiner Meinung nach hohe Priorität. Möglicherweise müssen dafür aber überlieferte Methoden und Usancen im akademischen Betrieb radikal überdacht werden. Darüber hinaus sind Ressourcen notwendig, um die Unterscheidung zwischen Forschenden und Beforschten irrelevant zu machen und die dieser Unterscheidung inhärente Kolonialität abzubauen.

Afghanisch in Österreich – Vergeschlechtlichtes und sexualisiertes Othering

Während des langen Sommers der Migration haben afghanische Geflüchtete die größte Gruppe an Asylwerbenden in Österreich ausgemacht. Heute bilden etwa 50.000 Afghan*innen die größte asiatische Community Österreichs. Den Großteil der afghanischen Asylwerbenden seit 2014 machen männliche, unbegleitete Minderjährige aus, was sich auch auf den öffentlichen Diskurs über sie auswirkt. Das etablierte Narrativ zeichnet das Bild junger ungebildeter Männer, die von ihren Familien losgeschickt werden. In medialen und politischen Debatten durchgesetzt hat sich der Topos des sogenannten »illegalen Flüchtlings«, dessen Flucht nicht »legitim« sei sowie die Kategorisierung von Afghan*innen als »Wirtschaftsflüchtlinge«, die nicht der Gefahr wegen flüchten, sondern zynischer Weise *nur* ihrer wirtschaftlichen Situation wegen, die offensichtlich als selbstverschuldet und geopolitisch unbeeinflusst empfunden wird. Das kein Mensch »illegal« ist, darauf verweist asylpolitischer Aktivismus schon seit den 1980er Jahren. (vgl. Chomsky 2014) Die erwähnten Kategorisierungen sind aber darüber hinaus auch deshalb problematisch, weil geflüchtete Afghan*innen auch vor der Machtübernahme durch die Taliban aufgrund der gesetzlichen, religiösen und gesellschaftlichen Reglements durchaus diverse haltbare Asylgründe vorzuweisen hatten.[6]

Diesem medialen und politischen Diskurs folgend, werden afghanische Geflüchtete in Österreich als Gefährdung der öffentlichen Ordnung, als Gefährdung der übrigen Bevölkerung, insbesondere weißer Frauen und damit argumentativ eng verknüpft als Gefährdung europäischer Kultur im Allgemeinen dargestellt. Alter, Geschlecht, Sexualität und Religion sind bei dieser Diskreditierung einer gesamten Bevölkerungsgruppe narrativbestimmende Kategorien, Bildung und Klasse vervollständigen dieses Bild. Im Alltag ist auch der Look junger afghanischer Männer ausschlaggebend für Diskriminierungserfahrungen: Frisuren, Kleidung, Hautfarbe, Physiognomie werden von der österreichischen Mehrheitsbevölkerung als fremd, muslimisch, geflüchtet »erkannt« – ein »Erkennen«, das Menschen in Österreich in den letzten 7 Jahren »gelernt« haben.

Das ethnosexistische Grundnarrativ lautet: braune Männer sind eine Gefahr für »unsere« weißen Frauen, doch auch die braunen Frauen müssen vor ihnen geschützt werden. (vgl. El-Tayeb 2011) Im Zentrum der medialen Berichterstattung über afghanische Geflüchtete in Österreich steht Geschlecht und Sexualität. Fatima El Tayeb macht darauf aufmerksam, dass Geschlecht und Sexualität den Kern gesellschaftlicher Othering-Prozesse ausmachen und als Platzhalter für »kulturelle Unterschiede« herhalten. (vgl. El-Tayeb 2011) Kriminale Vergehen, häufig auch lediglich Tatverdacht, im Bereich sexualisierter Gewalt, von Vergewaltigungen bis Morden, werden so zum Hauptmerkmal junger afghanischer Männer in der österreichischen Öffentlichkeit. Das existierende Problem von Misogynie und Gewalttätigkeit junger Männer, das mit Sicherheit nicht ein primär afghanisches ist, wird so zur kulturellen bzw. kulturalisierten Fremdzuschreibung für Afghanen generell. Tatsächliche kulturelle Unterschiede an sich, wie beispielsweise musikalische oder tänzerische Traditionen, sind in dieser öffentlichen Problematisierung der kulturellen Andersartigkeit nicht Thema. Auch der Heterogenität der »afghanischen Community« wird mit der Charakterisierung als potenziell sexuell gewalttätige, heterosexuelle Männer nicht Rechnung getragen. Dies zeigt sich beispielsweise im Umgang mit queeren Asylwerbenden aus Afghanistan.

Österreich ist als Staat weit davon entfernt, queere Sexualitäten heteronormativen Lebensentwürfen rechtlich und gesellschaftspolitisch gleichzustellen. Dennoch lässt sich ein anlassbezogener Homonationalismus feststellen (vgl. Puar 2017), der insbesondere dann deutlich wird, wenn es gilt, sich von »muslimischen Männlichkeiten« zu distanzieren, die mit Misogynie, Homophobie und ungehemmtem sexuellen Trieb konnotiert werden. Interessanter Weise gibt es in der westlichen Darstellung südasiatischer Männlichkeiten eine im Orientalismus begründete Tradition der Feminisierung von beispielsweise indischen, pakistanischen oder auch afghanischen Männern. (vgl. Manchanda 2015) Diese Attribuierung als »verweiblicht« hatte auch Auswirkungen auf Konzeptualisierungen gleichgeschlechtlichen sexuellen Begehrens (vgl. ebd.), die bis in die Zeit der Invasion der US-Armee in Afghanistan hineinwirkten. Nicht nur wurde der Krieg gegen die Taliban als Krieg gegen »Fags« geframt

Abbildung 1: Bombe eines Kampfflugzeugs des US-Militärs mit der Aufschrift »Highjack these fags«, fotografiert auf dem Flugzeugträger U.S.S. Enterprise 2001

(siehe Abb. 1), auch ist ein generelles Unvermögen mit im globalen Norden als »unmännlich« empfundenen Charakteristika, wie ein körperlich liebevoller Umgang zwischen Männern oder bestimmte Traditionen des äußeren Erscheinungsbilds zu verzeichnen. Diese historische und ins Heute reichende Feminisierung afghanischer insbesondere paschtunischer Männer ist im medialen und politischen Diskurs in Europa nicht zu beobachten. Vielmehr wird afghanische Männlichkeit analog zu muslimischer Männlichkeit generell als machistisch, unsensibel und toxisch dargestellt.

Dem entspricht auch der Umgang der österreichischen Asylbehörden mit schwulen Asylwerbenden aus Afghanistan. Sie stehen unter Generalverdacht ihr sexuelles Begehren nur vorzutäuschen, um Asylstatus zu erhalten. Dabei orientieren sich Asylbeamte an gängigen Stereotypen schwuler Körperlichkeit, schwuler Ausdrucksweisen und schwuler Lebensgewohnheiten, wie die Begründungen in negativen Asylbescheiden vor der Machtübernahme durch die Taliban in Afghanistan 2021 deutlich machen: »Weder Ihr Gang, Ihr Gehabe oder Ihre Bekleidung haben auch nur annähernd darauf hingedeutet, dass Sie homosexuell sein könnten,« (Horaczek 2018) so ein Referent des BFA. Die Feststellung »Sie sind nicht homosexuell und haben daher bei Ihrer Rückkehr nach Afghanistan nichts zu befürchten« (ebd.) spricht dem Asylwerber jegliche Eigendefinition seiner Sexualität ab. Darin zeigt sich ein eurozentrisches Verständnis von Homosexualität, die sich vor allem im Unvermögen ausdrückt, männliches gleichgeschlechtliches Begehren in muslimischen Kontexten anzuerkennen. Muslimische Homosexualität wurde in der theoretischen Auseinandersetzung häufig in Abgrenzung von sexueller Identität primär als sexuelles Verhalten definiert, das verbreitet ist, aber auf den sexuellen Akt beschränkt bleibt. (vgl. Massad 2008) Zentrale Kritik an dieser Diagnose ist, dass sie muslimischen Männern abspricht, dass Homosexualität Teil ihrer eigenen Selbstwahrnehmung sein kann (vgl. Manchanda 2015) – eben auch in sozialen Kontexten, in denen sie dafür gesellschaftliche Ächtung oder juristische Repressalien zu erwarten haben. Dieses Absprechen einer sexuellen Selbstdefinition spiegelt sich in den erwähnten Bescheidbegründungen wider, wenn auch in einem vollkommen anderen Kontext und ohne Zweifel deutlich weniger theorisiert. Das Zurückgreifen auf stereotype Vorstellungen europäischer Homosexualität zeigt darüber hinaus ein essentialistisches und tendenziell queer-feindliches Verständnis davon, wie Homosexualität überhaupt klassifizierbar ist. Das zeigt sich in Erwartungshaltungen an männliche Homosexualität, wie Pornokonsum und am Smartphone gespeicherte Nacktbilder oder ein bestimmtes Maß an echter, unaufgesetzter Geschlechtspräsentation. (vgl. Brickner 2018)

Abschließend ist festzuhalten, dass sich die politische Situation afghanischer Geflüchteter in Österreich mit der Machtübernahme der Taliban im Sommer 2021 radikal geändert hat. Schubhaft und Abschiebungen standen auf der Tagesordnung. Den Menschenrechtsverletzungen und Fluchtgründen unter der Regierung Ashraf Ghani bis 2021 wurde wenig mediale Aufmerksamkeit geschenkt – für die österreichische Asylpolitik waren sie überhaupt irrelevant. Mit den Bildern des Flughafens Kabul, von dem Flugzeuge starteten, von denen Menschen herunterflogen, hat sich die mediale Wahrnehmung Afghanistans in Europa schlagartig geändert. Der globale Norden war bestürzt – eine Bestürzung die allerdings nicht lange angehalten hat. Mit anderen Kriegsschauplätzen und entsprechenden Fluchtphänomenen sank das öffentliche Bewusstsein für das Taliban Terrorregime ungemein schnell. Einige Jahre später werden die seit dem Sommer 2021 ausgesetzten Abschiebungen nach Afghanistan in Österreich und Deutschland wieder diskutiert. Besonders perfide war dabei das Ansinnen Deutschlands im Jahr 2022 für ukrainische Geflüchtete Platz zu machen, indem afghanische Geflüchtete ausgewiesen werden. Unter Generalverdacht stellen Afghan*innen auch die Diskussionen um Abschiebung afghanischer Staatsbürger nach dem Mord an einem (muslimischen) Polizisten durch einen (!) Afghanen bei einer islamfeindlichen Kundgebung, die sich auch von Deutschland auf Österreich ausgedehnt haben. Emran Feroz weist daraufhin, dass rechtstaatliche Prinzipien, die für Menschen mit deutschem oder österreichischem Pass gelten, für Asylwerbende oder Menschen mit Asylstatus offenbar nicht gelten. Er macht auch darauf aufmerksam, dass Kooperationen mit den Taliban (und Abschiebungen wären derartige Kooperationen) bisher nur von rechtsextremen Parteien ins Auge gefasst wurden, nunmehr aber auch in der konservativen und sogar liberalen politischen Mitte als Option gesehen werden. (vgl. Feroz 2024)

Quasi nicht existent sind unter dem Regime der Taliban Frauenrechte. Das Verbot von Schulbildung für Mädchen, das Verbot jeglicher stimmlicher Äußerungen von Frauen in der Öffentlichkeit sowie das de-facto Verbot des Verlassen des Hauses für Frauen hat im globalen Norden für Schlagzeilen gesorgt. Weniger Aufmerksamkeit hat das Beschneiden der kulturellen Rechte von Afghan*innen erfahren, neben der Kriminalisierung vieler künstlerischer Ausdrucksformen ist hier insbesondere das Musik- und Tanzverbot zu erwähnen.

Musik und Flucht – Eine Reflektion über gängige Empowermenterzählungen

Ethnomusikologische Forschungen zu Flucht bedienen sich schon seit Jahrzehnten eines konsistenten Narrativs, das Musik und Tanz eine hohe Wirkmächtigkeit in Bezug auf Empowerment und Resilienz geflüchteter Menschen zuspricht, ob im Kontext musikpädagogischer Projekte (Simonett 2019), im Themenfeld Asyl und Exil (Pettan 1996; Baily 2015) oder in Relation zu asylpolitischem Aktivismus (Christidis 2022) – Empowerment und Resilienz als Effekt von Musik wird stets hervorgehoben. Dieses Narrativ ist keineswegs falsch, Musik und Tanz kommen im Fluchtkontext eine wesentliche Bedeutung zu. Dabei spielen auch generelle theoretische Überlegungen zur Funktion von Musik in migrantischen Kontexten eine Rolle. Die britische Ethnomusikologin Tina Ramnarine, stellt in Bezug auf migrantische Communities in London das Konzept einer »Musical Ethnicity« vor. (vgl. Ramnarine 2007) Der Terminus mag zunächst essentialisierend klingen – Ramnarine bezweckt allerdings genau das Gegenteil. Sie theorisiert die Wirkmächtigkeit von Musik und Klang, von Sprache, von Tanz und Körperbewegungen in Hinblick auf die Herstellung von kultureller Identität und ethnischer Zugehörigkeit in musikalisch oder tänzerisch geprägten Situationen im diasporischen Kontext. Die erhöhte Bedeutung kultureller Identität und ethnischer Zugehörigkeit im Kontext von Marginalisierung und Diskriminierung migrantisch markierter Menschen liegt auf der Hand. Martin Stokes spricht in seiner Theorisierung der musikalischen Konstruktion von »place« auch von »ethnic pleasure« (Stokes 2018, 22), von »ethnic reckoning« (Stokes 2017, 24), also der psychischen Reaktionen diasporisch situierter Menschen auf ethnisch markierte Klänge. Mit »pleasure« und »reckoning« fasst er auch das Lustvolle daran, dass die ethnische Zugehörigkeit für die sich entsprechend identifizierende Person musikalisch erkennbar und fühlbar wird und dass ethnisch definierte musikalische Situationen es auch mit sich bringen, sich auf das Hervorbringen von Zugehörigkeitsgefühlen verlassen zu können. Stokes gelingt es damit ein Phänomen zu definieren, das aufgrund seiner Ephemeralität und Vagheit selten konkret benannt wurde.

In der kritischen Migrationsregimeforschung wird ein derartiger ethnographischer Fokus auf ethnische kulturelle Eigenheiten oft als Ethnisierung und Kulturalisierung von Migration, insbesondere Flucht interpretiert. (vgl. Hess 2013) Kritisiert wird dabei die Reduktion migrantisch markierter Menschen auf »andere« Musik, die eindeutig als »ethnisch« erkennbar ist, häufig handelt es sich dabei um traditionelle Musik oder aus traditioneller Musik hervorgegangener Popularmusik. Die Lokalisierung migrantisch markierter Subjekte in den Bereichen des Ethnischen, des (mündlich) Überlieferten, des Traditionellen spielt gängigen rassistischen Narrativen zu. »Ethnisch spezifisch, traditionell, wenig komplex« sind nämlich Attribuierungen musikalischer Praktiken, die in einem starken Gegensatz stehen zu »universell, klassisch oder zeitgenössisch, hochentwickelt« – Attribute westlicher Kunstmusik oder auch Popularmusik. Diese Zuschreibungen spiegeln Unterscheidungen in primitiv versus zivilisiert wider und verdeutlichen die Notwendigkeit, den kulturalisierenden Effekt von musikbezogener Migrationsforschung zu reflektieren.

Gleichzeitig zeigt empirische Forschung deutlich, dass ethnisch markierte Musik tatsächlich einen hohen Stellenwert im Leben diasporisch verorteter Menschen einnimmt. (vgl. Hemetek/Bajrektarević 2000; Christidis 2020) Gerade im Kontext von anti-muslimischem Rassismus und restriktiven Asyldebatten scheint es mir daher relevant darauf zu verweisen, dass die politischen Rahmenbedingungen mit der (Rück-)Besinnung auf ethnisch markierte Musik verwoben sind. Der ethnisierende und kulturalisierende Effekt ist demnach nicht ausschließlich bei der Forschung zu suchen, die musikalische Phänomene untersucht, sondern bei den politischen Rahmenbedingungen, die diese musikalischen Phänomene beeinflussen. Gerade in Bezug auf afghanische Musik in Österreich wird schnell deutlich, dass fehlende kulturelle Infrastruktur, prekäre

Lebensbedingungen und unsicherer Aufenthaltsstatus sowie anti-afghanische Ressentiments in der Bevölkerung dazu führen, dass community-interne musikalische Räume an Bedeutung gewinnen.[7]

Die community-internen Musikpraktiken, bei denen afghanische Musik für hauptsächlich afghanisches Publikum performt wird, umfassen zwei zentrale Szenarien: private Feiern, insbesondere Hochzeiten, sowie öffentliche Veranstaltungen, wie Kulturveranstaltungen, Konzerte oder Clubbings. Beide Szenarien machen den Großteil der Auftrittsmöglichkeiten für afghanische Musiker aus, Musikerinnen gibt es nahezu keine.[8] Aufführungen afghanischer Musik, die sich an ein breiteres Publikum richten, gibt es in Österreich sehr selten. Das ist beispielsweise bei syrischen Musiker*innen anders – Venues der Wiener Weltmusikszene, von Konzerthaus bis Sargfabrik, haben syrische Musik regelmäßig am Programm. Dennoch hat sich in den letzten Jahren in Österreich eine sehr lebendige afghanische Musikszene entwickelt, gerade wegen der großen Nachfrage nach afghanischen Musikern für private Feierlichkeiten, leben können allerdings nur wenige davon. Die öffentlichen Veranstaltungen mit afghanischer Musik greifen häufig auch auf afghanische Stars aus der weltweiten Diaspora zurück, darunter mitunter auch Sängerinnen. Diese Veranstaltungen, Popkonzerte und Clubbings, sind eine neuere Entwicklung der afghanischen Musikpraxis im Exil. Im Afghanistan vor 2021 waren derartige Veranstaltungen nicht üblich. Zu erwähnen ist im diasporischen Kontext auch die private Nutzung von Musik, im eigenen Zuhause, mit Freund*innen, off- und online. (vgl. Kölbl 2018)

An dieser Stelle möchte ich einen knappen Einblick in afghanische Musik geben. Entsprechend den diversen ethnolinguistischen Gruppen in Afghanistan existieren in Afghanistan vielfältige Volksmusiktraditionen. Diese Volksmusiktraditionen bilden eine Grundlage für die musikalischen Phänomene des Landes, sind aber nicht isoliert zu betrachten. Relevant ist vor allem auch afghanische klassische Musik, die stark von nordindischer klassischer, also hindustanischer Kunstmusik beeinflusst ist. Für den diasporischen Kontext in Österreich und Europa zentral ist afghanische Popmusik, die paschtunische Musik als Grundlage hat, von hindustanischer Musiktheorie beeinflusst ist, aber generell auch Elemente global zirkulierender Popularmusik verwendet. (vgl. Baily 1994)

Afghan Pop ist in Bezug auf diasporischer Verortung oder Neuverortung von hoher Bedeutung, nicht zuletzt, weil Afghan Pop selbst ein Produkt der afghanischen Diaspora ist. Alle großen Popstars leben außerhalb Afghanistans, das war schon vor der Machtübernahme durch die Taliban zu großen Teilen der Fall, ist nun aber zwangsläufig anders gar nicht möglich. Grund dafür ist das Mu-

Abb. 2: Der Wiener Sänger Masih Shadab. Videostill aus dem Musikvideo des Lieds »Mara Kabul Bebarid« (Bring mich nach Kabul), siehe Musikvideo auf Youtube »Masih Shadab – Mara Kabul Bebarid – Official Video« (Shotit 2022)

sikverbot der Taliban, das Musikmachen, Musikproduktion, Musikkonsum und Tanz kriminalisiert. Die afghanische Musikproduktion findet daher nahezu ausschließlich außerhalb des Landes statt. Neben Pakistan, dem Iran und Nordamerika ist Europa eine der Hauptregionen für afghanische Musikpraxis geworden. Ein Beispiel für afghanisches Musikschaffen in Österreich, das auf die politischen Veränderungen in Afghanistan Bezug nimmt, ist das Lied »Mara Kabul Bebarid« von Masih Shadab. Der Wiener Sänger thematisiert darin die Themen Heimat, Flucht und die Situation in seinem Herkunftsland. Im Liedtitel wird die Referenz zu Kabul deutlich – das Lied ist in gewisser Weise ein Heimatlied. Komponiert, gedichtet, aufgenommen wurde es in Österreich, produziert in Europa – mit Hilfe eines pan-europäischen afghanischen Netzwerks im Bereich der Musikproduktion sowie der Musikvideoproduktion. Das Musikvideo verweist auch deutlich auf die Translokalität afghanischer Musik in der Diaspora. Während die visuellen Signale, wie Tracht, Instrumente oder Tanzstil afghanisch kodiert sind, verbindet die Landschaft der österreichischen Berge das neue Heimatland mit dem alten – ob Alpen oder Hindukusch ist zweitrangig, die Bedeutung der Bergszenerie ist in beiden Fällen eindeutig mit »Zuhause« konnotiert.

Mit diesem kurzen Abriss zu afghanischer Musikpraxis in Österreich ist das Setting skizziert, in dessen Kontext ich nun auf die Frage des musikalischen Empowerments zurückkomme. Dafür lohnt es sich den Blick von den Musikmachenden auf die Musikrezipient*innen, die breitere Community, zu richten. Empowerment ist im afghanischen Kontext durchaus auch mit der Möglichkeit ein positiv besetztes afghanisch-Sein erfahren zu können. Die Besinnung auf afghanisch konnotierte kulturelle Ausdrucksformen im Kontext von prekären Lebensumständen, politischer Ausgrenzung und zwischenmenschlichem Rassismus definiere ich nicht als eine Art von strategischem Essentialismus, sondern vielmehr als Möglichkeit ein positiv besetztes afghanisch-Sein erfahren zu können. Dabei spielen Konzepte, wie Freizeit, Unterhaltung, Spaß, Party und Feiern eine große Rolle – Konzepte, die in der ethnomusikologischen Fluchtforschung kaum beachtet werden. Die empowernde Funktion der erwähnten musikalischen Veranstaltungen ist möglicherweise gar nicht zu sehr in der Musik selbst zu verorten und vielmehr in ihrer Funktion als beliebte Möglichkeit von »Leisure«, im Deutschen etwas trockener klingend »Freizeitgestaltung«. Dass dieses Leisure ethnisch definiert ist, ist dabei nicht unwichtig. Musik bleibt ein zentraler Teil dieser Leisure, wobei den erwähnten Konzepten von »musical ethnicity,« »ethnic reckoning« und »ethnic pleasure« eine wichtige Rolle zukommt. (vgl. Stokes 2017)

Diese Ausführungen laufen Gefahr eine gesamte migrantische Community zu kulturalisieren. Erneut möchte ich daher darauf verweisen, dass es nicht die ethnographische Beobachtung ist, die kulturalisierende Effekte hervorruft, sondern die gesellschaftspolitischen Rahmenbedingungen. So gibt es beispielsweise in ganz Europa ein Ethnic Profiling in der Nachtszene, das im letzten Jahrzehnt vor allem auf Afghanen abzielt. In Wiener Clubs beispielsweise werden junge afghanische Männer häufig von den Türstehern oder Securities abgewiesen. (vgl. Anders 2020) Dies geschieht vor allem basierend auf Stereotypen des eingangs erwähnten Looks junger afghanischer Männer. Diese Türpolitik ist kein österreichisches Spezifikum. Die in London lebende afghanische Sängerin Elaha Soroor berichtet beispielsweise über die Clubs in London:

> The boys were saying that the bouncers don't let them go to the club, because the bouncer doesn't like the way that they walk or their appearance. It is really sad, because, you know, the young person who wants to party, the only place that he or she can go – I mean *she* cannot go, because *she* is not allowed – but the guy who wants to go and party would go to an Afghan concert and party. (Elaha Soroor, Wien 2020)

Diese anti-afghanische Door-Policy wird von den Clubs nicht bestätigt. Sie bleibt eine informelle Praxis, die mit Kuratierung des Clubpublikums argumentiert wird. Eine Gruppe an jungen afghanischen Männern kann sich aber sicher sein, dass sie in die meisten Wiener Clubs nicht hineinkommt. In diesem Kontext ist auch die Besinnung auf »eigene« kulturelle Räume zu sehen. Die afghanische Kulturveranstaltung, das afghanische Konzert, das afghanische Clubbing gewinnen deshalb ihre Bedeutung, weil es wenige Alternativen gibt. Auch wenn es empowernde Effekte hat, einen eigenen Raum für den Ausdruck einer eigenen kulturellen Zugehörigkeit zu haben, wäre es möglicherweise für viele junge afghanische Männer auch oder gar mehr empowernd, in Mainstream-Diskos gehen zu können.

Wie aus dem Zitat von Elaha Soroor auch deutlich wird, ist das Feiern und Partymachen in afghanischen Konzerten und Clubbings männlich definiert. Gemischtgeschlechtliches Tanzen kommt im afghanischen Kontext traditionell nicht vor. Dementsprechend gibt es homosoziale Tanztraditionen. Männer tanzen miteinander, auch zu zweit und aufeinander bezogen. Die Bewegungen der Hüfte, der Arme, der Handgelenke und der Schultern sind zentral. Aus eurozentrischer Perspektive werden diese Körperbewegungen im Übrigen als nicht männlich verstanden. Im afghanischen Kontext hingegen tragen sie eine geschlechterstereotype und heteronormative Bedeutung. Gemäß einer binären Geschlechtersegregation haben bei traditionellen Tanzanlässen, wie beispielsweise Hochzeiten, Frauen ihre eigenen Tanzräume. Bei Clubbings oder Konzerten ist dies nicht der Fall, Frauen haben keinen Platz, oder nur am Rande. Sonja Latifi, eine in Wien geborene Eventorganisatorin, deren Eltern in den 90ern aus Kabul nach Wien geflüchtet sind, verdeutlicht das Problem:

> Wenn ein Konzert veranstaltet wird, wo Männer sind, traue ich mich auch nicht aufzustehen und tanzen, jetzt nicht nur weil mein Mann es nicht möchte. Sondern wir sind in dieser Kultur aufgewachsen, wo das eine Schande ist. (Sonja Latifi, Wien 2019)

Aufgrund dieser Erfahrungen wollte Sonja Latifi Frauenräume schaffen – dies durchaus als Empowerment. Ihren politischen Visionen folgend, organisiert Sonja Latifi regelmäßig Women-only Clubbings. Größere Stars der Afghan Pop Szene kommen auf diese Weise nach Wien, um vor einem rein weiblichen Publikum zu performen. Dies ist im Kontext der afghanischen Diaspora übrigens ein europaweites Phänomen. Sonja Latifi greift also ein bestehendes Konzept, das auch ein Geschäftsmodell ist, auf und realisiert es in Wien. Im Vordergrund steht für sie das Empowerment afghanischer Frauen: »Ich möchte den Frauen helfen. Ich möchte ermöglichen, dass sich Frauen weiterentwickeln, weiterbilden können, dass sie sich mehr trauen.« (Sonja Latifi, Wien 2019)

Sonja Latifis längerfristige Vision ist es, dass sich diese Neuerungen im sozialen Tanzen normalisieren und nicht zuletzt, dass Menschen miteinander tanzen können – unabhängig von Geschlecht oder Herkunft.

Abschließende Bemerkungen

Zu Ende dieser Anmerkungen ist deutlich geworden, dass ethnisch markierte musikalische Ausdrucksformen für die afghanischen Diaspora in Österreich eine hohe Relevanz und mitunter empowernde Effekte haben. Musik und Tanz führen allerdings nicht direkt zu Empowerment, ethnisch markierte Klänge und Bewegungen per se schaffen keine Resilienz. Es sind die Menschen, die Empowerment finden oder fördern, oder die Resilienz aufweisen. Gleichzeitig darf die Bedeutung ethnisch markierter musikalischer Räume nicht unterschätzt werden. Ethnisch markierte Musikpraktiken wahrzunehmen, ihnen Bedeutung zuzuschreiben, von außen oder von innen, führt nicht automatisch zu einer Kulturalisierung und Ethnisierung mehrheitsgesellschaftlicher Vorstellungen von afghanisch-Sein. Sowohl die community-interne Praxis als auch die Forschung, die sich mit ihr beschäftigt, wird von der österreichischen Mehrheitsbevölkerung nicht beachtet. Im Gegenteil, Interaktionen von als afghanisch erkennbarer Musik mit mehrheitsgesellschaftlichen Räumen finden selten statt. Im Kontext der afghanischen Diaspora in Österreich wäre einiges mehr an Repräsentation notwendig, um tatsächlich von der Gefahr einer essentialisierten Hör- und Sichtbarkeit, einer stereotypen, tokenistischen und traditionalistischen Darstellung des »Anderen« sprechen zu können. Damit ist nicht gesagt, dass der Einfluss des europäischen Migrations- und Integrationsregimes auf die Wahrnehmung ethnisch markierter Musik nicht existiert. Die wenigen Settings in denen afghanische Musik (mitunter auch) für die Mehrheitsgesellschaft performt wird, zeigen das deutlich. Diese Settings tragen keine Züge von Empowerment – im Gegenteil.

So wird beispielsweise bei interkulturellen Veranstaltungen (beispielsweise in der Wiener Veranstaltungsvenue Brunnenpassage) von afghanischen Musikern eher eine Repräsentationsleistung erwartet als eine musikalische. Es soll dabei häufig musikalische Diversität, kulturelle Pluralität und Geflüchteteninklusion klanglich versinnbildlicht werden. Die affektive Arbeit der Musiker(*innen) kommodifiziert Otherness, die Mehrheitsgesellschaft bekommt eine gefällige Kultiviertheit serviert. Damit wird soziales Kapital geschaffen – und zwar nicht nur jenes der spezifischen ethnischen Community, sondern der imaginierten Gruppe von Geflüchteten im Ganzen. Dabei kommt auch eine symbolische

Ökonomie musikalischer Authentizität zum Vorschein, die eine Verbindung zu Wurzeln und Herkunft suggeriert und ein als resilient gelesenes Beibehalten kultureller Ausdrucksfähigkeit suggeriert. Das scheint bei vielen Zuhörenden (unabhängig von deren musikalischer Sozialisation) Empathie und Nostalgie hervorzurufen sowie die für sich selbst imaginierte Offenheit und Toleranz zu bestätigen. In diesen »interkulturellen Veranstaltungen« sind afghanische Musiker nicht nur gute Botschafter ihrer Kultur (im Gegensatz zu ihren ›bösen‹ Landsleuten in der medialen Berichterstattung), sondern sie bedienen auch die Sehnsucht nach kultureller Expressivität im österreichischen Mehrheitspublikum.

Diese Idealisierung von kulturellen Äußerungen sowie die Imagination einer Kultiviertheit, die gängige Stereotype von Geflüchteten widerlegt, folgt einem nationalpädagogischen Impetus von Integrationswilligkeit. (vgl. Ha/Schmitz 2006) Gerade das »Andere« im kulturellen Ausdruck wird zum Schauplatz der Integrationsfähigkeit, weil es die Formung integrierter Subjekte bezeugt, indem es auf deren kulturelle Eigenständigkeit verweist, womit ich an die Gedanken zur Kolonialität von Asyl zu Beginn meiner Anmerkungen anknüpfe. Der geringe Austausch, das Unbemerktbleiben afghanischer Musikpraxis in der österreichischen Mehrheitsgesellschaft ist daher in gewisser Weise auch positiv zu deuten. Diverse Formen der Exotisierung und Kulturalisierung bleiben dadurch aus. Gleichzeitig ist dies möglicherweise auch einer der Gründe dafür, dass Afghan*innen in Österreich zu jenen diasporischen Communities zählen, die in der öffentlichen Wahrnehmung als Gefahr und Bürde eingestuft werden. Unbestritten ist die Bedeutung ethnisch markierter musikalischer Ausdrucksformen, insbesondere von Popularmusik und sozialem Tanzen in der diasporischen Verortung der Community, unerheblich ob zu Zwecken von Freude, Selbstvergewisserung und Communityzugehörigkeit oder hinsichtlich möglicher Effekte von Empowerment.

Anmerkungen

1 Mit Ethnosexismus bezeichnet Gabriele Dietze »eine Art von Kulturalisierung von Geschlecht […], die ethnisch markierte Menschen aufgrund ihrer angeblich besonderen, problematischen oder ›rückständigen‹ Sexualität oder Sexualordnung diskriminiert« (Dietze 2016, 4).
2 Das Reflektieren über die eigene Positionalität von Forschenden ist in ethnographischen Disziplinen als Trend zu verzeichnen. Mitunter scheint das bloße Aufzählen der eigenen Identitätsmarker, insbesondere der eigenen Privilegien, als Möglichkeit der Entschärfung oder nahezu Legitimation der ungleichheitsrelationalen Forschendenpositionalität zu dienen.

3 Die Bezeichnung mag (möglicherweise auch durch die konstante Nutzung in der österreichischen Volksmusik- und Volkstanzpflege) für manche Ohren unzeitgemäß klingen, hat aber durchaus Vorzüge: das Wort ist geschlechtsneutral und verweist weiters nicht auf die Relation zwischen Forschenden und Beforschten (wie beispielsweise die englischsprachigen Pendants »interlocuter« oder »respondent«), sondern stellt die Wissenshoheit derjenigen in den Vordergrund, die die jeweilige Musik- oder Tanzpraxis repräsentieren – sie geben für das repräsentierte Wissen Gewähr.

4 MORE ist eine Initiative der Österreichischen Universitätenkonferenz, die geflüchteten Menschen den Zugang zu Universitäten erleichtern sollen. Menschen mit Geflüchtetenstatus können nach der Inskription als außerordentliche Studierende ausgewählte Lehrveranstaltungen an allen österreichischen Universitäten besuchen.

5 Es zeigen sich in der Analyse entsprechender Artikel mit mehreren Autor*innen große Unterschiede in Hinblick auf die akademische Verortung der rassifizierten oder ethnisierten Ko-Autor*innen. Sind diese auch im akademischen Betrieb verortet, finden sich ungleichheitsrelationale Hegemonien seltener, als wenn Ko-Autor*innen das »Feld« repräsentieren und nicht dieselben Ressourcen und dasselbe kulturelle und soziale Kapital haben, wie jene Autor*innen die die akademische Forschung repräsentieren.

6 Darunter fällt auch Geschlechter- und Sexualpolitik, wie die Ungleichstellung von Frauen, keine Rechte auf eine selbstbestimmte Sexualität für Frauen und Männer, die Nichtanerkennung alternativer Geschlechtsidentitäten und die Unterdrückung sexueller Minderheiten.

7 Diese Besinnung auf das »Eigene«, die community-interne Praxis, wurde auch in den 1990ern und 2000ern bei Communities mit Bezug zur Türkei oder den Nachfolgestaaten Jugoslawiens beobachtet. (vgl. Hemetek/Bajrektarević 2000; Hemetek/Sağlam 2008; Hemetek/Reyes 2007)

8 Afghanische Musikpraxis ist historisch durch Geschlechterrestriktionen und Geschlechtesegregation gekennzeichnet. Bis auf die Rahmentrommel Doyra/Daf sind alle Musikinstrumente Männern vorbehalten. (vgl. Doubleday 2000) Auch vor der Herrschaft der Taliban, in der alle grundlegenden Frauenrechte aufgehoben wurden, war die Exklusion von Frauen im Musikkontext Usus. Bis auf Sängerinnen, waren Musikerinnen also eine absolute Ausnahme. Das trifft auch auf Tanz zu, wobei hier Veränderungen in der diasporischen Praxis stattfinden.

Literatur

Nathalie *Anders* (2020), Hier kommen keine Afghanen rein, in: Biber mit scharf https://www.dasbiber.at/blog/hier-kommen-keine-afghanen-rein [20.7.2024]

Samuel *Araújo* (2006), Conflict and Violence as Theoretical Tools in Present-Day Ethnomusicology. Notes on a Dialogic Ethnography of Sound Practices in Rio de Janeiro, in: Ethnomusicology 50/2, 287–313

John *Baily* (1994), The Role of Music in the Creation of an Afghan National Identity, in: Martin Stokes (Hg.), Ethnicity, Identity, and Music: The Musical Construction of Place, 45–61

John *Baily* (2015), War, Exile and the Music of Afghanistan: The Ethnographer's Tale. Burlington

Irene *Brickner* (2018), Wer ist schwul genug für Asyl in Österreich?, in: Der Standard https://www.derstandard.at/story/2000086926783/wer-ist-schwul-genug-fuer-asyl-in-oesterreich [20.7.24]

Aviva *Chomsky* (2014), Undocumented: How Immigration Became Illegal. Boston
Ioannis *Christidis* (2020), Hurriya, Azadi, Freedom now! An Ethnomusicological Report on the Events of Thessaloniki, Greece 2016 https://www.musicandminorities.org/research/projects/music-in-the-experience-of-forced-migration/initial-research-findings/#1 [10.09.24]
Ioannis *Christidis* (2022), Singing and Dancing for Freedom of Movement – Enacting Citizenship and Resisting Forced Confinement in »Hotspot« Refugee Camps in Thessaloniki, Greece 2016, in: Gabriele Anderl, Linda Erker, Christoph Reinprecht (Hg.), Internment Refugee Camps. Bielefeld, 177–192
Gabriele *Dietze* (2016), Ethnosexismus. Sex-Mob-Narrative um die Kölner Sylvesternacht, in: Movements. Journal for Critical Migration and Border Regime Studies 2/1, 177–185 http://movements-journal.org/issues/03.rassismus/10.dietze--ethnosexismus.html [20.7.2024]
Veronicy *Doubleday* (2000), Afghanistan: Music and Gender, in: The Garland Encyclopedia of World Music. South Asia: The Indian Subcontinent. New York
Fatima *El-Tayeb* (2011), European others: Queering Ethnicity in Postnational Europe. Minneapolis
Emran *Feroz* (2024), Man würde mit solchen Abschiebungen die eigenen Werte verraten, in: Zeit Online https://www.zeit.de/kultur/2024-06/emran-eroz-deutschland-migration-abschiebung-afghanistan [20.7.2024]
Kein Nghi *Ha*, Markus *Schmitz* (2006), Der nationalpädagogische Impetus der deutschen Integrations(dis)kurse im Spiegel post-/kolonialer Kritik, in: Paul Mecheril, Monika Witsch (Hg.): Pädagogik. Bielefeld, 225–66
Ursula *Hemetek*, Sofija *Bajrektarević* (2000), Bosnische Musik in Österreich. Klänge einer bedrohten Harmonie. Wien
Ursula *Hemetek*, Adelaida *Reyes* (2007), Cultural Diversity in the Urban Area: Explorations in Urban Ethnomusicology. Wien
Ursula *Hemetek*, Hande *Sağlam* (2008), Music from Turkey in the Diaspora. Wien
Sabine *Hess* (2013), Wider den methodologischen Kulturalismus in der Migrationsforschung: für eine Perspektive der Migration, in: Kultur_Kultur. Denken. Forschen. Darstellen. Münster/New York
Sabine *Hess*, Bernd *Kasparek*, Stefanie *Kron*, Mathias *Rodatz*, Maria *Schwertl*, Simon *Sontowski* (Hg.), Der lange Sommer der Migration. Grenzregime III. Berlin/Hamburg
Nina *Horaczek* (2018), Kein Asyl für schwulen Afghanen: »Sind Homosexuelle nicht eher gesellig?«, in: Falter https://www.falter.at/zeitung/20180815/kein-asyl-fuer-schwulen-afghanen-sind-homosexuelle-nicht-eher-gesellig [20.7.2024]
Marko *Kölbl* (2018), Musikalische Identifikationen von jugendlichen Geflüchteten (vorwiegend Afghanistan). Wien
Marko *Kölbl* (2021), Ethnomusicology, Fieldwork, and the Refugee Experience, in: Music & Minorities 1 (1), 1–23
Nivi *Manchanda* (2015), Queering the Pashtun: Afghan sexuality in the homo-nationalist imaginary, in: Third World Quarterly 36/1, 130–146
Joseph Andoni *Massad* (2008), Desiring Arabs. Chicago
Svanibor *Pettan* (1996), Making the Refugee Experience Different: »Azra« and the Bosnians in Norway, in: Renata Jambrešić Kirin, Maja Povrzanović (Hg.), War, Exile, Everyday Life. Cultural Perspectives. Zagreb, 245–257

Fiorenza *Picozza* (2021), The Coloniality of Asylum. Mobility, Autonomy and Aolidarity in the Wake of Europe's Refugee Crisis. Lanham

Jasbir K. *Puar* (2017), Terrorist Essemblages. Homonationalism in queer Times. Durham

Tina K. *Ramnarine* (2007), Musical Performance in the Diaspora: Introduction, in: Ethnomusicology Forum 16/1, 1–17

Anne K. *Rasmussen*, Angela *Impey*, Rachel B. *Willson*, Ozan *Aksoy*, Denise *Gill*, Michael *Frishkopf* (2019), Call and Response: SEM President's Roundtable 2016, »Ethnomusicological Responses to the Contemporary Dynamics of Migrants and Refugees«, in: Ethnomusicology 63/2, 279–234

Oliver Y. *Shao* (2023), Composing Aid: Music, Refugees, and Rumanitarian Politics. Activist Encounters in Folklore and Ethnomusicology. Bloomington

Helena *Simonett* (2019), Miteinander Musizieren: Über den Nutzen von Musikprojekten für angehende Musikpädagog*innen und junge Asylsuchende, in: Die Musikforschung 4, 336–346.

Elaha *Soroor* (2020), Artist Talk with Elaha Soroor. Interviewt von Marko Kölbl. Audiovisuelle Mediathek des Instituts für Volksmusikforschung und Ethnomusikologie

Martin *Stokes* (2017), Musical Ethnicity: Affective, Material and Vocal Turns. The World of Music 6/2, 19–34

Feldforschungen und audiovisuelle Quellen

Sonja Khatera *Latifi* (2019), Feldforschungsinterview am 8. April 2019. Interviewt von Marko Kölbl, Manami Suzuki, Mira Perusich und Ioannis Christidis. Audio. Wien

Elaha *Soroor* (2020), Künstlerinnengespräch am 8. Oktober 2020 im Rahmen des Festival Salam Orient. Moderiert von Marko Kölbl. Video. Wien

Ammar *Shotit* (2022), Masih Shadab – Mara Kabul Bebarid – Official Video. Wien https://www.youtube.com/watch?v=6m-uk1CGHyg [20.07.24]

Abbildungsverzeichnis

Abbildung 1: Bombe eines Kampfflugzeugs des US-Militärs mit der Aufschrift »Highjack these fags«, fotografiert auf dem Flugzeugträger USS Enterprise 2001 https://en.wikipedia.org/wiki/File:Fag_bomb.jpg [5.7.22]

Abbildung 3: Der Wiener Sänger Masih Shadab, Videostill aus dem Musikvideo des Lieds »Mara Kabul Bebarid« (Bring mich nach Kabul), 2022 https://www.youtube.com/watch?v=6m-uk1CGHyg [20.7.24]

Bernadette Weigel

Essayfilm – Filme zwischen dem ICH und der WELT

«I am the Cat who walks by herself, and all places are alike to me. I will not come. I am not a friend, and I am not a servant. [...] And the Cat went back through the Wet Wild Woods waving her wild tail, and walking by her wild lone.« (frei nach Kipling 1902)

Dieses Bild einer freien und selbstermächtigten Kreatur stammt aus einer Geschichte von Joseph Rudyard Kipling, in der er sich mit dem Zivilisationsprozess auseinandersetzt. Kipling beschreibt die Zähmung bzw. Domestizierung wilder Tiere, die sich dem Menschen und seinen Regeln unterwerfen, da ihnen Sicherheit und Bequemlichkeit in Aussicht gestellt werden. Der Preis für dieses versorgt sein ist ihre Freiheit.

Der Titel dieses Textes »Essayfilm – Filme zwischen dem ICH und der WELT« bezieht sich auf das Spannungsfeld zwischen dem Persönlichen und dem Politischen, in dem sich auch der Begriff Empowerment verorten lässt. Diese Begriffe erfordern eine Definition im Sinne dieses Textes, um die Gattung des Essayfilms als politisches Instrument darstellen zu können. ICH, in dieser Schreibweise, meint nicht das Individuum in seiner biografischen Einmaligkeit, sondern die ICH-Figur im Essayfilm verkörpert Filmemacher*innen, die sich als pars pro toto eines gesellschaftlichen und historischen Ganzen begreifen. Diese ICH-Figur spricht also bereits aus einer selbstreflexiven Positionierung heraus und stellt sich als ICH zur Verfügung, um einen Diskurs über die (Macht-)Strukturen zwischen Subjekt und System zu ermöglichen. Diese ICH-Figur verortet sich kulturell, zeitlich, ästhetisch und politisch und bildet auch die Auseinandersetzung mit dem durch die Sozialisierung internalisierten »System« als Ich-Anteil ab, das Sigmund Freud als »Über-Ich« benannt hat.

Die WELT, in dieser Schreibweise, meint das Außen, die abbildbare Wirklichkeit, den Lebensraum, ebenso wie die unsichtbaren Strukturen und Wirkmächte von Kultur, Gesellschaft, Kapital, Politik und Ideologie.

Empowerment beschreibt das Aufbegehren von Individuen oder Gruppen gegen etablierte Machtsysteme, mit dem Ziel diese zu verändern. Jeder politischen Empowerment-Bewegung geht die Selbstermächtigung ihrer Teilnehmer*innen voraus. »The personal is political« (Hanisch 2009 [1969]) ist ein Grundsatz aus der Zweiten Frauenbewegung und der Black Power Bewegung der 1970er Jahre. In Anlehnung daran ergänzt die US-amerikanische Philosophin Michele Moody-Adams, dass das Persönliche nicht intrinsisch politisch sei, sondern es erst in einem kreativen Prozess zu etwas Politischem transformiert werden müsse. Aber wie wird das persönliche Erleben zu etwas Politischem und welche Rolle kann die Kunst, in diesem Fall der Film, in diesem Transformationsprozess spielen?

Politisches Handeln setzt das Erkennen der eigenen Lebenssituation, als eine gesellschaftliche und somit als eine von einer politischen Struktur wesentlich mitbestimmten Situation voraus, in der ideologisch legitimierte Ungerechtigkeit, Ausbeutung und Unterdrückung wirken. Der Platz in der Gesellschaft, den Einzelne aufgrund ihrer sozialen und ethnischen Herkunft, ihres Geschlechts, Alters und ihrer körperlichen Verfasstheit innerhalb des politischen Machtgefüges einnehmen, ist weder selbst gewählt noch individuell verschuldet und somit keine private Angelegenheit. Das bedeutet aber auch, dass das Individuum sich nicht alleine in dieser Situation befindet, sondern die innerhalb dieser Strukturen gemachten Erfahrungen mit anderen teilt. Wenn ich meine Situation reflektiere und sichtbar mache, wenn ich meine Geschichte erzähle, dann werde ich auch zur Repräsentant*in all jener, die sich mit mir in dieser Situation befinden und die sich mit meiner Stimme identifizieren können. Die Einzelnen werden also Teil einer vielstimmigen Gruppe, die eine Position im politischen Diskurs einnimmt. Ausgangspunkt für Empowerment ist also das Erkennen und Sichtbarmachen der eigenen Geschichte, als Grundlage für Solidarität und »Bandenbildung«.

Der Essayfilm ist eine filmische Form, die es Filmemacher*innen ermöglicht, ihre eigene Stimme zu entwickeln, sowohl als Mensch und Künstler*in, als auch als politisches Subjekt. »Essay« bedeutet »Versuch« und verweist damit auf eine offene und prozessorientierte Form, die versucht eine Frage oder ein Thema einzukreisen bzw. zu erfassen. Schon die Definition von Essayfilm kann nur ein Versuch sein, weil sich diese hybride und widerständige Gattung einer eindeutigen Definition entzieht.

> Nehme ich alle Aufsätze, Interviews und Fachbücher, die mir zum Thema Filmessay oder Essayfilm untergekommen sind, und frage nach einer Definition der Begriffe, dann gibt es nur eine gemeinsame Antwort aller theoretischen Bemühungen: Es gibt keine. Ja, mehr noch: Es soll gar keine Definition des Essayfilms geben, weil damit nämlich schon seine größte Stärke, nämlich Offenheit und Freiheit, wieder infrage gestellt würde. (Seeßlen 2013, 95)

Das ICH der Filmemacher*innen tritt also mit der WELT in einen Dialog, indem es sich Versatzstücke der Wirklichkeit aneignet. Versatzstücke können Text-, Ton-oder Bild-Zitate aus bereits bestehenden Werken sein, wissenschaftliche Theorien, Symbole und Codes, oder Beobachtungen von Orten, Menschen, Tieren und Situationen. Diese Fragmente werden dann ausgehend von dem denkenden und empfindenden Subjekt zueinander in Beziehung gesetzt, reflektiert und neu organisiert. Der Essayfilm verweist dezidiert auf seinen subjektiven Standpunkt, auf das persönliche Erleben als Ausgangspunkt einer Reflexion über die Verfasstheit der WELT. Indem der Essayfilm ICH sagt, ergreift ein Subjekt das Wort, ermächtigt sich mit eigener Stimme zu sprechen und sich nicht hinter scheinbar objektiven Wahrheiten, großen Erzählungen oder traditionellen Narrativen zu verbergen. Dieses filmische, sich selbst reflektierende ICH verortet sich denkend, fühlend und erlebend in den komplexen Systemen von Gesellschaft, Geschichte und Ideologie. Dieses ICH versteht sich als pars pro toto. Dieses ICH setzt sich aus und spricht das Publikum direkt an, fordert es auf und heraus sich an dem Filmerlebnis aktiv zu beteiligen.

Essayfilme bilden den Prozess der Aneignung, der Reibung und Durchdringung zwischen dem »Innen« und dem »Außen« ab. Der Essayfilm spricht sein Publikum direkt an und fordert es zur Mitarbeit auf. Das Werk bezieht die Rezipient*innen als antwortenden Teil in das Filmgeschehen mit ein, indem es Lücken lässt, Fragen stellt, assoziativ und fragmentarisch erzählt. Der Essayfilm fordert die Zuschauer*innen dazu auf sich das Werk anzueignen und darauf zu antworten.

Der kurze Film »De Poes« (Die Katze) von dem niederländischen Filmemacher Johan van der Keuken von 1968 kann als filmisches Manifest des Essayfilms verstanden werden. Dieser Film hinterfragt den anthropozentrischen Blick auf die Welt, indem eine Katze zur Trägerin des Blickes wird und ist ein gutes Beispiel dafür, dass der private Raum eine politische Bühne darstellt. Van der Keuken sagt in De Poes:

> Unsere Gesellschaft ist errichtet, um die Menschen zu beschränken. [...] Kunst könnte ein Mittel sein, um den Menschen zu befreien. Eine Übung, um sich selbst und andere klarer wahrzunehmen. (De Poes 1968)

Kunst kann also ein Übungsfeld für individuelle und kollektive Selbstermächtigung sein. Unter Selbstermächtigung verstehe ich einen Akt der persönlichen Befreiung. Die gesellschaftlichen Machtstrukturen sind verinnerlicht, sind also ein Teil der Persönlichkeitsstruktur. Im Prozess der Selbstermächtigung, also der

Befreiung des Subjekts von dem inneren und äußeren Käfig, der den vom etablierten System zugewiesenen Platz definiert, erkennt das Individuum nicht nur die Beengung, sondern auch die Potenz, die Ressourcen und die Handlungsmacht diese auszuweiten, oder gar zu überwinden. Aber bevor ich mich von dem Korsett der Macht befreien kann, muss ich zuerst die Systematik, mit der die Macht operiert, erkennen. Um die Komplexität der Dynamik von Macht, Freiheit, Abhängigkeit und Unterwerfung zu veranschaulichen und erfahrbar zu machen, wie sich diese Begriffe im Leben durchdringen, kann die Dressur bzw. das Training von Tieren als anschauliches Beispiel dienen.[1] Macht operiert, ebenso wie Abrichtung, mit Drohung und Belohnung. Ein bestimmtes Verhalten wird unzählige Male wiederholt und belohnt, bei unerwünschter Abweichung davon wird Strafe angedroht oder vollzogen, bis das trainierte Subjekt das geforderte Verhalten auch ohne Belohnung ausführt, es lernt aus sich heraus zu gehorchen und die Impulse des Selbst zu unterdrücken.

Womit aber droht die Macht dem Einzelwesen? Erich Fromm bezeichnet in seinem 1941 erschienen Buch »Die Furcht vor der Freiheit« die Isolation, also den Ausschluss aus der Gemeinschaft, als die mächtigste Strafandrohung. Diese ist sogar noch wirkungsvoller als die Androhung körperlicher Gewalt. Fromm unterscheidet zwei psychologische Bedeutungen von Macht (power), einerseits die Macht andere zu beherrschen (domination) und andererseits die Macht etwas zu tun, also die Fähigkeit zur schöpferischen Potenz (potency). (Fromm 1997, 121) Laut Fromm schließen sich domination und potency gegenseitig aus.

> In dem Maße, in dem jemand [...] die Fähigkeit besitzt, seine Möglichkeiten auf der Grundlage der Freiheit und Integrität seines Selbst zu verwirklichen, hat er es nicht nötig andere zu beherrschen und geht ihm die Lust an der Macht ab. (ebd.,121)

Fromm meint, dass dem Bestreben nach der Beherrschung anderer eine Impotenzerfahrung des eigenen Selbst vorausgeht, also eine Unfähigkeit zur schöpferischen Potenz. Domination ist also eine pervertierte Form von schöpferischer Potenz, »sie ist der verzweifelte Versuch, sekundär zu Stärke zu kommen, wo genuine Stärke fehlt. [...] Denn das Selbst ist stark genau in dem Maße, wie es aktiv-tätig ist.« (ebd.,189)

Unter Tätigsein, beziehungsweise Aktivität, versteht Fromm nicht, dass jemand »irgend etwas tut«, es handelt sich dabei nicht »um die zwanghafte Tätigkeit eines automatenhaften Konformisten, der kritiklos Verhaltensmodelle übernimmt, die ihm von außen suggeriert werden.« Es handelt sich vielmehr um das kreative und spontane Tätigsein, das sowohl im emotionalen, intellektuellen und sinnlichen Bereich, als auch in dem des Willens, wirkt. Dieses spontane Tätigsein ist die freie Aktivität eines integrierten Selbst. Es ist der einzige Weg, auf dem man die Angst vor dem Alleinsein überwinden kann, ohne die Integrität seines Selbst zu opfern. Denn in der spontanen Verwirklichung des Selbst vereinigt sich der Mensch mit der WELT – mit dem Menschen, der Natur und sich selbst. Laut Fromm handelt es sich bei Menschen, die sich durch spontanes, schöpferisches Tätigsein mit der Welt verbinden, in den meisten Fällen entweder um Kinder oder um Künstler*innen.

> Die Lage des Künstlers ist jedoch prekär, denn man pflegt nur die Individualität und Spontaneität des erfolgreichen Künstlers zu respektieren; gelingt es ihm nicht seine Werke zu verkaufen, so bleibt er für seine Zeitgenossen ein »Spinner« oder ein »Neurotiker«. (Fromm 1997, 188)

Diese Form der Isolation des Unpopulären trifft ebenso auf das vereinzelte politische Subjekt zu, dem es nicht gelingt in einer Solidargemeinschaft das eigene Erleben in den Erfahrungen anderer gespiegelt zu sehen und daher als systemisch zu erkennen.

Die Möglichkeit des Rückzugs aus dem System, also die freiwillige Isolation, bezeichnet Fromm ebenfalls als eine negative Form von Freiheit. Jemand, der die Unterwerfung verweigert und sich aus der Welt zurückzieht, kann auch nicht mehr auf sie einwirken. Der isolierte Mensch ist machtlos.

Das spätmoderne Subjekt ist aber nicht nur durch Isolation innerhalb der menschlichen Gemeinschaft, oder dem Ausschluss daraus bedroht, sondern zunehmend von dem Zustand der Entfremdung von der Welt an sich. Hartmut Rosa beschreibt dies, aufbauend auf der Philosophie der Romantik und den Theorien der Frankfurter Schule als ein »Weltverstummen«, das als Folge der Steigerungs- und Ausbeutungsdynamik des Kapitalismus, die eine Verdinglichung des Lebens voraussetzt und in Max Webers Begriff der »Entzauberung der Welt« kondensiert und dazu führt, dass das Subjekt weder mit sich selbst noch mit der es umgebenden Welt in eine lebendige Beziehung treten kann.

Wie aber kann das spätmoderne Subjekt seine Entfremdung überwinden und mit sich selbst und der Welt in Berührung kommen? Fromm sah einen Ausweg in »produktiver Arbeit«, im Sinne des schöpferisch Tätigseins eines integren und »potenten« Selbst und in »spontaner Liebe«. Hartmut Rosa entwirft in seinem umfangreichen Werk »Resonanz – Eine Soziologie der Weltbeziehung« eine ähnliche These. (Rosa 2020) Rosas Resonanzbegriff beschreibt ein

Antwortverhältnis, also eine gegenseitige Durchdringung von Ich und Welt, in der das Subjekt den Zustand der Entfremdung überwindet und das ihm Begegnende nicht mehr verdinglicht, es nicht zu kontrollieren, zu konsumieren, es sich verfügbar zu machen oder in Besitz zu nehmen versucht.

> Resonanz*erfahrungen* beschreiben einen bestimmten Modus der Beziehung zwischen einem Subjekt und einem spezifischen Weltausschnitt. Diese Beziehung lässt sich […] vom Standpunkt des Subjekts aus als ein vibrierender Draht verstehen, der durch Affekt und Emotion, also durch die doppelseitige Bewegung des Affiziertwerdens und der (aktiven) Bezugnahme, gebildet wird. Von Resonanz*achsen* lässt sich dagegen dann und dort reden, wo sich zwischen Subjekt und diesem Weltausschnitt eine Form der Bezugnahme etabliert und stabilisiert, die solche Erfahrungen immer wieder möglich macht. (Rosa 2020, 296)

Essayfilmemacher*innen versuchen mit einem von ihnen gewählten Weltausschnitt in Resonanz zu treten, bilden dieses Bemühen und/oder Gelingen in ihrem Werk ab und stellen nun dieses Werk als WELTausschnitt zur Verfügung, mit dem die Rezipient*innen ihrerseits eine resonante Beziehung eingehen können. Diese Art der dialogischen Erfahrung setzt sowohl ein spontanes, sich berührbar machendes und antwortfähiges Subjekt, als auch ein offenes, »sprechendes« Werk voraus. Die Kunst tritt hier als das bereits erwähnte Übungsfeld auf. Das kann jedoch nur gelingen, wenn sich die Kunst, in diesem Fall der Film, selbst von den etablierten Machtstrukturen zu befreien sucht.

Film ist eine sehr ressourcenaufwändige Kunstform. Als Filmemacher*in muss ich meinen Film schon verkaufen, bevor er überhaupt existiert. Ich muss die Förderstellen überzeugen den Film zu finanzieren. Mein »schöpferisches Tätigsein« wird also auf Kriterien konventioneller und marktwirtschaftlicher Tauglichkeit geprüft, bevor ich die Mittel erhalte, die es mir erst ermöglichen einen Film zu konzeptionieren und herzustellen. Filmemacher*innen arbeiten also in einer paradoxen Situation, in der sie das Spontane festschreiben, das Resonante planbar machen, und den Ausgang eines noch nicht begonnenen Prozesses definieren müssen. Daher werden Essayfilme meist mit sehr geringen finanziellen Mitteln realisiert, um sich weder der Kontrolle und Bewertung der großen Förderstellen noch den ideologischen Konzepten der kommerziellen Filmindustrie zu unterwerfen. Das ermöglicht es den Filmemacher*innen »frei zu sprechen« und andere Geschichten auf andere Weise zu erzählen. Der Preis für diese Freiheit ist, dass der Essayfilm als Gattung und seine Macher*innen marginalisiert werden und dass Essayfilme durch die sehr beschränkten Produktionsmittel auch in ihren Ausdrucksmöglichkeiten beschränkt sind. Damit meine ich, dass sich die finanzielle Limitierung im Erscheinungsbild des Films, in der begrenzten Wahl des im Film erfahrbaren Weltausschnitts, in der eingeschränkten öffentlichen Sichtbarkeit des Films und nicht zuletzt in der prekären Lebenssituation der Filmemacher*innen, abbildet. Auch hier ist also die Methode der Isolation zu erkennen, um Widerständiges und Unpopuläres zu marginalisieren. Allerdings muss ich hier hoffnungsfroh hinzufügen, dass zumindest im internationalen Filmschaffen der Essayfilm und andere hybride, unkonventionelle Filmformen in den letzten Jahren an Anerkennung und Sichtbarkeit gewonnen haben.

Macht lässt sich identifizieren, indem man sich die Frage stellt, wer Zugang zu den Ressourcen hat, bzw. wer diese Ressourcen kontrolliert. Srilatha Batliwala beschreibt den existenziellen Kern von Macht durch die Kontrolle und Verfügung über bestimmte Ressourcen in dem 1993 publizierten Dokument »Women's Empowerment in South Asia: Concepts and Pracitices« wie folgt:

> The document defined empowerment as a process that shifts social power in three critical ways: by challenging the ideologies that justify social inequality (such as gender roles), by changing prevailing patterns of access to and control over economic, natural, and intellectual resources, and by transforming the institutions and structures that reinforce and sustain existing power structures (such as family, state, market, education, and media). (Batliwala 2007, 559/560)

In diesem Zusammenhang möchte ich auf die aktuellen Entwicklungen in der österreichischen Filmbranche eingehen und sie als konkretes Beispiel für Widerstand und Empowerment anführen. 2010 wurde der Verein FC Gloria[2] gegründet, in dem FLINTA aus allen Bereichen des heimischen Filmschaffens vertreten sind.

FC Gloria hat es sich zur Aufgabe gemacht, FLINTA in der Filmbranche sichtbar zu machen, zu stärken, Quoten in Besetzung und Mittelvergabe einzufordern und auf bestehende Missstände hinzuweisen. Stärkung von Sichtbarkeit und Vernetzung sollen der fortschreitenden, wirtschaftlichen Prekarisierung von FLINTA im Film- und Film nahen Bereich entgegenwirken. (https://www.fc-gloria.at [8.9.2024])

Durch die Initiative von FC Gloria wurde vom Österreichischen Filminstitut (ÖFI) und der Filmabteilung des Bundeskanzleramtes der erste Film Gender Report in Auftrag gegeben und 2018 veröffentlicht. Analysiert wurden die Jahre 2012–2016. Zusammenfassend heißt es:

Das bedeutet nicht nur, dass je nach Förderungsschiene zwischen 72 % und 92 % der Fördergelder an Männer gingen, sondern auch, dass sich *der Anteil der Fördergelder, der an Frauen ging, mit jeder höher dotierten Förderungsschiene reduzierte.* (Flicker/Vogelmann 2018, 6 Hvh. i. Orig.)

In der Zwischenzeit ist der Zweite Österreichische Film Gender Report (Beobachtungszeitraum 2017–2019) erschienen, der folgende Ergebnisse aufweist:

- Frauen erhalten nur 25 % der Filmfördergelder in Österreich. Nur ein Viertel aller in Kino und TV zugesagten Fördermittel ging an Frauen.
- Je höher die Budgets, desto geringer der Frauenanteil.
- Männer waren in den Stabstellen überrepräsentiert, wo es um Entscheidungsmacht, Anerkennung und Sichtbarkeit geht. (vgl. Koblitz/Scheibelhofer 2021, 6)

Ich kann hier nicht detaillierter auf die Komplexität der Lage eingehen, aber wer sich für diese Zahlen und Fakten interessiert, kann sie auf der Homepage des ÖFI (Österreichisches Filminstitut) nachlesen.[3] Erfolge in Richtung Geschlechtergerechtigkeit in der Fördermittelvergabe sind insofern zu verzeichnen, als die Entscheidungsgremien inzwischen halbwegs paritätisch besetzt sind, dass die Daten erhoben und sichtbar gemacht werden und damit das Bewusstsein für die bestehende Ungleichheit zunimmt. 2021 wurde in den Förderrichtlinien des ÖFI, der größten Filmförderstelle Österreichs, das Ziel einer Geschlechter-Quote festgeschrieben, die den Anteil der Vergabe von Fördermitteln an Filme, in denen Frauen in den Schlüsselpositionen Regie, Drehbuch und Produktion tätig sind, erhöhen soll.

Die Implementierung dieses Vorhabens in die Richtlinien des Österreichischen Filminstituts (im Folgenden ÖFI) war ein Kampf, so wie jedes Bestreben von Umverteilung ein Kampf ist. Es ist nicht davon auszugehen, dass Umverteilung von wohlgesonnen Machthabenden mitgetragen wird, indem sie friedlich etwas von ihrer Ressourcenkontrolle und ihren Privilegien abgeben, weil sie sich mit den Benachteiligten solidarisieren. Empowerment bedeutet also auch, sich den Zugang zu und die Kontrolle über Ressourcen zu erkämpfen. Dieser Kampf erfordert die Solidarität und Organisation, der von der ungerechten Verteilung Betroffenen. Auf der Diagonale 2022, dem Festival des Österreichischen Films, hat sich die Kooperative »dieRegisseur*innen«[4] formiert. Über 40 Regisseur*innen hatten sich im Jahr zuvor vom Verband Filmregie Österreich abgespalten, nachdem sich der Verband sowohl öffentlich als auch innerhalb der

Branche gegen die Implementierung der Quote im ÖFI eingesetzt hatte. Daher sahen sich fast alle weiblichen und auch einige männlichen Mitglieder vom Regieverband in ihren Überzeugungen und Anliegen nicht mehr vertreten. Die Kooperative »dieRegisseur*innen« fungiert nun in enger Zusammenarbeit mit FC Gloria als Plattform für intersektional-feministisches und diverses Filmschaffen in Österreich und zählt 2024 bereits über 100 Mitglieder.

Die Kunst ist ein kraftvolles Instrument, um ungerechte Machtverteilung und deren Inszenierung zu erkennen und sichtbar zu machen. Kunst kann auch politische und soziale Veränderungen formulieren und in Bewegung setzen. Aber die tatsächliche Veränderungsarbeit findet als kollektive Selbstermächtigung der von systemischer Benachteiligung Betroffenen, in ihrem unmittelbaren Lebens- und Arbeitsumfeld und innerhalb der Institutionen, statt. Indem aus »meiner« Geschichte »unsere« Geschichte wird, verliert die Androhung von Isolation und Marginalisierung ihre Macht. Empowerment bedeutet, gemeinsam dem Druck derer standzuhalten, die versuchen ihre Privilegien zu verteidigen, aktive Schritte zur Aneignung von Ressourcen zu setzen, sowie durch gemeinsames Auftreten, Vernetzung und Sichtbarkeit, die Teilnehmer*innenzahl bis hin zu einer kritischen Masse auszuweiten und so das System zum Kippen zu bringen.

Sich von den bestehenden Machtstrukturen loszusagen, erfordert eine neue Sprache zu finden, um das bisher Verschwiegene und Unausgesprochene zu formulieren. In der Kunst können neue Formen des Ausdrucks und der Repräsentation entworfen und erprobt werden. Die Veranstaltungsreihe »Feminist Perspectives«, die von »dieRegisseur*innen« bereits zum dritten Mal organisiert wurde, setzt sich mit einer neuen Grammatik feministischer Filmsprache und mit den strukturellen Bedingungen auseinander, die Machtmissbrauch während der Filmherstellung vorbeugen und die ein diverseres Erzählen ermöglichen.[5] Film kann als politisches Instrument dienen, indem er andere Geschichten auf andere Art erzählt. Srilatha Batliwala schreibt in »Taking the Power out of Empowerment« von 2007:

> Clearly, we need to build a new language in which to frame our vision and strategies for social transformation at the local, national, or global level. I for one intend to do so not by re-reading Foucault or Gramsci or other great political philosophers, but by listening to poor women and their movements, listening to their values, principles, articulations, and actions, and by trying to hear how they frame their search for justice. (Batliwala 2007, 564)

Empowerment verlangt den Akteur*innen oft einen hohen Preis ab. Sich gegen etablierte Macht- und Unterdrückungssysteme zu stellen, sichtbar und hörbar dagegen aufzutreten, bedeutet in vielen Teilen der Welt eine unmittelbare Gefahr für Leib und Leben. Im Rahmen des essayistischen Dokumentarfilms »Last of the Wild« habe ich in Mexiko Kontakte zu Frauen geknüpft, die gegen eine für mich als Mitteleuropäerin unvorstellbare Gewalt ankämpfen, gegen häusliche Gewalt, Femizid, Kinderpornografie, Entführungen, Folter und Menschenhandel. Als weiße, mitteleuropäische Filmemacherin denke ich darüber nach, ob es einer imperialistischen Geste gleichkommt, wenn ich über diese Frauen einen Film mache. Zugleich sehe ich es als meine Aufgabe als Feministin und Privilegierte mich mit diesen Frauen zu solidarisieren und meine Ressourcen zur Verfügung zu stellen, denn das Leid und der Mut dieser Frauen macht mich nicht nur betroffen, sondern betrifft mich auch insofern, als ich Teil eines Systems bin, das dieses Leid verursacht. Ich kann jedoch nicht in ihrem Namen sprechen, sondern nur einen Rahmen zur Verfügung stellen, der ihren Kampf sichtbar macht, in dem sie ihre Geschichten erzählen und gehört werden.

Denn die eigene Geschichte zu erzählen, heißt auch sich in die »Geschichte« einzuschreiben, sie dadurch mit- und umzuschreiben. Das Ich kann sich als Teil der Welt erfahren, seine Entfremdung durch Selbstermächtigung, Kreativität und Solidarität überwinden. Eine Veränderung der Machtverhältnisse ist jedoch nur möglich, wenn sich die von diesem System Privilegierten mit den marginalisierten Gruppen solidarisieren.

Eine andere Art des In-der-Welt-Seins ist möglich, aber sie wird sich nur als das Ergebnis einer simultanen und konzentrierten politischen, ökonomischen und kulturellen Revolution realisieren lassen. (Rosa 2020, 56 Hvh. i. Orig.)

Anmerkungen

1 Ich verwende hier das Wort Dressur, weil ich mich in meiner momentanen Arbeit mit der Raubtierdressur als Metapher für den Zivilisationsprozess beschäftige.
2 FC Gloria – Feminismus Vernetzung Film, gegründet 2010, setzt sich für Geschlechtergerechtigkeit in der österreichischen Filmbranche ein. https://www.fc-gloria.at
3 https://filminstitut.at/institut/gender/gender-report [24.9.2024]. Im Frühjahr 2024 wurde der Dritte Österreichische Film Gender Report 2020–2021 veröffentlicht.
4 https://www.dieregisseur-nnen.at/ [24.9.2024]
5 Die Veranstaltungen können hier nachgehört werden: https://soundcloud.com/feminist-perspectives [24.9.2024]

Literatur

Srilatha *Batliwala* (2007), Taking the power out of empowerment – an experiential account, in: Development in Practice, 17, 557–565

Erich *Fromm* (1997) [1941], Die Furcht vor der Freiheit, München

Eva *Flicker*, Lena Lisa *Vogelmann* (2018), Österreichischer Film Gender Report 2012-2016. Zentrale Ergebnisse, hg. v. Österreichischen Filminstitut (ÖFI). Wien

Carol *Hanisch* (2009 [1969]), The Personal Is Political. The Women's Liberation Movement classic with a new explanatory introduction. http://www.carolhanisch.org/CHwritings/PIP.html [5.3.2024]

Anna *Koblitz*, Paul *Scheibelhofer* (2021), Zweiter Österreichischer Film Gender Report. Förderdaten 2017–2019. Kinospielfilme 2012–2019, hg. v. Österreichischen Filminstitut (ÖFI). Wien

Hartmut *Rosa* (2020), Resonanz. Eine Soziologie der Weltbeziehung. Berlin

Joseph Rudyard *Kipling* (1902), The Cat that Walked by Himself, in: Just So Stories. https://etc.usf.edu/lit2go/79/just-so-stories/1296/the-cat-that-walked-by-himself/ [5.3.2024]

Georg *Seeßlen* (2012), Der Essayfilm als politische Geste, in: Aylin Basaran, Julia B. Köhne, Klaudija Sabo (Hg.), Zooming in and out. Produktionen des Politischen im neueren deutschsprachigen Dokumentarfilm. Wien 2013, 95–104

Filmografie

De Poes/The Cat, (Johan van der Keuken, Niederlande 1968) https://www.youtube.com/watch?v=F78f_od8PKg, 2:45 und 4:46 [05.3.2024]

Websites, Podcasts

dieRegisseur*innen. Verein für solidarische Filmemacher*innen ist eine Kooperative von ca. 50 Regisseur*innen mit Basis in Österreich https://www.dieregisseur-innen.at [5.3.2024]

dieRegisseur_innen, Feminist Perspectives. Der Podcast für feministischen Diskurs im Film https://soundcloud.com/feminist-perspectives [5.3.2024]

Bettina Zehetner

Worte für das (noch) nicht Sagbare finden
Schreiben als Methode feministischen Empowerments[1]

Vom einander zuhören zum einander zu-schreiben und zu-lesen im schriftlichen Dialog

Im Grimmschen Wörterbuch finden sich differenzierte Beschreibungen der Arten von Aufmerksamkeit des Hörens und Zuhörens. Es ist die Rede von einem horchenden, lauschenden, suchenden Ohr, einem begierigen, neugierigen, durstigen, empfangenden, wachsamen, stillen, freundlichen, gnädigen, empfindlichen, offenen, geübten, erfahrenen Ohr, aber auch von einem unachtsamen, achtlosen, halben, tauben, toten Ohr oder von einem kranken, wunden und beleidigten Ohr. (vgl. Grimm/Grimm 1984 [1889], Bd. 13, 1233ff.) »All diese Worte lassen erahnen, wie reichhaltig die Verheißungen und Enttäuschungen sind, die das Ohr bereiten kann [...] und wem ist bewusst, welche Verheerungen ein ›achtloses‹ Ohr anstellen kann?« (Thürmer-Rohr 1994, 112).
    Vom achtlosen Ohr möchte ich nun zum achtsamen Auge überleiten, konkret zum wachsamen Auge beim Lesen von Beratungsanfragen aus der Onlineberatung bei Frauen* beraten Frauen*. In meinem Artikel möchte ich die Methode des Schreibens mit philosophischem und feministischem Hintergrund als Möglichkeit zur Stärkung von Frauen* vorstellen, die Gewalt durch ihren Partner[2] erlebt haben oder unter struktureller und institutioneller Gewalt leiden. Im Schreiben kann das bislang Ungesagte, Unsagbare und Ungehörte zur Sprache kommen. Eine philosophische Perspektive pathologisiert nicht, wendet keine psychiatrische Diagnostik oder psychologische Testergebnisse an, um einen Fall »abzuschließen«, eine philosophische Haltung eröffnet einen Bereich potenziellen Verständnisses mit Fragen nach den Lebensbedingungen, in denen das Leiden auftritt. Es fragt nach den Gründen von Symptomen und ihrer symbolischen Bedeutung und zielt darauf ab, sie durch das Medium des Dialogs zu verstehen. Anhand von Beispielen aus meiner Schreiberfahrung mit Klientinnen einer Frauen*beratungsstelle und deren Rückmeldungen zum Schreibprozess möchte ich die vielfältigen Wirkungen des Schreibens als Quelle der Selbstreflexion und Selbstermächtigung und als Instrument zur Selbstverstän-

digung aufzeigen, andere besser im schriftlichen Dialog. Kreatives Schreiben erweitert Perspektiven und Handlungsspielräume, lässt Selbstwirksamkeit neu erfahrbar werden. Außerdem werde ich das Konzept der feministischen Parteilichkeit als eine notwendige Haltung gegenüber Frauen* vorstellen, die Gewalt durch ihren Partner erlebt haben, und ich werde zeigen, warum wir als Gesellschaft das Thema geschlechtsspezifische Gewalt auf eine neue, grundlegendere Weise angehen müssen, um alle Formen der Gewalt sichtbar zu machen, auch jene im sogenannten privaten Bereich (wobei die Trennlinie zwischen privat und öffentlich in ihren rechtlichen Bedingungen und Implikationen grundsätzlich politisch ist). Ich werde argumentieren, warum ein sogenannter neutraler Standpunkt angesichts von Gewalt keine Option ist, da er die Verletzung des Opfers wiederholt und fortsetzt (Re-Viktimisierung) und nur den Angreifer stärkt. Ich beziehe mich dabei auf die von Frauen* beraten Frauen* durchgeführte Studie »Was wirkt gegen Gewalt an Frauen*« von 2022 und werde Beispiele für Schreibprozesse nennen, die eine befreiende und emanzipatorische Wirkung auf die Teilnehmer*innen hatten.

Schreiben als Ressource

Schreiben als Weg zu Selbsterkenntnis und Handlungsmächtigkeit

Ich möchte in diesem Text die Methode der Beratung im Medium des Schreibens vorstellen. (vgl. Zehetner 2019) Ich beziehe mich dabei auf schriftliche Beratungsprozesse aus meiner Tätigkeit als psychosoziale Beraterin bei Frauen* beraten Frauen*. Ich möchte zeigen, wie das Schreiben Klarheit und Struktur im Denken fördert, wie im Schreiben ein Potenzial an Selbstreflexion realisiert werden kann und wie Schreiben dabei helfen kann, sich von der aktuell belastenden emotionalen Situation zu distanzieren und aus der Problemverstrickung zu lösen. Durch diese Abstraktion wird es leichter möglich, neue Perspektiven zu entwickeln und die eigene Handlungsfähigkeit zu stärken. Konkret: Ich stärke mich selbst durch das Schreiben.

Auf der Seite der Beraterin ist es für diesen Prozess erforderlich, die eigene Kompetenz des Verstehens von Nuancen und impliziten, latenten, versteckten Bedeutungen zu üben. Das Miteinander-Schreiben ist ein Prozess des Beziehungsaufbaus und des Vertrauens, im gemeinsamen Dialog entstehen Bedeutungs-Landschaften, in denen die Beraterin der Ratsuchenden Begleitung, Ermutigung, Anregung, Infragestellung allzu vertrauter Sichtweisen und die Möglichkeit zur intensiven Auseinandersetzung im Dialog bietet – und dies nicht nur über einen kurzen Zeitraum, durch eine Krise hindurch, sondern auch über längere Zeiträume hindurch, etwa um einen Entscheidungsprozess zu befördern.

In der schriftlichen Beratung geht es darum, vom Schweigen zum Schreiben zu kommen, zur Sprache zu kommen, Worte für das Erlebte, Worte für die eigenen Gefühle zu finden. Es geht um Angst, Hilflosigkeit, Verzweiflung, Schmerz, Trauer, Wut und Zorn, aber auch Erleichterung, Befreiung, Hoffnung und Zuversicht. Im Fall von Gewalterfahrungen geht es zuerst um etwas scheinbar noch viel Einfacheres (und dennoch selten Erlebtes): Es geht darum, gesehen zu werden, ernst genommen zu werden und um die Erfahrung, hier wird mir geglaubt.

Der Dialog mit sich selbst ebenso wie der Dialog mit einer Beraterin kann die Selbstreflexion und das Selbst-Vertrauen stärken, er kann Selbsterkenntnis und Selbstbehauptung ermöglichen. Im Schreiben kann ich mich als selbstbestimmt und selbstwirksam erfahren. Die Rückmeldung einer Ratsuchenden zeigt das kreative Erkenntnispotenzial dieses Mediums: »Das Schreiben hat schon etwas Überraschendes. Es wirkt gerade so, als würde ich an mich selbst schreiben.«

Die Qualität der Zeit und Gelassenheit, Abstand zum drängenden Gefühlschaos oder der Heftigkeit der Emotionen, die einen zu überwältigen droht, zeichnet diese Form des schriftlichen Dialogs aus. In Ruhe eine Sprache finden für die eigene Situation und Geschichte kann bedeuten, sich neu zu erfinden, die eigene Geschichte neu zu erzählen und sich damit Handlungsmacht statt Opferstatus buchstäblich »zuschreiben«, sich beweglich schreiben, aus Einengung und Sackgasse herausschreiben, den Blick weiten im Dialog mit einem Gegenüber oder indem ich mich selbst schreibe, mich selbst lese, Briefe an mich selbst adressiere. Abschiedsbriefe, Trauerbriefe, Wutbriefe, Ermutigungsbriefe – dies ist auch im Namen einer geliebten abwesenden Person möglich. Eine Klientin schreibt sich selbst in Krisenzeiten Briefe im Namen ihrer verstorbenen Großmutter, die ihr als einziger Mensch in ihrer Kindheit mit Wertschätzung begegnet ist. Im Schreiben dieser Briefe vergegenwärtigt sie sich die Stimme dieser geliebten, unterstützenden Person auf ganz konkrete Weise. Die eigene Imaginationskraft wird besonders im kreativen Schreiben als Instrument der Befreiung erlebt. (vgl. Macke/Bergsmann 2012; Zehetner 2020a)

Sich etwas »von der Seele schreiben«, was uns belastet oder unser (Er)Leben zu reflektieren, kennen viele aus eigenen Tagebuch-Erfahrungen. Im Schreiben können wir eine Sprache für Situationen finden, wo mündliche Kommunikation nicht mehr oder noch nicht funktioniert. Schreiben stellt eine wichtige und leicht verfügbare Ressource im Alltag und für Krisen- und Problembewältigung dar – nicht zuletzt für die Feminist*in, die allerhand gesellschaftlichen Gegenwind erfährt, der oft viel Hass für ihre kritische Position entgegenschlägt: Wenn schreien grad nicht geht, kann ich es aus mir heraus-schreiben. Sich aus der »Problemtrance«, der Identifikation mit dem Problem herauszuschreiben heißt zu spüren: ich bin mehr und anderes als dieses Problem. »Ich schreib mich da jetzt heraus«, schreibt uns eine Klientin in der Onlineberatung von Frauen* beraten Frauen*.

(Einander) Schreiben schafft Beziehung

Schreiben schafft Beziehung – zu mir, wenn ich für mich schreibe, zu anderen, wenn ich an andere und mit anderen schreibe. »Schreiben heißt sich selber lesen« notiert Max Frisch in seinen Tagebüchern.

Philosophisch betrachtet geht es um das Denken des Denkens, einen Raum für sich zum Nachdenken schaffen, es geht um Selbst-Reflexion und Selbsterkenntnis im Dialog mit mir selbst, mit einer Berater*in, mit anderen Schreibenden (z.B. in einem Schreibworkshop) im autobiografischen Schreiben oder in kollektiver Erinnerungsarbeit. (vgl. Haug 1982) Im Schreiben kann ich mich selbst beraten als meine beste Freundin oder auch auf die Frage antworten: Was würden Sie einer fremden Person raten, die Ihnen dieselbe Situation schildert, in der Sie sich gerade befinden? (Zur philosophischen Haltung in der psychosozialen Beratung vgl. Zehetner 2012)

Zur Veranschaulichung einige Rückmeldungen von Ratsuchenden:

»Das Schreiben hilft mir, mich besser zu verstehen.«

»Es tut mir so enorm gut hier offen schreiben zu können, ich hab das alles noch niemals jemandem erzählt. Mir fällt beim Schreiben ein Stein vom Herzen.«

»Sie haben mir geholfen, die Dinge beim Namen zu nennen.«

»… sich die Bestürzung von der Seele zu schreiben, tut gut.«

»Ich bin so froh, dass ich schreiben darf. Das erleichtert mir den Scheidungsprozess ein wenig und ich fühle mich nicht mehr so allein.«

»Ich möchte mich mal fallen lassen können und ehrlich sein. Zu wem bin ich denn noch ehrlich. Zu mir selbst. Zu dir. Aber ansonsten erzähle ich oft jedem irgendwas. Also ich lüge nicht. Aber es fällt mir schwer, einfach ganz ich selbst zu sein – und zu glauben, dass das gut genug ist.«

»das Darüber-Schreiben hilft mir, mich zu beruhigen und zu sortieren.«

Zeug*innenschaft im Schreiben über Gewalt

Schreiben statt Schweigen. [...] Das Aufschreiben, auch von traumatisierenden Erfahrungen, kann hilfreich sein: Es schafft Ordnung und Übersicht und verleiht dem Erlebten eine Stimme, ohne dass es ausgesprochen werden muss. Es bringt Zeugenschaft, indem Erfahrungen durch Worte beschrieben und nicht nur gefühlsmäßig durchlebt werden. (Winzely/Bergsmann 2021, 13)

Gemeinsam erschaffen wir im Miteinander-Schreiben ein Drittes zwischen uns, einen mentalen Raum, in dem Anerkennung und Zeug*innenschaft von Verletzungen stattfinden kann. Wie die feministische Psychoanalytikerin Jessica Benjamin in ihrer Rede zur Verleihung des Hans-Kilian-Preises betont, ermöglicht diese Anerkennung von gewaltvollen Übergriffen und Ungerechtigkeit einen Prozess des Überlebens, nicht unbedingt die Heilung, aber doch eine Möglichkeit, die eigene Würde zurückzuerlangen, die erlebten Verletzungen zu verarbeiten und wieder aufeinander zuzugehen, um neue Begegnungen zu ermöglichen (vgl. Jessica Benjamins Workshops mit Menschen aus Palästina und Israel sowie in Südafrika, Benjamin 2015). Einen intersubjektiven Raum zu schaffen ermöglicht, Destruktivität zu überleben. Mit dem Begriff »the moral third« bezeichnet Jessica Benjamin ein Prinzip der Interaktion, die Bewegung vom Zusammenbruch zur Erneuerung, den Prozess des miteinander in Beziehung Tretens, die mentale Funktion des Dritten im Dialog, die Fähigkeit, sich zu dezentrieren von der Identifikation mit nur einer einzigen Position (nur ich habe Recht oder wenn du Recht hast, muss ich Unrecht haben). (vgl. Benjamin 2012, 298) Das moralische Dritte ist für Benjamin auch die Erwartung, dass ein früheres Versagen/Mangel von Anerkennung eingestanden, adressiert und entweder repariert oder betrauert werden kann. Dies ist keine einmalige Angelegenheit, sondern eine immerwährende gemeinsame Arbeit an unserer Verantwortlichkeit. Die erlebten Verletzungen sind damit nicht ungeschehen zu machen und oft auch nicht zu verzeihen, aber es gibt symbolisch gesprochen die Möglichkeit, mit der

Narbe weiterzuleben. Im Schreiben und Erzählen meiner Geschichte kann ich die Fragmentierung bewältigen, ich kann ein Ganzes aus der zersplitterten Erfahrung kreieren, indem ich eine Brücke baue zwischen der Sprachlosigkeit und dem Schweigen. Indem ich Worte für meine Erfahrungen finde, erlebe ich mich selbst als gestaltungsfähig. Im Schreiben erfahre ich ganz buchstäblich meine Resilienz durch das Anschreiben gegen die Sprachlosigkeit. (vgl. Macke 2020)

»Ein Atemraum für Freiheit.« (Domin 1993, 47)

»Schreiben war leben. Überleben.« (Ausländer 1995, 93)

Eine Traumatherapeutin erzählte mir, wie eine Klientin drei Monate lang nicht sprechen konnte und stattdessen in der Stunde geschrieben hat. Sie war die Einzige im Gesundheitssystem, die sich darauf eingelassen hat und die Klientin begleitet hat bis zu dem Zeitpunkt, an dem sie wieder sprechen konnte.

Bei Gewalterfahrungen ist es wichtig, genau zu benennen, was ist mir widerfahren, wer hat mir was angetan (und was habe ich getan, um zu überleben). Es ist wichtig, »Verantwortung zu verorten«, um die eigene Handlungsfähigkeit in vollem Umfang wiederzuerlangen. (Zu den Formen von Gewalt, die uns in der Frauen*beratung beschäftigen, siehe unser Handbuch »Ist das schon Gewalt?« 2021 sowie unsere Studie »Was wirkt gegen Gewalt an Frauen*?« 2022)

Wie wichtig unsere klare parteiliche Positionierung als feministische Beraterinnen für die Gewalt erleidenden Frauen* ist, belegen die folgenden beiden Zitate von Ratsuchenden aus der Onlineberatung:

»Ich fühle mich endlich verstanden und ernst genommen und das war bisher noch nie der Fall!«

»Für mich als Betroffene war das Aufmerksam-Machen in der Frauenberatung, dass das Gewalt ist, was ich erlebe, bahnbrechend für meine Zukunft.«

Feministische Parteilichkeit gegen den Mythos von »Neutralität« und »Wertfreiheit« beim Thema Gewalt

Bei Gewalt gibt es keine Neutralität. Bei Gewalt bedeutet ein scheinbar neutraler Standpunkt Toleranz dieser Gewalt, also Fortsetzung und Mittäter_innenschaft und somit implizite Parteilichkeit. Es braucht eine klare Positionierung gegen Gewalt, eine explizit parteiliche Haltung für die Gewalt erleidende Person in Beratung und Psychotherapie, bei Institutionen und auf jeder gesellschaftlichen und politischen Ebene. Emanzipatorische Beratung ist nicht »wertneutral«, sondern beruht auf klaren Werten wie Selbstbestimmung und Gewaltfreiheit. Wir sprechen darum von feministischer Parteilichkeit als einem Grundprinzip der Beratung.

Das Benennen der Gewalt und die klare Positionierung ermöglicht Frauen einen Ausweg aus der Vereinzelung und Selbstbeschuldigung. Beides ist notwendig, um sich aus einer Gewaltbeziehung zu lösen. Die klare Haltung und Botschaft müssen lauten: »Es gibt keine Rechtfertigung für Gewalt. Sie sind nicht schuld an der Gewalt, die Sie erleben. Sie haben das Recht, sich zu schützen und zu wehren.« Diese eindeutige Haltung steht in krassem Gegensatz zur oft propagierten vermeintlichen »Neutralität« oder »Objektivität«, die Gewalt verleugnet als bloßen Konflikt, Meinungsverschiedenheit oder Streit. Das ist eine fatale Verwechslung von Macht und Gewalt und schützt und stärkt immer nur die Gewalt ausübende Person und schwächt und entmutigt das Opfer durch erneute Viktimisierung. Macht ist eine wechselseitige Beziehung, Macht ist auf Zustimmung angewiesen, sie will verführen und überreden, Machtverhältnisse sind dynamisch und können wechseln zwischen den Partnern; Gewalt ist einseitig, will zwingen, den Willen brechen, schädigen, sie bringt zum Schweigen. Gewaltausübung ist etwas qualitativ Anderes als ein bloßes »Machtspiel« (ausführlich zur Kategorie der differenzierten Parteilichkeit als Prinzip feministischer Beratung siehe Zehetner 2022).

Neben der Benennung und Anerkennung der eigenen Verletzlichkeit und Verletztheit ist es sinnvoll, auch das eigene Potenzial an Verletzungsmächtigkeit in den Blick zu nehmen. Im fantasievollen Schreiben arbeiten wir auch am Abbau des weiblich sozialisierten Aggressionstabus. Anstatt Aggressionen gegen sich selbst zu richten (in Form von Depression, Essstörungen, psychogenen Schmerzen oder selbstverletzendem Verhalten), kann es heilsam und befreiend wirken, die Wut über ungerechte Behandlung und Verhältnisse zum Ausdruck zu bringen. Die eigenen dunklen Seiten zu beschreiben, Scham in Wut zu verwandeln und schreibend Imaginationsräume zu nützen, lässt Energie frei werden, die als konstruktive Durchsetzungs- und Gestaltungsmacht genützt werden kann (ausführlich dazu siehe Zehetner 2020b).

Feedback von Ratsuchenden, die über ihre Gewalterfahrungen geschrieben haben:

> »Ich fühle mich endlich verstanden und ernst genommen und das war bisher noch nie der Fall!«

»Es tut gut das zu lesen, dass diese Situation nicht normal ist, und auch nicht in Ordnung.«

»Das ist für mich eine sehr große Entlastung mit Ihnen zu schreiben und ich bin froh, dass es solche Institutionen für Frauen gibt! Also psychische Gewalt nennt man das, wenn er mich vor den Kindern beschimpft und erniedrigt? Am Sonntag habe ich mir gedacht ich muss was ändern! Er sucht die Fehler bei mir und nicht bei Ihm. Lange werde ich das sicher nicht aushalten.«

»Für mich als Betroffene war das Aufmerksam-Machen in der Frauenberatung, dass das Gewalt ist, was ich erlebe, bahnbrechend für meine Zukunft. Ich finde dieses Buch ›Ist das schon Gewalt?‹ hilft enorm zu erkennen, was ist Gewalt und welche Formen gibt es. Heute rückblickend finde ich mich/mein damaliges Leben in vielen Stellen des Buches wieder. Toll, dass dieses Buch veröffentlicht wird! Es wird sicher vielen helfen, Gewalt zu erkennen und daraus auszubrechen.«

»Danke, dass Sie mir Mut zusprechen. Ich denke ich brauche jemanden, der mich an der Hand nimmt und das mit mir ›durchzieht‹ und mich bestärkt, wenn ich wieder einknicken sollte. Noch immer lastet dieses große Stigma von heile Welt etc. und ich würde dann dem Kind den Vater wegnehmen, wenn in Wahrheit er ist der das alles durch sein Verhalten verhindert. Ich habe das Gefühl nicht nur gegen diese Situation zu kämpfen, sondern auch gegen das gesamte System, und dass man ja nichts sagen soll, um nicht zerquetscht zu werden. Er ist immer zu Hause. Ich kann nicht ungestört ein Telefonat führen, oder die Versicherungsmappe ansehen. Ich würde auch gerne eventuell mit Ihnen sprechen, aber ich kann das nie ungestört machen. Er ist immer da. Ich bin entweder auf der Arbeit oder habe das Kind bei mir. Ich kann nicht am Spielplatz ein konzentriertes Gespräch führen. Ich weiß nicht mal, wie ich das arrangieren soll, ohne dass er es bemerkt und wieder auszuckt. Ich fühle mich so eingeschränkt. Ich bin froh am Handy einigermaßen ungestört tippen zu können. Danke für diese Möglichkeit.«

»Ich fühle mich nach den Übergriffen frei von Gewalt! Ich kann mir ein normales Leben aber kaum mehr vorstellen da ich das schon lange gewohnt war!«

»Ich kämpfe jeden Tag! Es ist im Frauenhaus nicht einfach in einem Zimmer mit 2 Kindern ohne Küche zu sein, aber besser das als in Gewalt zu leben. Die Situation ist echt schwirig, aber ich versuche immer wieder nach vorne zu schaue! Ich habe so viel zu tun und im Kopf und freue mich, wenn das alles bald ein Ende hat! Danke, dass ich mit Ihnen schreiben kann, das hilft mir, meine Gedanken zu ordnen und immer wieder Mut zu fassen.«

Schreiben als Möglichkeitsraum

Die Wirkungen des Schreibens sind vielfältig. Schreiben stärkt die eigene Reflexions-, Erkenntnis- und Handlungskompetenz. Schreiben kann Klarheit, Struktur, Orientierung, Distanz zum Problem, zur Verstrickung in einer Situation und somit Entlastung bewirken und dem inneren Chaos Form geben. Ein Problem beschreiben können, bedeutet es ein Stück weit fassbar und bearbeitbar machen, es »in den Griff bekommen«. So wird Schreiben ein Mittel gegen das Überwältigtwerden von Gefühlen und lässt die eigene Selbstwirksamkeit und Steuerungsfähigkeit wieder spürbar werden. Eine Ratsuchende schreibt uns: »Es ist wieder ein solcher Moment, in dem das Schreiben der Ausweg vom ganzen Fühlen zu sein scheint. Ich kann mich durch das Schreiben von den Gefühlen etwas distanzieren. Und das ist manchmal ja besser.« Dieses Gefühl der Kontrolle über die eigene Situation bewirkt ein Nachlassen der Angst und des Eindrucks, davon überwältigt zu werden. Schreiben aktiviert die eigenen Ressourcen. »Das Distanz-Schaffen durchs Schreiben hilft mir sehr, wieder einen neuen Blick auf die alten Probleme zu bekommen«, so eine Ratsuchende.

Die Erfahrung der eigenen Ausdrucksfähigkeit, das Erleben der eigenen Kreativität und der eigenen Fantasie kann autonomer und handlungsfähiger machen. Schreiben kann gesundheitsförderlich wirken. (vgl. Schulte-Steinicke/Schulte/von Werder 2011)

Schreiben bietet einen Möglichkeitsraum zum Ausprobieren von Handlungen, zum Entwickeln neuer Perspektiven, zum Verändern von Bewertungen, indem ich Erfahrungen neu erzähle, auf andere Weise betrachte oder auch die »bessere« Antwort gebe, die mir in der konkreten Situation selbst nicht eingefallen ist. Schreiben bietet die Möglichkeit, sich selbst neu zu entwerfen und eine eigene Sprache für das Erlebte zu finden. Ich kann meine Geschichte neu schreiben, mich aus dem Gefühl »nur Opfer« zu sein heraus-schreiben. Schreiben bietet die Möglichkeit Sichtweisen zu ändern und aus alten Mustern auszusteigen, Neues auszuprobieren – im Schreiben kann ich meine Fantasie spielen lassen oder aus der Perspektive einer anderen Figur schreiben. Im Schreiben ist alles denkbar, es gibt keine Grenzen wie in der Realität – die Sprache hat utopisches Potential.

An Geschriebenes lässt sich gedanklich anders anknüpfen als an bloß Gesprochenes (z.B. sich aus dem Grübeln herausschreiben, Wiederholungen werden im Schreiben früher redundant als beim bloßen Denken). Der gesamte Beratungsprozess ist schriftlich dokumentiert, Ratsuchende können frühere Anfragen und Antworten wieder lesen oder ausdrucken, um den eigenen Entwicklungsprozess sichtbar zu machen. Schreiben bedeutet sich ernst zu nehmen, die eigene Wahrnehmung ernst zu nehmen, z.B. als Strategie gegen Gaslighting (Verunsichern und Infragestellen der Wahrnehmung der Partner*in durch systematisches Behaupten, alles wäre ganz anders gewesen als sie sich erinnert, sie wäre ja verrückt) oder als Tagebuch-Dokumentation bei Gewalt für ein eventuelles Gerichtsverfahren. Schreiben kann auch bedeuten, Verantwortung für die eigene Geschichte, das eigene Erleben zu übernehmen, Autor*innenschaft als Urheber*innenschaft zu übernehmen für das eigene Leben, sich das eigene Leben (neu) anzueignen. Schreiben kann den inneren Turbulenzen Form und Gestalt geben (einen Anfang und ein Ende), dieses mit-teilbar machen. Schreiben kann entschleunigen und beruhigend wirken, im Schreiben komme ich in Kontakt mit meinen Gefühlen, Ideen, Wünschen. Im Schreiben kann ich mich selbst besser verstehen und mich manchmal selbst überraschen. Schreiben ist ein Weg aus der Einsamkeit hin zum Dialog. Nicht zuletzt ist Schreiben auch hilfreich für die beratenden Personen als Selbstfürsorge, zur Burnout-Prophylaxe und zur »verdauenden« Verarbeitung von Belastungen in der Beratungsarbeit. Am Ende eines Arbeitstages Irritationen, Schwere und Ärger aus sich herauszuschreiben und in der Beratungsstelle zu lassen ist ein Beitrag zur eigenen Psychohygiene. Ähnlich wie in der Trauma-Arbeit können beeinträchtigende Aspekte symbolisch in einem »Safe« abgelegt werden, um im Alltag frei davon zu sein.

Sich zur Welt bringen durch sich zur Sprache bringen – die philosophischen Aspekte der Beratung im Schreiben

Schreiben kann auch ein Weg aus der Einsamkeit in den Dialog sein, zur Selbstbegegnung im Anderen, auch in den Texten von anderen. Wenn es schwerfällt, die eigenen Gefühle und Gedanken in Worte zu fassen, können Texte anderer Personen herangezogen werden, etwa Liedtexte oder Gedichte. Anhand des von anderen Geschriebenen kann ich selbst zu meinen Worten finden.

> Es ist wahr, dass im Gedicht, wie in aller Kunst, etwas Heilendes ist. Eben weil es den Menschen befreit: vom Objektsein, vom Stummsein, vom Alleinesein, abgeschnitten von der Menschheit. Im Gedicht, noch im negativen Gedicht, ist ein letzter Glaube an den Menschen, an seine Anrufbarkeit. (Domin 1993, 23)

> Die im Gedicht benannte Erfahrung tritt dem Menschen gegenüber als etwas Objektives und wird auf neue Weise vollzogen: als sein Eigenstes, das aber doch auch andern widerfährt, ihn mit der Menschheit verbindet, statt ihn auszusondern. Er ist einbezogen und mitgemeint. Das erregt und befreit zugleich. (Domin 1993, 28)

Ein wesentliches Kriterium für ermächtigende Beratung ist das Öffnen eines Frage-, Erkenntnis- und Entwicklungsprozesses. Schreiben eröffnet einen Prozess. Eine philosophische Haltung öffnet und erweitert den Blick, anstatt zu verkürzen oder zu schließen durch Diagnosen oder Tests, durch Pathologisierung oder vorschnelle (Behandlungs-)Lösungen.

»Zuerst noch einmal vielen Dank für Ihre Nachrichten und für das Beratungsangebot – es ist seltsam, so viel über sich selbst zu erzählen. Ich bin Ihnen und Ihrer Organisation dankbar dafür, dass Sie dies auf der Ebene einer Beratung im Schreiben ermöglichen anstatt eines formellen oder auf irgendeine Art mit ›Krankheit‹ verbundenen Rahmens, wie das bei einer Therapie vielleicht der Fall wäre. Bestimmt ist für viele Menschen dieser selbstbestimmte und positiv orientierte Rahmen sehr hilfreich und passender. Das Schreiben und Formulieren hilft außerdem, sich selbst klarer zu werden« (so eine Ratsuchende).

Wenn das Vertrauen in die eigene Wahrnehmung geschwächt ist, kann das Schreiben stärken und trösten. Es kann eine Art Selbst-Versicherung gegen die massive Verunsicherung duWrch gewaltvolle Erfahrungen sein.

> »Wenn ich mir meine ersten Nachrichten wieder durchlese, erkenne ich: so weit bin ich gekommen! Da wird mir meine Entwicklung erst so richtig deutlich.«

Schreiben kann ein Weg sein, die eigenen Ressourcen (wieder) zu entdecken und mit mehr Selbstbewusstsein zu handeln. »Hier aufzuschreiben, was ich alles kann und an mir mag, bringt Frieden mit mir selbst. Schreiben ist heilsam« (so eine Rückmeldungen von Ratsuchenden).

Oft werden uns Gefühle und Gedanken erst bewusst, wenn wir sie auf Papier oder den Bildschirm bringen. Schriftliche Beratung kann eine gemeinsame Spurensuche nach neuen Handlungsmöglichkeiten bedeuten. In der Frauen*beratung begleiten wir bei Veränderungsprozessen und sind immer wieder beeindruckt, welche Stärke in Frauen steckt und wie sie darum kämpfen, ihre Selbstbestimmung Schritt für Schritt wiederzuerlangen. Beratung im Schreiben gibt Rückenstärkung.

»Ich habe keine Angst mehr. Mein Wunsch ist größer als die ›Wachstumsschmerzen‹. Im Schreiben habe ich wieder Mut gefunden«, so die Rückmeldung einer Ratsuchenden.

»Schreiben wirkt« – Zur Onlineberatung von Frauen* beraten Frauen*

Die Onlineberatung des Vereins Frauen* beraten Frauen* erreicht seit 2006 neue Zielgruppen von Ratsuchenden, die nicht oder noch nicht Face-to-face-Beratung in Anspruch nehmen wollen, sei es aufgrund schambesetzter Themen, zeitlicher oder mobiler Einschränkung (aufgrund von Mehrfachbelastung keine Termine zu Bürozeiten wahrnehmen zu können, keine Beratungsstelle in erreichbarer Nähe zu haben, durch chronische Erkrankung oder Bettlägerigkeit nicht mobil zu sein), als Trans*person mit dem Wunsch, am Telefon nicht falsch adressiert werden zu wollen oder einfach weil schreiben leichter fällt als reden. Die Onlineberatung wurde in Zeiten von Pandemie und Lockdown verstärkt genutzt und das Schreiben hat sich als eigenständiges Beratungsmedium mit eigenen Methoden etabliert. Die Onlineberatung funktioniert wie ein Briefkasten im virtuellen Raum, datengeschützt und es ist möglich, sie ganz anonym, ohne Mailadresse mit einem Passwort für den Account zu nützen. Dies ist wichtig im Fall von Gewalt durch (Ex-)Partner*innen, bei gemeinsam benützten Geräten oder Cyberstalking. Eingehend zu diesem Angebot, der Pionierinnenphase und den Qualitätskriterien siehe Zehetner 2019 und 2020.

Einige Rückmeldungen unserer Nutzer*innen:

> »Ich teile Gedanken mit dir, die ich sonst noch nie ausgesprochen habe.«

> »Die Aussage, dass ich Fortschritte machen würde, hat mich sehr gefreut! Ich spreche mit niemandem über diese Gedanken von mir, du bist tatsächlich die Einzige, die sie ungefiltert mitgeteilt bekommt und manchmal, wenn ich dann in meinem Leben die einzige Person bin, die diesen Prozess verfolgt, dann bin ich mir nicht sicher, ob ich vorwärts komme oder an einer Stelle trample. Aber dass ich in deinen Augen Fortschritte mache, hat mich echt sehr gefreut, danke! Ich habe sogar einen Screenshot von dem Satz auf meinem Handy hahah. Auch wenn manchmal noch

alte Gedanken in den Kopf kriechen – ich bin trotzdem schon viel weitergekommen und es rentiert sich, sich diese Zeit zum ›Heilen‹ zu nehmen!«

»Schreiben hat noch mal eine ganz andere Magie :-)«

Öffnen statt Abschließen – im Dialog bleiben

Der Dialog mit sich selbst ist aber die Grundlage des Denkens überhaupt. Und da sollte ich nicht mit einem Feind, sondern mit einem Freund sprechen können, der mir zwar nicht nach dem Munde redet, aber ein freundschaftliches Verhältnis zu mir hat und mir in diesen ganzen wahnsinnigen Antagonismen und Fragen, die das Leben mit sich bringt, hilft. (Thürmer-Rohr 2016, 33)

Aus dem Bewusstsein geteilter Verletzlichkeit, aus Ratlosigkeit, Traurigkeit, Angst und Wut kann Solidarität entstehen, wenn wir diese Gefühle teilen und gemeinsam die Ursachen dafür untersuchen. (vgl. Butler/Gambetti/Sabsay 2016; Zehetner 2017; Zehetner 2021) Oft geht es um die Verschiebung vom »Es ist so« zum »Wie könnte es anders sein?« Ein ganz wesentliches Kriterium für gute Beratung ist die Bereitschaft, sich auf einen Prozess mit offenem Ausgang einzulassen und sich auf eine andere Person einzulassen, sich vom Gegenüber auch mal befremden zu lassen – und zwar auf beiden Seiten, auf der Seite der Ratsuchenden wie auf der Seite der Beratenden. In der Beratung ist es notwendig, Andersheit anders sein lassen zu können, ohne sie mir gleich aneignen zu müssen. Kein schnelles Einverleiben ins große »Wir«, sondern Respekt vor Verschiedenheit und all dem, was wir nicht oder nicht gleich verstehen, was uns irritiert oder verunsichert. In Anlehnung an Judith Butler: »Sollten wir uns nicht vor jedem abschließenden oder endgültigen Wissen hüten?« (Butler 2009, 351).

Es ist wichtig, mich als Beraterin verunsichern zu lassen, anstatt vorschnelle Schlüsse zu ziehen, mein eigenes Wissen einzuklammern, mehr Fragen zu stellen als Urteile zu bilden – das ist auch eine genuin philosophische Haltung in der Beratung. Wir sollen nie aufhören zu fragen: »Wer bist Du?« Das Bewusstsein menschlicher Würde und Verletzlichkeit bildet die Basis für ein anerkennendes Zuhören in der Beratung. Diese Haltung bringt Judith Butler auf folgenden Punkt:

Die offene Frage: ›Wer bist Du?‹ soll immer wieder gestellt werden, ohne eine abschließende Antwort zu erwarten. Das fortgesetzte Interesse am Anderen und das Begehren nach Anerkennung bleiben das Ziel, ohne in der Feststellung ›jetzt weiß ich, wer du bist‹ zum Schweigen gebracht zu werden. (Butler 2003, 57)

Das Einander-Zuhören ist also auch im Miteinander-Schreiben ein potenziell unabschließbarer Prozess. Die Notwendigkeit des Einander-Zuhörens hört nicht auf.

Literatur

Rose *Ausländer* (1995), Die Nacht hat zahllose Augen. Prosa. Frankfurt a. M.

Anmerkungen

1 Mein Dank gilt an dieser Stelle dem LIT-Verlag für das eingeräumte Recht, Teile meines Textes »Schreiben als feministisches Empowerment und Beratungsform« aus dem Sammelband »What Does it Mean to Be Human? Was heißt es, Mensch zu sein? Celebratory Volume for Herta Nagl-Docekal's 80th Birthday. Festschrift zum 80. Geburtstag von Herta Nagl-Docekal«, hg. v. Brigitte Buchhammer und Bettina Zehetner, Wien: LIT-Verlag 2024, hier abzudrucken. Ich danke auch Brigitte Buchhammer und Karoline Feyertag, den Koordinatorinnen der Jahrestagung der SWIP Austria (Society for Women in Philosophy) 2023 mit dem Titel »Einander zuhören: Kunst, Queer-Feminismus und Philosophie. Listening to each other: Art, Queer, Feminism and Philosophy«, die in Kooperation mit der Stabstelle Gleichstellung, Gender und Diversität (GGD) an der mdw abgehalten wurde, dass mein am 11.11.2023 gehaltener Vortrag im vorliegenden Band erscheinen kann.
2 Zur Schreibweise: Ich beziehe mich dabei auf meine Arbeit als psychosoziale Beraterin bei Frauen* beraten Frauen*, die Ratsuchenden sind mehrheitlich in heterosexuellen Beziehungen.

Jessica *Benjamin* (2015), Anerkennung, Zeugenschaft und Moral: Soziale Traumata in psychoanalytischer Perspektive. Gießen
Judith *Butler* (2003), Kritik der ethischen Gewalt. Frankfurt a. M.
Judith *Butler* (2009), Die Macht der Geschlechternormen und die Grenzen des Menschlichen. Frankfurt a. M.
Judith *Butler*, Zeynep *Gambetti*, Leticia *Sabsay* (2016), Vulnerability in Resistance. Durham/London
Hilde *Domin* (1987/88), Das Gedicht als Augenblick von Freiheit: Frankfurter Poetik-Vorlesungen. Frankfurt a. M.
Hilde *Domin* (1993), Wozu Lyrik heute? Dichter und Leser in der gesteuerten Gesellschaft. Frankfurt a.M.
Frauen* beraten Frauen* (2021), Ist das schon Gewalt? Gewalt erkennen und verändern. Ein

Handbuch. Wien https://frauenberatenfrauen.at/wp-content/uploads/2024/01/fbf-handbuch-2023-final-screen.pdf [26. 9. 2024]

Frauen* beraten Frauen* (2022), Was wirkt gegen Gewalt? Abschlussbericht der qualitativen Studie des Instituts für frauen*spezifische Sozialforschung 2022 https://frauenberatenfrauen.at/wp-content/uploads/2024/02/abschlussbericht_waswirkt_final.pdf [26.9.2024]

Jacob *Grimm*, Wilhelm *Grimm* (1984 [1889]), Deutsches Wörterbuch in 32 Bänden. Leipzig

Frigga *Haug* (Hg.) (1982), Sexualisierung der Körper. Berlin

Karin *Macke* (2020), Die Gedanken sind frei! Die Freiheit im Denken, Lesen und Schreiben. Poetische Reflexionen, in: Frauen* beraten Frauen* (Hg.): Freiheit und Feminismen. Gießen, 371–381

Karin *Macke*, Ulrike *Bergsmann* (2012), Schreiben statt schweigen. Kreatives und poesietherapeutisches Schreiben in der sozialen Arbeit mit MigrantInnen/Flüchtlingen http://www.sprachraum.at/download/schreiben-statt-schweigen.pdf [26.9.2024]

Barbara *Schulte-Steinicke*, Brigitte *Schulte*, Lutz *von Werder* (2011), Die heilende Kraft des Schreibens. Ostfildern

Christina *Thürmer-Rohr* (1994), Verlorene Narrenfreiheit. Essays. Berlin

Christina *Thürmer-Rohr* im Gespräch mit Sabine *Hark* und Ines *Kappert* (2016), Die Freundschaft zur Welt nicht verlernen, in: Die Freundschaft zur Welt nicht verlernen. Texte für Christina Thürmer-Rohr – Zum 80. Geburtstag der Sozialwissenschaftlerin, Feministin und Musikerin, hg. v. Gunda-Werner-Institut und Sabine Hark. Heinrich-Böll-Stiftung: Berlin https://www.boell.de/de/2016/11/23/die-freundschaft-zur-welt-nicht-verlernen

Barbara *Winzely*, Ulrike *Bergsmann* (2021), Schreiben statt Schweigen. Wie vier Tage im August zu unserem persönlichen Highlight wurden, in: Jelena Gucanin, Magdalena Gartner, Jasmin Shahali, Sarah Sulollari (Hg.innen),In unseren Worten. Lebensgeschichten von Wienerinnen aus der ganzen Welt. Wien/Berlin, 13–15

Bettina *Zehetner* (2012), Krankheit und Geschlecht. Feministische Philosophie und psychosoziale Beratung. Wien/Berlin https://home.phl.univie.ac.at/~bzehetner/downloads/Krankheit_und_Geschlecht_Zehetner.pdf [16.9.2024]

Bettina Zehetner (2017), Berührbarkeit, Verletzlichkeit und Geschlecht. Gewalt in Paarbeziehungen, feministische Philosophie und psychosoziale Beratung, in: Brigitte Buchhammer (Hg.in), Lernen, Mensch zu sein. Women Philosophers at Work II. Münster, 213–226 https://home.phl.univie.ac.at/~bzehetner/downloads/Verletzlichkeit_Zehetner.pdf [16.9.2024]

Bettina *Zehetner* (2019), Schreiben wirkt: Die Online-Beratung des Vereins Frauen* beraten Frauen*. Grundlagen, Qualitätskriterien und Methoden, in: Supervision. Mensch – Arbeit – Organisation. Zeitschrift für Beraterinnen und Berater. Gießen https://home.phl.univie.ac.at/~bzehetner/downloads/Zehetner_schreiben_wirkt_Onlineberatung_2019.pdf [16.9.2024]

Bettina *Zehetner* (2020a), Schreiben wirkt. Onlineberatung und Kreatives Schreiben. Besonderheiten und Qualitätskriterien. Ein Leitfaden, Hg.in: Verein Frauen beraten Frauen. Institut für frauenspezifische Sozialforschung. Wien https://frauenberatenfrauen.at/wp-content/uploads/2024/01/leitfaden_onlineberatung.pdf [16.9.2024]

Bettina *Zehetner* (2020b), Reparaturprojekt Mann – Erholungsgebiet Frau. Feministische Beratung bei Beziehungskonflikten, Trennung, Gewalterfahrung und im Umgang mit Arbeit, Geld und Körper. Würzburg

Bettina *Zehetner* (2021), Vulnerability and Gender. Violence in intimate relationships, feminist philosophy and psychosocial counselling, in: Angelika Kallhoff, Brigitte Buchhammer (Hg.), Human Rights – Feminist and gender philosophical perspectives. Wien/Münster

Bettina *Zehetner* (2022), Feminist Philosophy Gets Practical: Differentiated Partiality (Parteilichkeit) for Counseling Women in Violent Relationships, in: Brigitte Buchhammer, Gertrude Postl (Hg.), Feminist Philosophy. A Close Encounter with the Work of Herta Nagl-Docekal. Wien/Münster https://home.phl.univie.ac.at/~bzehetner/downloads/Zehetner_FeministPartiality_2022.pdf [16.9.2024]

Autor_innen und Herausgeberinnen

Andrea Ellmeier, Historikerin, Leiterin der Stabstelle Gleichstellung, Gender und Diversität der mdw – Universität für Musik und darstellende Kunst Wien. Davor war sie Koordinatorin der Plattform Geschlechterforschung an der Universität Innsbruck, seit den 1990er Jahren Lehrbeauftragte an den Universitäten Wien, Innsbruck und mdw. Von 2014–2024 war sie die Österreich-Vertretung im Sprecher_innenteam der KEG (=Konferenz der Einrichtungen für Frauen- und Geschlechterforschung im deutschsprachigen Raum) und von 2017–2023 stv. Sprecherin des österreichweiten Netzwerks »Genderplattform« (genderplattform.at). *Publikationen* u. a.: Gemeinsam mit Doris Ingrisch und Claudia Walkensteiner-Preschl gibt sie die Reihe mdw Gender Wissen im Böhlau-Verlag Wien heraus und ist Co-Herausgeberin der bisher erschienenen Bände, zuletzt Bd. 9: »Muße, Musen und das Müssen. Wissen und Geschlecht in Musik Theater Film« (2023). Weiters ist sie gem. mit Doris Ingrisch und Birgit Huebener Hg.[in] der Webressource spiel|mach|t|raum. frauen* an der mdw 1817–2017[plus] www. mdw.ac.at/spielmachtraum Kontakt: ellmeier-a@mdw.ac.at, www.mdw.ac.at/ggd

Marlene Feger studiert im Masterstudiengang Englisch und Deutsch auf Lehramt an der Freien Universität Berlin. In ihrem Studium interessieren sie intersektionale Ansätze und sie setzt sich am liebsten mit Literatur auseinander, die queerfeministische, migrantische und postkoloniale Perspektiven thematisiert. Einen Anwendungsbereich für die Theorien, die ihr im Studium begegnen, findet sie bei Musica inaudita, einer studentischen Initiative, die sich für die Diversifizierung der klassischen Musik einsetzt. Angesiedelt ist die Initiative an der Universität der Künste Berlin. Dort beschäftigt sie sich hauptsächlich mit Recherche- und Vernetzungsarbeit, schreibt Programmhefte und macht Übersetzungen. Durch die Arbeit beim »Übersetzer*innenkollektiv Wiese (Wie es ist) / جرم« hat sie erfahren, wie fruchtbar kollektives Übersetzen sein kann. U. a. war sie an der Erstellung eines arabisch-deutsch-englischen Glossars zu einem Menschenrechtsprozess gegen einen ehemaligen Mitarbeiter des syrischen Regimes beteiligt. *Publikation*: WanderStudiumGenerale: Lernen in Begegnung – Studieren aus innerer Initiative. Stuttgart 2019 *(gemeinsam mit Paul Benesch und Marlene Schmeel)*. Web: https://www.udk-berlin.de/musica-inaudita/ Kontakt: musica.inaudita@udk-berlin.de

Faika El-Nagashi ist österreichische Politikerin, Politikwissenschafterin und langjährige politische Aktivistin mit Schwerpunkten in den Bereichen Menschen- und Frauenrechte, Antirassismus und Antidiskriminierung, Integration und Extremismusprävention. Vor ihrem Einstieg in die Politik war sie 15 Jahre lang in zivilgesellschaftlichen Organisationen und Netzwerken engagiert (u. a. bei der Migrantinnenorganisation LEFÖ, in der Entwicklungszusammenarbeit, bei der LGBTIQ-Dachverbandsorganisation ILGA-Europe und beim europäisch-zentralasiatischen Lesbenverband EL*C). Sie war Vorstandsmitglied der Plattform für eine menschliche Asylpolitik und Mitglied im Beirat des Black Voices Volksbegehren, dem ersten antirassistischen Volksbegehren in Österreich. Sie ist Mitglied der Advisory Group von The Lesbian Project, das sich dafür einsetzt, die Sichtbarkeit und Interessen von Lesben zu stärken und ihre Anliegen und Bedürfnisse zu vertreten. *Publikationen*: Identität und Ideologie. Überlegungen zur Verfasstheit queer-aktivistischer Identitätspolitik, in: Vojin Saša Vukadinović (Hg.), Siebter Oktober Dreiundzwanzig. Antizionismus und Identitätspolitik. Berlin 2024; Für alle, die hier sind. Wien 2022 (mit Mireille Ngosso); Wenn du nicht kämpfst, bist du verloren! Eine Festschrift für Maria Cristina Boidi. Wien 2021 (Hg.in gem. mit María Rosa Pérez Abellá); Gekommen, um zu stören, in: Jelena Gučanin, Magdalena Gartner, Jasmin Shahali, Sarah Sulollari (Hg.innen), In unseren Worten. Lebensgeschichten von Wienerinnen aus der ganzen Welt. Wien 2021, 77–81; Herausgeberin der Anthologie Heimat Stadt. Texte zum Ankommen. Wien 2019

Doris Ingrisch ist Kulturwissenschafterin und assoziierte Univ.-Dozentin am Institut für Kulturmanagement und Gender Studies an der mdw – Universität für Musik und darstellende Kunst Wien. Ihre Forschungsprojekte und Publikationen umfassen die Bereiche Gender sowie Cultural Studies mit Schwerpunkt Kunst und Wissenschaft im Dialog, Wissenschaft, Kunst und Gender, Wissenschaftsgeschichte, Exil/ Emigrationsforschung sowie Qualitative und Experimentelle Methoden/arts based research. *Publikationen* u.a.: Wissenskulturen im Dialog. Experimentalräume zwischen Wissenschaft und Kunst. Bielefeld 2017 (Hg.in gemeinsam mit Marion Mangelsdorf und Gert Dressel); Knowing in Intra-Acting. Arts-based Research als Weg des Welt-Gestaltens, in: Annegret Huber, Doris Ingrisch, Therese Kaufmann, Johannes Kretz, Gesine Schröder, Tasos Zembylas (Hg.), Knowing in Performing. Artistic Research in Music and the Performing Arts. Bielefeld 2021, 147–160; Freund_innenschaft des Seins. Das Nicht-Müssen der Muße ganz im Sinne der Musen, in: Andrea Ellmeier, Doris Ingrisch (Hg.),

Muße, Musen und das Müssen. Wissen und Geschlecht in Musik*Theater*Film (mdw Gender Wissen, Bd. 9). Wien 2023, 15–28. Kontakt: ingrisch@mdw.ac.at

Marko Kölbl ist Ethnomusikologe und Musiker und arbeitet als Assistenzprofessor und Leiter des Instituts für Volksmusikforschung und Ethnomusikologie an der Universität für Musik und darstellende Kunst Wien – mdw, wo er nach Studien in IGP Klavier Klassik mit einer Dissertation zu burgenlandkroatischen und kroatischen Totenklagen promovierte. Seine Forschungsschwerpunkte sind Musik und Tanz bei Minderheiten und migrantischen Communities mit einem Fokus auf intersektionale, queer-feministische und postkoloniale Perspektiven. Laufende Feldforschungen zu Minderheiten, insb. Burgenlandkroat*innen sowie zu Flucht und Migration, insb. Afghanistan. Marko Kölbl ist Chair der Study Group on Gender and Sexuality des ICTMD – International Council for Traditions of Music and Dance, Advisory Board Member des MMRC – Music and Minorities Research Center und im Vorsitz des Arbeitskreises für Gleichbehandlungsfragen der mdw. Kontakt: koelbl-m@mdw.ac.at

Ulli Mayer ist Politikwissenschafterin mit Schwerpunkt Gender und Cultural Studies und Diversitätsmanagerin in der Stabstelle Gleichstellung, Gender und Diversität (GGD) an der mdw – Universität für Musik und darstellende Kunst Wien. Sie ist Initiatorin und Mitorganisatorin des pink noise Girls Rock Camp (2010–2016), Obfrau des Vereins »pink noise. Verein zur Förderung feministisch popkultureller Aktivitäten« (2011–2017) und war von 2012–2016 im Vorstand der Girls Rock Camp Alliance. Ihrem Interesse an Feminismus und Popkultur ging sie als Mitherausgeberin der Zeitschrift fiber (2003–2007) und als Mitorganisatorin des ladyfest wien 2004 nach. Zurzeit beschäftigt sie sich mit Fragen, Ansätzen und Praktiken der diversitätsorientierten Organisationsentwicklung im Kunst-, Kultur- und Bildungsbereich. *Publikationen* u.a.: Der Ansatz ›Kritischer Diversität‹ am Beispiel der Diversitätsstrategie der Universität für Musik und darstellende Kunst Wien, in: ZDfm – Zeitschrift für Diversitätsforschung und -management, 1/2020, 76–82. https://doi.org/10.3224/zdfm.v5i1.09; Ein Gespräch mit den Kurator*innen von re:composed I & II über feministisches Kuratieren und die Rolle von Netzwerken für eine feministische Musikgeschichtsschreibung, in: Stadt Wien – Frauenservice Wien, Sophie Rendl (Hg.), Frauen*Musik: Wer.Macht.Musik? Über Diversität und Machtverhältnisse in der Musikszene (Frauen.Wissen.Wien., 15). Wien 2023, 15–23 (gem, mit Elise Mory, Rania Moslam); Üben und Ver_üben. Diversität als diskriminierungskritische Praxis in Kunst, Kultur und Bildung (Hg.[in] gem. mit Andrea Ellmeier und

Gerda Müller). Bielefeld: transcript Verlag (im Erscheinen). Kontakt: mayer-u@mdw.ac.at

Pia Palme ist Komponistin, Künstlerin, Forscherin und Produzentin im Bereich der heutigen und experimentellen Musik; sie lebt in Wien. Ihre international beachteten Werke und Texte stehen oft im Zusammenhang mit dem Posthumanismus und Ökofeminismus. Palme bezieht den Zustand der Erde und der Gesellschaft in ihre Arbeit ein. Sie komponiert raumgreifende Ökologien quer über Disziplinen hinweg und arbeitet gerne in kooperativen Formaten. Palme studierte Musik sowie Mathematik und Darstellende Geometrie in Wien. Für ihr Requiem BARE BRANCHES wurde sie 2015 mit dem Outstanding Artist Award der Republik Österreich ausgezeichnet. An der University of Huddersfield (UK) forschte Palme bei Liza Lim zum Thema Komponieren als feministische Praxis und erhielt 2017 das Doktorat. An der Kunstuniversität Graz konzipierte und leitete Palme von 2018–2022 das FWF/PEEK Forschungsprojekt »On the fragility of sounds« zur Untersuchung von Musiktheater aus der Position der aktiven Künstlerin und Komponistin. Das dabei herausgegebene Album »Fragility of Sounds« (various artists, Ventil Records Vienna) wurde vom The Wire Magazine auf Platz 11 der fünfzig Top-Alben des Jahres 2022 gewählt. Palmes Beiträge zur Komposition und heutigen Musik wurden von den Verlagen wie Bloomsbury Academic, UE Edition, transcript und Wolke publiziert. Web: www.piapalme.at/ www.fragilityofsounds.org Kontakt: office@piapalme.at

Luki Schmitz ist am Institut für Soziologie der Goethe Universität Frankfurt am Main tätig. Zu den Forschungsinteressen gehören alternative Ökonomien, transformative Beziehungsweisen und Commons. Neu hinzugekommen sind Fragen der sozialen Ungleichheit in Energiewendeprozessen. In die Arbeiten fließen queer-feministische, materialistische, kritische Theorie und sozialökonomische Transformationsperspektiven ein. Mehr Information über Commons gibt es in der Podcastfolge von Talk Social Science to me: Was sind Commons? *Publikationen* u. a.: 2024: Mehr als Güter. Feministisch-materialistische Grundlegungen in transformativen Commons, in: Christina Engelmann, Lisa Yashodhara Haller (Hg.), Gegenwartsanalysen zu Geschlecht im Kapitalismus, Frankfurt am Main, 155–171. 2021: Commoning als Rhizom denken – Normative Orientierungspunkte für gutes Leben, in: Gender. Zeitschrift für Geschlecht, Kultur und Gesellschaft 2/2021, 64–79. https://doi.org/10.3224/gender.v13i2.05. 2019: Commons als konkrete feministische Utopie? Zur Diskussion des Begehrens feministischer Utopien in neoliberalen Strukturen, in: Femina Politica – Zeitschrift für feministische Politikwissenschaft, 28/1, 59–72. Web: https://www.fb03.uni-frankfurt.de/85556021/Luki_Schmitz Kontakt: luki.schmitz@em.uni-frankfurt.de

Marie-Antonia Schwebe studiert seit 2021 Musik und Politikwissenschaften auf Lehramt an der Universität der Künste und dem Otto-Suhr-Institut der Freien Universität Berlin, sowie seit 2024 Saxophon bei Johannes Ernst an der Universität der Künste Berlin. Sie ist seit 2023 Mitglied der studentischen Initiative Musica inaudita. Hier ist sie an der Konzertorganisation und -kuration beteiligt und geht ihrem Interesse nach, aus einem intersektionalen Blickwinkel Politik- und Musikwissenschaft zu erschließen und ins Verhältnis zueinander zu setzen. Web: https://www.udk-berlin.de/musica-inaudita/ Kontakt: musica.inaudita@udk-berlin.de

Claudia Walkensteiner-Preschl ist Universitätsprofessorin für Medien- und Filmwissenschaft an der mdw – Universität für Musik und darstellende Kunst Wien, Institut für Film und Fernsehen, Filmakademie Wien. Studium an der Universität Wien. 2010 Habilitation an der Universität Frankfurt am Main. 2007–2011 Vizerektorin für Lehre und Frauenförderung an der mdw. Von 2013–2018 Leiterin der Filmakademie Wien. Seit 2010 Mitherausgeberin der Publikationsreihe »mdw Gender Wissen« (Böhlau-Verlag) sowie »Aus der Werkstatt« (Sonderzahl-Verlag). Projektleitung des Forschungsprojekts Confronting Realities. Arbeit an Filmischen Autosoziobiografien (FWF/PEEK-Projekt AR 628). Forschungsschwerpunkte: Feministische Filmgeschichtsschreibung, Gender Studies, Filmtheorie und Filmästhetik, Künstlerische Forschung. https://www.filmakademie.wien/de/author/claudia-walkensteiner-preschl/ Publikationen u.a.: Lachende Körper. Komikerinnen im Kino der 1910er-Jahre (Filmmuseum-Synema-Publikationen, Bd. 8). Wien 2008; Capturing Intimacy. Inszenierung intimer Momente im Film, in: Doris Ingrisch, Marion Mangelsdorf, Gert Dressel (Hg.), Wissenskulturen im Dialog. Experimentalräume zwischen Wissenschaft und Kunst. Bielefeld 2017 (mit Kerstin Parth); Subversive Komik und Film: Die Kunst des Fallens, in: Christian Schenkermayr (Hg.), Komik und Subversion. Ideologiekritische Strategien. Wien 2020; Drehbuchschreiben als feministische Filmarbeit im Sinne des female gaze, in: Jan Henschen, Florian Krauß, Alexandra Ksenofontova, Claus Tieber (Hg.), Drehbuchforschung. Perspektiven auf Texte und Prozesse. Wiesbaden 2022; Die Dinge ins Licht rücken. Autosoziobiografisches Erzählen im Film, Web: https://www.mdw.ac.at/confrontingrealities/dafa_object/walkensteinerpreschl/ Kontakt: walkensteiner-preschl@mdw.ac.at

Bernadette Weigel arbeitet als Dramaturgin, Autorin und Dokumentarfilm-Regisseurin in Wien. Seit 1996 im Filmbereich tätig. Eigene Arbeiten seit 2001. Studium der Theater-, Film- und Medienwissenschaften an der Universität Wien. Gaststudium an der Deutschen Film- und Fernsehakademie Berlin (dffb). Abschluss Regiestudium bei Michael Haneke und Kamerastudium bei Christian Berger an der Filmakademie Wien (mdw). Ihr Diplomfilm »Fahrtwind« wird 2013 auf der Diagonale mit vier Preisen ausgezeichnet, u. a. Großer Diagonale Preis. Regieassistenz u. a. bei »Shirley – Visions of Reality« von Gustav Deutsch und »Macondo« von Sudabeh Mortezai. Seit 2014 Dramaturgin für Spiel- und Dokumentarfilme, u. a. »Die Geträumten« von Ruth Beckermann und »Moneyboys« von Bo Chen. Lehrende am Institut für Film und Fernsehen, Filmakademie Wien der mdw – Universität für Musik und darstellende Kunst Wien.

Mine Pleasure Bouvar Wenzel studierte Szenische Künste an der Universität Hildesheim. Bereits während des Studiums begann sie* – damals unter dem Namen &Claudia – als DJ* die Suche nach ihren* eigenen queeren Ausdrucksmöglichkeiten in der elektronischen Tanzmusik. Heute ist daraus ihre* Vinyl-Sammlung zwischen Disco, House, Electro-Clash, Synth Pop und Techno geworden, die sie* liebevoll Electronic Trans*Music nennt. Gemeinsam mit ihrer* Mutter Saeleen Bouvar veranstaltet Mine Pleasure Bouvar den Salon Queertronique und seit 2022 das Transtronica – das erste elektronische Musikfestival mit einem reinen trans Lineup – auf Kampnagel in Hamburg. Nach dem Studium arbeitete sie* vier Jahre in einem queeren Community Zentrum in Hannover in der Gesundheitsberatung für LGBTQIA+. Seit 2018 gibt sie* Workshops zur machtkritischen politischen Bildung. Heute ist sie freiberuflich als politische Bildner_in zu politisch organisierter Transmisogynie und Faschismus-Studien tätig und engagiert sich als queer-kommunistische Aktivist_in für den Cistem-Sturz. Web: https://minepleasurebouvar.wordpress.com/ Kontakt: transgingerpot@gmx.de

Bettina Zehetner, Dr.in, Philosophin, psychosoziale Beraterin und Vorstandsfrau im Verein Frauen* beraten Frauen*. Institut für frauenspezifische Sozialforschung in Wien, Lehrbeauftragte an der Universität Wien und Trainerin für Gender-Aspekte in der Beratung. Forschungsschwerpunkte: Vermittlung von feministischer Theorie und Praxis, feministische Philosophie und psychosoziale Beratung, Gewalt und Geschlecht, Femizide, Schreiben als Beratungsmedium, Schreiben als feministisches Empowerment, Onlineberatung, *Publikationen*: https://home.phl.univie.ac.at/~bzehetner/publikationen.html, Beratungs- und Fortbildungsangebote: https://frauenberatenfrauen.at/